Coleção
Reflexões Jurídicas

Coordenadores
Luís Greco
Adriano Teixeira

Lucas Pardini

IMPUTAÇÃO DOLOSA DO CRIME OMISSIVO IMPRÓPRIO AO EMPRESÁRIO EM CEGUEIRA DELIBERADA

Marcial Pons

MADRI | BARCELONA | BUENOS AIRES | SÃO PAULO

Coleção Reflexões Jurídicas
Coordenadores
Luís Greco
Adriano Teixeira

Imputação dolosa do crime omissivo impróprio ao empresário em cegueira deliberada
Lucas Pardini

Produção e Editoração eletrônica
Ida Gouveia / HBLYZ / Oficina das Letras®

CIP-Brasil. Catalogação na Publicação
Sindicato Nacional dos Editores de Livros, RJ

P247i

Pardini, Lucas
Imputação dolosa do crime omissivo impróprio ao empresário em cegueira deliberada / Lucas Pardini. - 1. ed. - São Paulo: Marcial Pons, 2019.
(Reflexões jurídicas)
Inclui bibliografia, posfácio
ISBN 9788566722727

1. Crime por omissão - Brasil. 2. Responsabilidade penal. I. Título. II. Série.

19-57081 CDU:343.23

Leandra Felix da Cruz - Bibliotecária - CRB-7/6135

www.marcialpons.com.br

Impresso no Brasil

APRESENTAÇÃO

O estimado leitor tem em mãos trabalho produzido no âmbito do Programa de Pós-Graduação em Direito da Faculdade de Direito da UFMG, para a obtenção do título de Mestre em Direito, o qual tive a honra de orientar. O autor é Lucas Pardini, jovem e destacado penalista da nova geração.

O tema da Dissertação que agora vem a público em forma de livro é a "Imputação dolosa do crime omissivo impróprio ao empresário em cegueira deliberada". Conforme adverti ao Lucas, ainda quando se encontrava em processo de redação da obra, trata-se de temática atual e complexa. Em verdade, exige o enfrentamento preliminar de, no mínimo, três pontos que estão a suscitar vivo debate na dogmática contemporânea: a imputação, o dolo e a omissão. Além disso, exige incursão no âmago da teoria da cegueira deliberada, de origem anglo-saxã e que somente recentemente tem sido objeto de maior reflexão por parte da doutrina brasileira. Tudo isso, no contexto do intrincado Direito Penal Econômico.

Não obstante os grandes desafios que Lucas Pardini, ora Mestre em Direito, precisou enfrentar, logrou atingir o seu objetivo com rara felicidade. Ao longo da leitura, asseguro, ficarão evidentes o estilo elegante, a coerência dos argumentos e a segurança das convicções.

A metodologia utilizada foi a que parte do estudo de casos concretos, o que permite uma percepção imediata da importância prática de sofisticadas elaborações teóricas.

Na atualidade, o impacto das contribuições das diferentes tendências funcionalistas do Direito Penal vem provocando a revisão da forma de entender conceitos que, com o ocaso do embate entre os partidários das concepções causalistas e finalistas da teoria do delito, pareciam consolidados. Nota-se, nas construções teóricas funcionalistas, uma nítida predileção por dados normativos, em prejuízo de elementos ontológicos e subjetivos. Naturalmente que, entre os diversos autores funcionalistas, tal preferência mostra-se mais ou menos acentuada.

Particular interesse tem, para o presente livro, a discussão a respeito do conceito de dolo. Adota-se, aqui, um conceito normativo. A vontade psicológica não é considerada imprescindível para o dolo, que é considerado um juízo negativo objetivo emitido pelo Direito, fundado em padrões gerais racionais (e não em um parecer subjetivo-individual) e que se refere à ação praticada (não à pessoa). Difere da culpa em função do grau de possibilidade objetiva de previsão do afastamento da norma.

Já por cegueira deliberada, Pardini entende uma figura do mundo do ser que traz consequências normativas no mundo do dever ser. Designa o estado mental formado a partir de uma decisão do sujeito pela não obtenção de conhecimento possível em relação a um fato e, assim, pela sua manutenção em ignorância; pode ser parcial, se adotada após o contato com indícios e a formação de algum tipo de suspeita inicial, ou absoluta, se inviabilizadora da obtenção de qualquer grau de suspeita.

Por outro lado, para Lucas, o erro de tipo, no ordenamento jurídico pátrio, não abrange a ignorância. À distinção substancial entre engano e ignorância devem corresponder consequências jurídicas diversas. A própria redação do art. 20, *caput*, da atual Parte Geral do Código Penal, não permitiria tal equiparação.

Com fundamento em tais pressupostos teóricos, o autor defende um juízo de reprovação dolosa sobre a conduta omissiva do garante no contexto empresarial que nada faz para impedir um resultado típico que acaba por se verificar, quando se constatar uma possibilidade objetiva privilegiada de previsão *ex ante*, pelo garante, de tal resultado, independentemente de ele ter ou não conhecimento psicológico da situação típica.

Os pontos de vista que são sustentados na obra, como se percebe, não caem na vala da confortável doutrina majoritária. São sempre corajosos. Deles, aqui ou ali, pode-se até divergir, mas não sem deixar de reconhecer seu adequado embasamento.

O trabalho, como não poderia deixar de ser, reflete a personalidade de quem o escreve. O jovem penalista mineiro, formado na melhor tradição da vetusta Casa de Afonso Pena, é pessoa da maior honestidade intelectual e seriedade científica. Dedica-se com afinco a suas atividades, que não se limitam ao universo acadêmico, atuando, também com brilho, na esfera forense.

Em época tão atribulada para o mundo e o próprio Direito Penal, não se pode ter certeza sobre o que nos reserva o futuro. Mas, diante da qualidade do texto cuja leitura se está próximo a iniciar, bem como daquele que o elaborou com tanto esmero, há bons motivos para se manter bem viva a esperança!!!

Belo Horizonte, 5 de maio de 2019.

Prof. Dr. Luis Augusto Sanzo Brodt

Professor Associado do Departamento de Direito e Processo Penal e do Programa de Pós-Graduação da Faculdade de Direito da UFMG. Estágio Pós-Doutoral na Johann Wolfgang Goethe Universität, Frankfurt am Main.

PREFÁCIO

Faltam palavras para descrever a alegria com a qual recebi o convite para prefaciar o primeiro livro do querido amigo Lucas Pardini, resultado de sua Dissertação de Mestrado intitulada "Imputação Dolosa do Crime Omissivo Impróprio ao Empresário em Cegueira Deliberada", brilhantemente defendida na Faculdade de Direito da UFMG, em 2019, perante uma competente e desafiadora banca formada pelos Professores Doutores Luís Augusto Brodt (orientador), Frederico Horta (UFMG) e Heloísa Estellita (FGV/SP).

Conheci o autor em 2016, após um evento acadêmico. No mesmo ano, fomos aprovados no processo seletivo para ingresso no Programa de Pós-Graduação em Direito da UFMG: ele como mestrando e eu como doutoranda. Nos anos seguintes, entre discussões em sala de aula, cafés e taças de vinho, construímos nossa amizade e tive o privilégio de conviver e aprender com um pesquisador sério, comprometido, crítico e perspicaz.

Apesar de termos nos unido, inicialmente, em razão do interesse comum pelo direito penal anglo-americano, a pesquisa de Lucas Pardini logo apontou no sentido da impossibilidade de importar a *willful blindness doctrine* a fim de resolver problemas concretos de imputação penal que, à primeira vista, justificariam a adoção, entre nós, de uma teoria da cegueira deliberada. Afinal, as dificuldades que levaram ao desenvolvimento da *willful blindness doctrine* pela jurisprudência estadunidense não encontram correspondente no contexto do direito penal do *Civil Law*. Diante disso, o autor se voltou para as discussões sobre o tratamento penal da cegueira deliberada no bojo dos sistemas penais da matriz romano-germânica.

O valoroso esforço de compreensão do fenômeno da cegueira deliberada, e o que ele pode significar para o direito penal, é conduzido pelo autor a partir de hipótese metodológica focada na omissão do empresário que ocupa posição de garante, nos casos em que ele se autocoloca, passiva ou ativamente, em estado mental de cegueira em relação à situação típica de perigo. Com isso, o trabalho demonstra, ao mesmo tempo, o compromisso em enfrentar problemas concretos e desconfortos surgidos quando se lida, na prática, com os atuais desafios do direito penal econômico, e a coragem em tratar de assuntos de extrema complexidade teórica, como a imputação subjetiva nos crimes omissivos impróprios.

O instigante trabalho que agora é apresentado ao público se insere no âmbito das discussões sobre a normatização do conceito de dolo: se aceitarmos, seguindo Puppe, que dolo não depende da vontade em sentido psicológico, o que nos impede de dar mais um passo adiante e também dispensar o conhecimento subjetivo? Um conceito estritamente normativo de dolo seria necessário para impedir que o próprio agente tome em suas mãos a possibilidade de definir quando estará atuando com dolo ou apenas com culpa? Se o que fundamenta a severa diferença no tratamento legal atribuído aos crimes culposos e aos crimes dolosos é o controle que o agente exerce, em razão daquilo que conhece, sobre a situação fática de perigo, qual é a melhor solução a ser adotada nas situações específicas em que o agente controla o próprio conhecimento? A imputação dolosa do resultado ao empresário garantidor em situação de cegueira deliberada configura, inescapavelmente, uma forma de responsabilidade objetiva repudiada pelo princípio da culpabilidade? Esses são apenas alguns dos questionamentos que o autor, com entusiasmo e discernimento, propõe-se a responder.

Os méritos do presente trabalho são vários, como logo o leitor poderá pessoalmente constatar. Todavia, gostaria, nesta oportunidade, de destacar dois pontos centrais. Em primeiro lugar, a forma ousada e original com a qual o autor discute um paradigma teórico que, para muitos, é tido ainda como intocável: a ideia de que o erro também abarca todas as formas de ignorância. Em segundo lugar, a partir da obra de Barberá, o autor introduz a visão de dolo como um juízo objetivo de reprovação que recai sobre determinados estados mentais e emocionais, mas que com eles não se confunde. Este trabalho aborda esses dois pontos nevrálgicos sem se descuidar de compatibilizar os novos *insights* com o texto da lei penal brasileira.

Recomenda-se, ainda, a leitura desta obra em razão de sua linguagem objetiva e direta, bem como sua rigorosa estrutura argumentativa e científica, que procura dialogar com a filosofia clássica e também com a jurisprudência. Sem medo de contestar posicionamentos tradicionais consolidados, alguns até colocados como inquestionáveis, mas também com honestidade e responsabilidade intelectual, o autor identifica os requisitos para a imputação dolosa em casos de cegueira deliberada do empresário que ocupa posição de garantidor. Assim, em seu primeiro livro, Lucas Pardini já demonstra a personalidade e motivação próprias de um penalista que não foge aos debates árduos e polêmicos.

Belo Horizonte, 7 de maio de 2019.

TATIANA BADARÓ

Mestre e Doutoranda em Direito pela UFMG.
Pesquisadora visitante na University of Toronto.
Advogada Criminalista.

# AGRADECIMENTOS

Este livro incorpora a Dissertação que apresentei no âmbito do Programa de Pós-Graduação em Direito da Universidade Federal de Minas Gerais quando da conclusão do Mestrado, em fevereiro de 2019, ora trazida a público nos termos em que originalmente escrita, salvo pontuais alterações baseadas nos enriquecedores debates que marcaram a sessão de defesa.

Sendo assim, não poderia deixar de reiterar os agradecimentos que então enderecei, primeiramente, à Universidade, na pessoa de todos os professores e servidores da Faculdade de Direito, pela cara oportunidade de lá desenvolver a pesquisa cujos resultados aqui se apresentam.

Ao Professor Doutor Luis Augusto Sanzo Brodt agradeço, novamente, a atenta orientação da pesquisa e, agora, a contribuição pessoal que cordialmente se dispôs a trazer ao livro, aceitando o convite para apresentá-lo ao leitor.

À Professora Doutora Heloisa Estellita e ao Professor Doutor Frederico Horta agradeço o interesse por esta pesquisa, que teve seus rumos positivamente influenciados pela inigualável obra da Professora Heloisa sobre responsabilidade penal de dirigentes empresariais por omissão e pelas riquíssimas aulas do Professor Frederico sobre conteúdo do dolo e imputação subjetiva.

Aos três referidos professores agradeço, ainda, as ponderações feitas na qualidade de membros da Banca Examinadora da Dissertação, muitas das quais se refletem na versão ora apresentada, sendo algumas acolhidas, outras rebatidas, mas todas reconhecidas como enriquecedoras do debate.

Aos meus pais, aos meus irmãos e ao João, agradeço o incondicional apoio e a sempre empática compreensão, indispensáveis para a conclusão desta empreitada, cujos resultados dedico-lhes inteiramente.

À amiga Tatiana Badaró agradeço a ajuda e os sábios conselhos ao longo da escrita, bem como, agora, a gentileza de aceitar o convite para prefaciar este livro, alegrando-me com sua participação na obra.

Às amigas e aos amigos do grupo *Abolis*, em especial à Amanda, à Flávia, à Alê, ao Eder e ao Victor, agradeço o companheirismo e a amizade, frutos inestimáveis e perenes do período do Mestrado.

Ao amigo Raphael Faria agradeço a participação que teve, trazendo valiosos subsídios técnicos quanto à regulação da área bancária.

Aos colegas de gabinete e a todos da 7ª Câmara Criminal do Tribunal de Justiça de Minas Gerais, em especial ao Desembargador Marcílio Santos, agradeço o apoio, a confiança e a oportunidade diária de valioso aprendizado prático que busco aplicar neste trabalho.

Em relação já à publicação deste livro, devo e quero agradecer, encarecidamente, ao Professor Doutor Adriano Teixeira, que muito me honrou com o convite para trazer o trabalho à coleção coordenada por ele e pelo Professor Doutor Luís Greco, LL. M., a quem também dirijo sinceros agradecimentos pela aprovação da indicação, não podendo deixar de agradecer, ainda, à Marcial Pons a estimada oportunidade de publicar por esta respeitada casa editorial.

Reservando o mais importante para o final, agradeço a você, estimado leitor, que é o verdadeiro destinatário desta obra, o interesse pelo trabalho, na esperança de que ele possa lhe trazer algo de positivo para suas pesquisas em Direito Penal e suas reflexões sobre os temas aqui tratados.

SUMÁRIO

APRESENTAÇÃO – LUIS AUGUSTO SANZO BRODT 5

PREFÁCIO – TATIANA BADARÓ 9

AGRADECIMENTOS 13

1. INTRODUÇÃO 19

1.1 O caso proposto 23

2. *WILLFUL BLINDNESS DOCTRINE* 29

2.1 A imputação subjetiva no *common law* 30

2.2 Condensado histórico da *willful blindness doctrine*: precedentes mais relevantes 37

2.3 *Global-Tech Apliances v. SEB* 41

3. A TEORIA DA CEGUEIRA DELIBERADA NO DIREITO ROMANO-GERMÂNICO 45

4. O POSICIONAMENTO ADOTADO: O QUE É, AFINAL, CEGUEIRA DELIBERADA? 58

5. O CRIME OMISSIVO IMPRÓPRIO E O EMPRESÁRIO 71

5.1 Notas introdutórias quanto ao crime omissivo impróprio 72

5.1.1 Crime comissivo x crime omissivo 72

5.1.2 Crime omissivo próprio x crime omissivo impróprio ... 79
5.1.3 A posição de garantia penal ... 84
5.1.3.1 Delimitação subjetiva da posição de garantia penal: o garante ... 84
5.1.3.2 Delimitação objetiva da posição de garantia penal: os deveres do garante.. 91
5.1.4 O empresário enquanto garante ... 94
5.1.4.1 A fundamentação da posição de garantia no Direito Penal empresarial ... 94
5.1.4.2 O dever de vigilância do empresário e a delegação ... 96
6. IMPUTAÇÃO DOLOSA DO CRIME OMISSIVO IMPRÓPRIO ... 103
6.1 Conteúdo do dolo na omissão imprópria ... 103
6.2 O dolo no crime omissivo para o Finalismo ... 107
6.3 A cegueira deliberada do garante ... 112
6.3.1 Excurso: a cegueira deliberada do superior hierárquico no Direito Penal Internacional ... 119
7. O ERRO DE TIPO ... 127
7.1 A teoria unificadora ... 128
7.2 A teoria diferenciadora ... 135
7.3 O posicionamento adotado ... 138
7.4 O erro de tipo no Direito Penal brasileiro ... 147
7.5 Dolo eventual e erro de tipo ... 154
7.6 Erro de tipo x cegueira deliberada ... 159

8. DA FUNDAMENTAÇÃO DE UMA PROPOSTA DE IMPUTAÇÃO DOLOSA NA CEGUEIRA DELIBERADA DO GARANTE 171
8.1 O princípio da culpabilidade 172
8.2 Fundamentação da imputação dolosa na cegueira deliberada: normativização do dolo 177
9. RESOLUÇÃO DO CASO PROPOSTO 205
9.1 Caso original: cabimento do juízo de reproche doloso na cegueira deliberada 206
9.2 Variação 1: não cabimento do juízo de reproche doloso 210
9.3 Variação 2: não cabimento do juízo de reproche doloso – erro de tipo 212
9.4 Variação 3: cabimento do juízo de reproche doloso por dúvida 213
9.5 Variação 4: não cabimento do juízo de reproche doloso na cegueira deliberada 215
10. CONCLUSÃO 219
BIBLIOGRAFIA 229
POSFÁCIO – HELOISA ESTELLITA e FREDERICO HORTA 241

1.

INTRODUÇÃO

A teoria da cegueira deliberada tem sido objeto de constante polêmica, que a acompanha desde suas primeiras enunciações pela jurisprudência. Embora já conhecida há algum tempo, ainda se discutem seus contornos, conteúdo e, até mesmo, aceitabilidade e natureza jurídica. Seria a cegueira deliberada um novo título de imputação subjetiva, ao lado das categorias já conhecidas no âmbito tanto do *common law*, quanto do *civil law*? Seria ela, na verdade, não mais que uma forma de atendimento *in concreto* a alguma dessas categorias abstratas? Antes disso, seria ela juridicamente admissível ou configuraria indevida abertura à responsabilidade penal objetiva?

Esses questionamentos não estão ainda aclarados e as incertezas são compreensíveis. Afinal, está-se a tentar comparar um conceito *relativamente* novo à luz de parâmetros que, embora já sejam clássicos, continuam sendo, eles próprios, objeto permanente de divergências.

Para se responder à primeira indagação acima posta, seria necessário ter por delimitado, previamente, o conceito de cada uma das categorias de imputação penal já reconhecidas (no sistema romano-germânico, *dolo* e *culpa*) para, somente então, poder se examinar se a cegueira deliberada (uma vez entendido o que é isso) se insere em alguma delas. Contudo, já esse primeiro estágio do raciocínio traz problemas, diante da multiplicidade de abordagens e teorias que se apresentam quanto às referidas categorias de imputação, sendo temerário apontar, até mesmo, um eventual denominador comum entre elas.

A segunda indagação é decorrência da primeira. Se os conceitos abstratos já são objeto de infindáveis divergências doutrinárias, sua materialização, em um caso concreto, está ainda mais distante de ser pacífica. Em abstrato, às vezes não se detectam problemas e colisões entre diferentes proposições que só se apresentam mesmo diante de uma situação prática.

A terceira indagação não destoa das anteriores, também tomando como parâmetro um conceito que talvez mereça uma revisitação, para se questionar seu real conteúdo. O que significa, em verdade, responsabilidade subjetiva? Seria isso, simplesmente, a restrição da responsabilidade pessoal a atos praticados pelo sujeito com *conhecimento* e *vontade*? Ou, quem sabe, só o conhecimento já bastaria? Ou, por que não, talvez nem mesmo o próprio conhecimento, por parte do agente, se faça invariavelmente necessário?

As interrogações são muitas e irresolutas.

O presente estudo se propõe a trabalhar esse tema, buscando conceituar *cegueira deliberada* e analisar as respostas que o Direito Penal pode oferecer para o tratamento de situações englobas no conceito.

Ainda que as conclusões a que se vier a chegar neste trabalho possam, em alguma medida, ser generalizadas para o Direito Penal como um todo, a pesquisa efetuará um recorte metodológico voltado, especificamente, ao caso dos crimes omissivos impróprios no contexto empresarial. Assim, de forma ainda mais precisa, seu objeto de estudo será a análise da possibilidade de imputação penal por dolo no caso do agente garantidor, em uma estrutura empresarial, postado em estado de cegueira deliberada quanto à situação típica de perigo.

A justificativa desse recorte deve ficar clara ao longo da exposição, podendo-se já adiantar, a título introdutório, que tal estrutura delitiva possui características peculiares que a tornam um *locus* especialmente propenso à conformação de um estado de cegueira deliberada pelo sujeito, em especial no contexto empresarial. Dessa forma, o estudo da figura mediante sua aplicação a essa forma de crime é proveitoso, na medida em que permitirá explorar situações realistas e hipóteses factíveis de cegueira deliberada com relevância penal, buscando-se, assim, sair do já batido caso do agente que *prefere não saber o que há dentro da mala* e sofisticar o debate, analisando a cegueira deliberada em contextos mais complexos, para os quais a doutrina e a jurisprudência ainda estão em busca da consolidação de respostas mais satisfatórias.

Com esse intento, a exposição começará, no Capítulo 2, pela abordagem da *willful blindness doctrine* no contexto do *common law*, buscando trazer, sucintamente, as categorias de imputação subjetiva com que lá se trabalha e a evolução jurisprudencial da *doctrine*, especialmente nos Tribunais dos Estados Unidos da América (EUA), com vistas a identificar o porquê de seu surgimento naquele sistema jurídico.

Feito isso, o Capítulo 3 terá por objeto a cegueira deliberada no Direito romano-germânico, objetivando identificar se a teoria, tal como alhures construída, é de interesse para esse sistema jurídico ou se sua *importação* seria despropositada, o que se fará à luz da imputação subjetiva nesse sistema, que difere daquela do *common law*.

O Capítulo 4 encerrará essa primeira parte da pesquisa, mediante a formulação de um conceito autêntico de cegueira deliberada que pretende não se ater ao campo jurídico, ou seja, não se buscará a estipulação de critérios para uma teoria jurídica da cegueira deliberada, mas, sim, entender o que é esse *ser*, não se atendo, neste momento da pesquisa, com o que *deve ser* dele.

Feito isso, chegar-se-á àquele capítulo que, à primeira vista, pode parecer um ponto fora da curva, destoando da temática de todos os demais, mas que, em verdade, tem sua razão de ser. No Capítulo 5, serão trazidas noções preliminares do crime omissivo impróprio no contexto empresarial, expondo-se elementos do delito que antecedem a fase de imputação dolosa e que, portanto, devem ser percorridos para que se chegue a esta, verdadeiro objeto do estudo. Para tanto, será traçada, primeiramente, a diferença entre os crimes comissivos e os omissivos e, uma vez identificados estes, será trabalhada sua clássica divisão entre *próprios* e *impróprios*, passando-se, em seguida, a focar especificamente nestes últimos, com exposição de seus elementos estruturantes para, em aplicação dedutiva do que até então exposto no capítulo, chegar-se à sua manifestação no contexto empresarial. Aqui, buscar-se-á expor, com a brevidade reclamada pela forma, em que consiste esse crime que a pesquisa decidiu tomar por hipótese de trabalho quanto à cegueira deliberada.

Estabelecidas essas premissas, o Capítulo 6 prosseguirá propriamente na linha da pesquisa, tratando da imputação dolosa do crime omissivo impróprio e da cegueira deliberada do agente garantidor, em aplicação, portanto, do conceito formulado no Capítulo 4.

Qualquer estudo que se proponha a analisar a temática da cegueira deliberada em Direito Penal não pode, de forma alguma, deixar de examinar e de se posicionar, fundamentadamente, a respeito do conceito de erro de tipo, dada a conexão entre as duas figuras. Assim é que o Capítulo 7 será dedicado, exclusivamente, a esse tema, comparando, primeiramente, *erro* e *ignorância* e, após uma tomada de posição quanto a isso, analisando a *ratio* do erro de tipo no Direito brasileiro, de modo a buscar definir se a cegueira deliberada pode ou não se encaixar nesse conceito.

Por fim, a exposição culminará, no Capítulo 8, com a formulação de uma proposta de imputação por dolo diante da cegueira deliberada do agente garantidor, abordando, primeiramente, o princípio da culpabilidade para, em seguida, buscar demonstrar como e mediante atendimento a quais critérios pode-se pensar em imputação dolosa em casos tais, à luz de uma teoria normativa de dolo, aqui adotada.

Antes, porém, a pesquisa propõe a apresentação de um caso concreto, com variações, relacionado à hipótese de estudo, ao qual, ao final, buscará dar respostas que se reputem adequadas, com base nas ideias trabalhadas ao longo do texto.

A justificativa dessa proposta é dúplice: a uma, para se demonstrar a utilidade da pesquisa, expondo, quando da resolução do caso, como as ideias sustentadas se aplicam em um caso concreto; a duas, para se testarem tais ideias e se saber se as proposições formuladas ao longo da exposição servem para aquilo a que se propõem: resolver situações reais para as quais os Direito Penal deve ter respostas satisfatórias. Afinal, uma pesquisa jurídica que não consiga, ao menos, auxiliar a resolução dos casos que a motivaram, não cumpre seu papel.

A leitura do trabalho deve ajudar a esclarecer alguns pontos sobre a matéria e contribuir para a resolução de casos que se apresentem na prática. Se o leitor chegar à última página com ao menos uma pequena dúvida ou inquietação inicial resolvida, o trabalho já terá valido todo o esforço. Por outro lado, se a leitura só trouxer ainda mais dúvidas e nada resolver, o leitor será merecedor de um pedido de desculpas pelo tempo tomado, pois o trabalho não terá sido digno de sua atenção.

A aplicação a casos concretos, portanto, longe de mera formalidade, visa a pôr o trabalho à prova e testar se ele é prestável, assim entendido aquele que, ainda que minimamente, traz alguma contribuição para o trato das situações problemáticas que o motivaram.

Passa-se, portanto, à exposição do caso proposto, com suas variações, ao qual se buscará dar uma resposta quanto à imputação penal, ao final, após ter sido percorrido o caminho aqui delineado.

1.1 O caso proposto[1]

No âmbito de uma instituição financeira (Banco A), criou-se um produto, similar a uma conta remunerada, por meio do qual os valores ociosos depositados por clientes em suas contas-correntes poderiam ser transferidos para outra instituição financeira do mesmo grupo (Corretora de câmbio B), na qual viriam a ser aplicados em opções flexíveis de ouro e dólar, mediante emissão de notas de negociação de título.

O diretor do Banco responsável por aquela específica área de atuação, em exercício efetivo de suas atividades, esteve presente à reunião do comitê gestor em que foi aprovada a criação desse produto, o qual foi, naquela ocasião, apresentado e aprovado sem qualquer aparência de irregularidade, tendo sido previsto que, como qualquer outra aplicação desse tipo, seria colhida prévia autorização do correntista e a movimentação seria feita no seu interesse.

Passado algum tempo, durante o qual o diretor não acompanhou efetivamente as operações do produto, o setor de *compliance* do

1. O caso é uma adaptação de um julgado do Tribunal Regional Federal da 3ª Região: Apelação Criminal 0002883-06.2005.4.03.6181, 11ª Turma, rel. Des. Federal Fausto de Sanctis, j. 30/01/2018, public. 23/02/2018.

Banco detectou um desvio no seu manuseio por parte de ocupantes de níveis hierárquicos inferiores na estrutura operacional. Na prática, ele vinha sendo manipulado como forma de fraude à base de cálculo do depósito compulsório do Banco junto ao Banco Central (Bacen), consistindo em uma simulação destinada a possibilitar que recursos depositados pelos clientes deixassem de estar sujeitos ao recolhimento compulsório, elevando indevidamente, assim, o *funding* da instituição e pondo em risco a estabilidade do Sistema Financeiro Nacional.

Apurou-se que, no último dia útil de cada mês, antes do fechamento do balancete mensal da instituição financeira (o qual determina a base de cálculo para o depósito compulsório do mês seguinte), expressivas somas de dinheiro depositadas nas contas-correntes eram transferidas para a Corretora de câmbio, supostamente para aplicação em opções flexíveis de ouro e dólar (não sujeitas ao depósito compulsório), sendo que, já no primeiro dia útil subsequente, todos os valores retornavam ao Banco, repetindo-se novamente a operação ao final de cada mês, sempre sem qualquer autorização ou mesmo ciência dos clientes.

O setor de *compliance* do Banco elaborou minucioso relatório do que vinha ocorrendo, com pedido de orientações a serem seguidas, e prontamente o encaminhou à diretoria competente, em uma segunda-feira, dia 27 daquele mês, juntamente com um e-mail enviado ao endereço eletrônico profissional do diretor, participando-lhe o fato. Contudo, naquela semana e também na seguinte, o diretor estava preocupado com a recepção de uma delegação de investidores estrangeiros que viriam conhecer a instituição e, também, com uma assembleia-geral que estava agendada. Por isso, focou suas atenções na apresentação que faria do Banco aos investidores, nas visitas às diversas instalações, nas várias reuniões e negociações que integraria, na programação de entretenimento dos visitantes nos horários vagos e, também, na preparação para a assembleia. Assim, na sexta-feira anterior à comunicação do setor de *compliance* (dia 24 daquele mês), determinou a um assistente pessoal seu que, durante as duas semanas seguintes, cuidasse de todos os expedientes ordinários do Banco (já que ele não queria gastar tempo com assuntos do cotidiano durante aqueles importantes dias) e os gerisse na medida do possível, dando andamento ao que pudesse e separando o que reclamasse sua atuação pessoal, para após os eventos que o ocupavam. Para tanto, o assistente foi autorizado a abrir as correspondências e os documentos que chegassem e a acompanhar a caixa de entrada do e-mail profissional do diretor. Ao dar a ordem ao assistente, o diretor ainda disse: "Você sabe o quão importantes são essa visita e a assembleia-geral que está programada. Vou focar nisso pelos próximos dias e você, por favor, não me incomode com nada referente a outros assuntos! Tenho certeza de que você conseguirá gerir bem os expedientes daqui e, havendo qualquer coisa especial, deixe-a separada e, após passado tudo isso, você me atualiza".

O relatório foi encaminhado na segunda-feira, dia 27, juntamente com o e-mail de alerta. O assistente (graduado em Administração de Empresas há alguns anos e iniciando um curso de Pós-Graduação na área, empregado do Banco há cerca de um ano) leu o e-mail e conferiu o relatório e, seguindo as ordens recebidas do chefe, não o importunou, deixando o relatório separado para lhe apresentar, quando possível.

A fraude nas operações do referido produto se manteve, tendo havido mais um recolhimento do depósito compulsório sobre base de cálculo fraudada, obtida a partir do balancete fechado no dia 30 daquele mês (quinta-feira), até que uma fiscalização ordinária do Bacen a detectou, no início da semana seguinte, e determinou a imediata suspensão das operações do produto.

Esse diretor cometeu gestão fraudulenta dolosa de instituição financeira, em omissão imprópria (art. 4.º, *caput*, da Lei 7.492/1986, c/c o art. 13, § 2.º, do Código Penal brasileiro – CP)?

Variação 1: No mesmo cenário de fraude, o relatório do setor de *compliance* foi enviado à diretoria, juntamente com o e-mail de alerta. O diretor, contudo, assoberbado que estava com outros afazeres importantes, se atrapalhou em meio a todos os documentos que chegavam e acabou por não dar atenção àquele específico, que ficou sobre sua mesa, em meio a tantos outros expedientes. Quanto ao e-mail, também por lapso, ele não se deu conta de seu recebimento, uma vez que, tendo ficado sem abrir a caixa de entrada por um dia, quando o fez, já havia mais de trinta mensagens mais recentes que aquela, às quais ainda se somavam novas mensagens que chegavam a todo tempo, não tendo ele tido a diligência de ir lendo uma a uma, em ordem crescente de antiguidade, até chegar à enviada pelo setor de *compliance*, a qual, a esta altura, já estava até mesmo na segunda página da caixa de entrada, não mais na primeira.

A fraude se manteve até a semana seguinte, quando a fiscalização ordinária do Bacen a detectou, após já ter havido mais um recolhimento do depósito compulsório sobre base de cálculo fraudada.

Repete-se a pergunta: nesse novo cenário, o diretor cometeu gestão fraudulenta dolosa de instituição financeira, em omissão imprópria (art. 4.º, *caput*, da Lei 7.492/1986, c/c o art. 13, § 2.º, do CP)?

Variação 2: No mesmo cenário de fraude, o setor de *compliance*, embora devidamente habilitado e integrado por pessoas capacitadas para a função (que já haviam feito serviços como aquele por diversas vezes no passado, sem ocorrência de problemas), não detectou a irregularidade, redigindo um relatório ordinário de acordo com o qual as operações dos diversos produtos do Banco, inclusive o problemático, seriam regulares. Tal relatório foi enviado ao diretor que, de pronto, o analisou e, diante de sua aparente higidez formal e material, apenas o arquivou.

A fraude se manteve até a semana seguinte, quando a fiscalização ordinária do Bacen a detectou, após já ter havido mais um recolhimento do depósito compulsório sobre base de cálculo fraudada.

Repete-se, novamente, a pergunta: diante desse cenário, o diretor cometeu gestão fraudulenta dolosa de instituição financeira, em omissão imprópria (art. 4.º, *caput*, da Lei 7.492/1986, c/c o art. 13, § 2.º, do CP)?

Variação 3: No mesmo cenário de fraude, ao invés de não ter tido qualquer informação quanto às operações do produto desde sua criação, o diretor já vinha sendo exposto a indícios do que realmente se passava. Certa feita, um subordinado seu, ao final de uma reunião, lhe disse que tinha se deparado com algumas movimentações estranhas relacionadas àquele produto, porém ainda não havia entendido bem do que se tratava. Em outra oportunidade, ao conferir o montante atual do depósito obrigatório do Banco junto ao Bacen, o diretor percebeu que ele vinha diminuindo ao longo dos últimos meses, em função de uma redução da base de cálculo, o que contrastava com o crescimento do Banco, que, no mesmo período, aumentou sua carteira de correntistas. Por fim, em outra oportunidade, se deparou com um relatório e achou estranho o fato, ali noticiado, de que as aplicações por meio do referido produto se concentravam, usualmente, no final de cada mês (o relatório não mencionava o fato de os valores retornarem no dia útil subsequente).

Após tudo isso, o mesmo relatório redigido pelo setor de *compliance* lhe foi enviado, noticiando, detalhadamente, tudo que vinha ocorrendo, com a seguinte identificação no exterior do envelope: "Ref.: produto X". Igualmente, o setor lhe enviou um e-mail de alerta, comunicando a remessa do relatório, com a mesma inscrição, no campo "assunto" da mensagem.

Ao se deparar com o documento e o e-mail, o diretor logo ligou os pontos e *desconfiou* que aquele produto poderia estar sendo manipulado de forma indevida, o que explicaria as movimentações estranhas de que falara seu subordinado, a redução da base de cálculo do depósito obrigatório do Banco e o dado suspeito noticiado pelo relatório a que tivera acesso. Diante disso, pensou: "Há algo errado aí... Melhor deixar como está, não vou me envolver". E, assim, não abriu o envelope.

A fraude se manteve até a semana seguinte, quando a fiscalização ordinária do Bacen a detectou, após já ter havido mais um recolhimento do depósito compulsório sobre base de cálculo fraudada.

Repete-se, uma vez mais, a pergunta: diante desse cenário, o diretor cometeu gestão fraudulenta dolosa de instituição financeira, em omissão imprópria (art. 4.º, *caput*, da Lei 7.492/1986, c/c o art. 13, § 2.º, do CP)?

Variação 4: Por fim, uma última hipótese. Tem-se, aqui, exatamente o mesmo cenário retratado no caso original, com a única diferença de que, nesta variação, o relatório enviado pelo setor de *compliance* era aquele de que trata a *variação 2*, informando, incorretamente, que a operação do produto era regular.

Não tendo o diretor tido acesso ao conteúdo do relatório, nos exatos moldes do caso original, a fraude se manteve até a semana seguinte, quando a fiscalização ordinária do Bacen a detectou, após já ter havido mais um recolhimento do depósito compulsório sobre base de cálculo fraudada.

Repete-se, pela última vez, a pergunta: diante desse cenário, o diretor cometeu gestão fraudulenta dolosa de instituição financeira, em omissão imprópria (art. 4.º, *caput*, da Lei 7.492/1986, c/c o art. 13, § 2.º, do CP)?

2.

WILLFUL BLINDNESS DOCTRINE

O despertar do interesse pela cegueira deliberada no Direito Penal nacional se deu recentemente, com a pretensa importação da *willful blindness doctrine* do *common law*[2] pela jurisprudência brasileira. Contudo, conforme se verá, as hipóteses de sua aplicação naquele sistema jurídico não constituem o verdadeiro objeto desta pesquisa e não se mostram tão problemáticas à luz do Direito nacional, como ocorre alhures. Assim, a exposição que aqui se fará acerca da teoria[3] não pretende ser exaustiva, objetivando, a título introdutório ao problema tratado, demonstrar, apenas, que este trabalho cuida de situação diversa, que não a *willful blindness* da jurisprudência anglo-saxã.

Com esse objetivo traçado, analisar-se-ão, primeiramente, as categorias de imputação subjetiva no *common law*, seguindo-se um breve histórico do desenvolvimento da teoria naquele sistema, até

2. O trabalho acolhe a observação de Guilherme Brenner Lucchesi quanto ao emprego do termo *common law* no gênero masculino para se referir ao Direito consuetudinário anglo-saxão, em oposição ao seu emprego no gênero feminino, referente, por sua vez, à tradição *common law* (LUCCHESI, Guilherme Brenner. *Punindo a culpa como dolo*: o uso da cegueira deliberada no Brasil. São Paulo: Marcial Pons, 2018, p. 67, nota 11).

3. Entendendo ser impróprio referir-se à *willful blindness doctrine* como uma teoria, cf. *Ibid.*, p. 128-9.

a jurisprudência atual, firmada pela Suprema Corte dos EUA; tudo, repita-se, sem pretensão de exaurimento da matéria, por não se tratar do verdadeiro cerne da pesquisa, sendo aqui trazida com o simples objetivo de se distinguirem as situações e se isolar a hipótese de estudo.

2.1 A imputação subjetiva no *common law*

Uma aprofundada análise comparativa entre as categorias da teoria do delito no *common law* e no *civil law* requereria uma pesquisa à parte, inteiramente dedicada a isso. O exame aqui proposto almeja, basicamente, traçar não mais do que linhas gerais sobre os diferentes tipos de imputação subjetiva no Direito Penal anglo-saxão, de modo a expor o porquê do surgimento da *willful blindness doctrine* em tal sistema jurídico.

De forma bastante sintética, o conceito de crime, no *common law*, integra-se pela combinação de duas classes estruturantes: *actus reus* e *mens rea*, as quais, juntamente, formam o *crime* ou *offense*, conforme a máxima *actus reus non facit reum nisi mens sit rea*. Reúnem-se na primeira todos os caracteres externos e objetivos do crime, ao passo que a segunda se refere ao aspecto interno e subjetivo da conduta criminosa.[4]

Qualquer comparação entre essas duas figuras e aquelas integrantes da teoria do delito no *civil law* há de ser sempre aproximativa e flexível, não havendo uma correspondência direta entre os dois

4. SALES, Sheila Jorge Selim de. Anotações sobre o estudo da recklessness na doutrina penal italiana: por uma terceira forma de imputação subjetiva?. *Revista Brasileira de Ciências Criminais*, vol. 137, 2017, acesso digital; PIÑA ROCHEFORT, Juan Ignacio. *La estructura de la teoría del delito en el ámbito jurídico del "common law"*. Granada: Editorial Comares, 2002, p. 13-8. Paul H. Robinson sustenta a inconveniência da distinção entre os dois conceitos, por entender que, dentro de cada um, há diversas *doctrines*, com requisitos e funções diferentes, não havendo, assim, unidade conceitual, pelo que propõe a quebra do conceito de *actus reus* em cada uma de suas *doctrines* e a substituição do conceito unitário de *mens rea* por *culpability requirements* (ROBINSON, Paul H. Should the Criminal Law Abandon the Actus Reus-Mens Rea Distinction?. In: SHUTE, Stephen; GARDNER, John; HORDER, Jeremy (Orgs.). *Action and Value in Criminal Law*. Oxford: Clarendon Press, 1993, p. 187–211).

sistemas. Pode-se dizer, assim, que *actus reus*[5] corresponderia, no Direito continental, à conduta e à tipicidade objetiva;[6] *mens rea*,[7] à tipicidade subjetiva e à culpabilidade. Porém, sempre com a observação de ser uma comparação imprecisa.

Ao lado de tais figuras, que, por deverem estar presentes para que se configure o crime, são *positivas*, há, ainda, as *defenses*,[8] elementos *negativos* do crime, na medida em que este se conforma mediante sua ausência. Nessa classe, reúnem-se circunstâncias que afastam o caráter criminoso do fato, tais como, no Direito continental, o erro, as causas justificantes e as exculpantes.

Interessa a este trabalho a categoria de *mens rea*, que trata da ligação subjetiva do indivíduo com o fato, subdividindo-se em quatro espécies de comprometimento cognitivo, conforme previsão do *Model Penal Code* (MPC).[9]

5. PIÑA ROCHEFORT, *La estructura de la teoría del delito...*, p. 21-61.

6. "The 'actus reus' of an offense typically is described as including the conduct constituting the offense, as well as any required circumstances or results of the conduct. The conduct must include a voluntary act. Where a result is an offense element, proof of the actus reus requires proof that the person's conduct and the result stand in a certain relation, as defined by the doctrine of causation: the conduct must have caused the result. Not every offense is defined in terms of conduct, however. In the absence of an act, liability may be based upon an omission to perform a legal duty of which the person is physically capable, or upon a person's knowing possession of contraband for a period of time sufficient to terminate the possession; these elements are part of the actus reus of the offenses. Thus, the actus reus of an offense commonly is said to include the doctrines of causation, voluntary act, omission, possession, and the conduct, circumstance, and result elements of the offense definition" (ROBINSON, Paul H. Mens Rea. *Faculty Scholarship*, University of Pennsylvania Law School, paper 34, 2002, p. 997-8).

7. PIÑA ROCHEFORT, *La estructura de la teoría del delito...*, p. 63-107; ROBINSON, Mens Rea, p. 995-1006. Para uma análise histórica do surgimento e desenvolvimento do conceito, cf. CHESNEY, Eugene J. Concept of Mens Rea in the Criminal Law. *Journal of Criminal Law and Criminology*, v. 29, n. 5, 1939, p. 627–44.

8. PIÑA ROCHEFORT, *La estructura de la teoría del delito...*, p. 18-20.

9. Documento redigido pelo *American Law Institute* e publicado em 1962, com o objetivo de auxiliar os Legislativos estaduais na atualização e uniformização, em alguma medida, da legislação penal do país. Para uma apresentação do trabalho e análise de seus principais aspectos, bem como da influência sobre o Direito Penal americano, cf. ROBINSON, Paul H.;

A mais extremada é, em primeiro lugar, *purpose*:[10] refere-se à disposição subjetiva do indivíduo que pratica a conduta criminosa com o propósito de atingir o resultado proibido pela norma penal, almejando-o em si mesmo.[11] Dentre as modalidades de *mens rea*, é a que representa "maior grau de comprometimento do autor com o resultado".[12] Nessa categoria, soma-se ao conhecimento fático a autêntica vontade na prática da conduta, em sentido psicológico-descritivo.[13] Grosso modo, *lembra* (e não mais do que isso) o dolo direto de primeiro grau, no Direito continental.[14]

Descendo um degrau nos *kinds of culpability* previstos pelo MPC, tem-se *knowledge*,[15] caracterizado pelo conhecimento de que

DUBBER, Markus D. The American Model Penal Code: a brief overview. *New Criminal Law Review*, v. 10, n. 3, 2007, p. 319–41.

10. Piña Rochefort se refere à figura por *intent* (PIÑA ROCHEFORT, *La estructura de la teoría del delito...*, p. 80-5), o que, de acordo com Lucchesi, não seria correto, pois *intent* seria um conceito superior que englobaria tanto *purpose*, quanto *knowledge*, sendo que "a distinção residiria no objetivo consciente proposto pelo autor do fato, existente apenas no *purpose* e não no *knowledge*" (LUCCHESI, *Punindo a culpa como dolo...*, p. 78). Robinson, contudo, também usa *intention* e *purpose* como sinônimos (ROBINSON, Should the Criminal Law..., p. 189).

11. Conforme definição do MPC, "A person acts purposely with respect to a material element of an offense when: (i) if the element involves the nature of his conduct or a result thereof, it is his conscious object to engage in conduct of that nature or to cause such a result; and (ii) if the element involves the attendant circumstances, he is aware of the existence of such circumstances or he believes or hopes that they exist" (AMERICAN LAW INSTITUTE. *Model Penal Code*. Filadélfia: American Law Institute, 1962, § 2.02(2)(a)).

12. LUCCHESI, *Punindo a culpa como dolo...*, p. 82.

13. A diferenciação entre as acepções psicológico-descritiva e normativo-atributiva do termo será trabalhada em seção posterior do trabalho.

14. Com a advertência de Lucchesi, opositor de tais comparações, aqui feitas, repita-se, assumidamente sem precisão: "Não se pode chamar de dolo direto – principal categoria de imputação da tradição jurídico-penal germânica – uma categoria de imputação que apresenta hipóteses restritas de aplicação. Enquanto no Brasil o dolo direto é o elemento subjetivo essencial da maioria esmagadora de delitos – sendo excepcional a punição sem dolo, baseada em categorias inferiores (*sic*) imputação –, no Código Penal Modelo dos Estados Unidos são raros os crimes que exigem *purpose* para a punibilidade da conduta" (*Ibid.*, p. 74-5).

15. Piña Rochefort considera questionável a classificação de *knowledge* como uma categoria autônoma de *mens rea*, entendendo que o conhecimento seria um requisito integrante de todas as disposições mentais, excetuadas

a conduta realizada conduzirá, em um nível próximo à certeza, ao resultado penalmente relevante.[16] Nessa categoria, a ligação subjetiva entre o indivíduo e a conduta encerra-se na ciência dos fatos e da aptidão da conduta para a produção do resultado, descabendo analisar o desejo ou a aprovação do sujeito quanto aos resultados produzidos. Assim é que Robinson ensina que a distinção entre *purpose* e *knowledge* reside, precisamente, na presença, naquele, de um desejo positivo de causar o resultado, contraposta à presença, neste, de nada além do conhecimento da produção praticamente certa do resultado.[17] Corresponderia, basicamente, ao dolo direto de segundo grau (novamente, uma mera aproximação).

Em seguida, há a terceira e talvez mais complexa categoria: *recklessness*.[18] A problemática já se inicia na tradução, não havendo unanimidade quanto à sua correta definição em outros idiomas.[19]

apenas aquelas em que se buscam parâmetros objetivos para a classificação da conduta (PIÑA ROCHEFORT, *La estructura de la teoría del delito...*, p. 104-7).

16. Pela previsão do MPC, "A person acts knowingly with respect to a material element of an offense when: (i) if the element involves the nature of his conduct or the attendant circumstances, he is aware that his conduct is of that nature or that such circumstances exist; and (ii) if the element involves a result of his conduct, he is aware that it is practically certain that his conduct will cause such a result" (AMERICAN LAW INSTITUTE, *Model Penal Code*. § 2.02(2)(b)).

17. ROBINSON, Mens Rea, p. 999.

18. A definição do MPC é a seguinte: "A person acts recklessly with respect to a material element of an offense when he consciously disregards a substantial and unjustifiable risk that the material element exists or will result from his conduct. The risk must be of such a nature and degree that, considering the nature and purpose of the actor's conduct and the circumstances known to him, its disregard involves a gross deviation from the standard of conduct that a law-abiding person would observe in the actor's situation" (AMERICAN LAW INSTITUTE, *Model Penal Code*. § 2.02(2)(c)). Para uma análise crítica do tratamento da figura pelo MPC, cf. SIMONS, Kenneth W. Should the Model Penal Code's Mens Rea Provisions Be Amended?. *Ohio State Journal of Criminal Law*, vol. 1, 2003, p. 188-95.

19. Lucchesi, por exemplo, a traduz ao português como *imprudência* (LUCCHESI, *Punindo a culpa como dolo...*, p. 72, nota 49), o que não parece ser o melhor caminho, por poder passar uma incorreta mensagem de que a figura corresponderia, diretamente, à culpa, conforme definição do art. 18 do CP. Lorena Varela, por sua vez, a traduz ao espanhol como *desconsideración* (VARELA, Lorena. Strict-Liability como forma de imputación jurídico-penal.

Aqui, adota-se a proposta de Piña Rochefort[20] e Sheila Jorge Selim de Sales,[21] utilizando-se o termo *descuido* para se referir a essa modalidade de *mens rea*.

Sheila Jorge S. de Sales identifica que, inicialmente, *recklessness* encerrava apenas um *descuido subjetivo*, configurado "quando o agente prevê o injustificado risco e a possível superveniência do dano, mas não se abstém de praticar a conduta hábil a realizá-lo, sendo irrelevantes os moventes que o teriam levado a desprezar o risco".[22] Contudo, a evolução do conceito trouxe a inclusão, também, do *descuido objetivo*, verificado diante de um risco evidente que pode ou não ser objeto de previsão pelo sujeito, o qual, em o reconhecendo, persiste, mesmo assim, na prática da conduta.[23]

A autora entende que o conceito não corresponde ao dolo eventual do Direito continental e constituiria, em verdade, uma terceira via de imputação subjetiva, ao lado dos clássicos *dolo* e *culpa*.[24]

Por fim, o grau mais fraco de ligação do indivíduo com o fato é *negligence*,[25] configurada, de forma excepcional,[26] nos casos em que o

InDret: Revista para el Análisis del Derecho, vol. 3, 2012, p. 5), o que, igualmente, não parece ser a melhor opção, por poder levar a entender que, na *recklessness*, o agente desconsidera o risco advindo de sua conduta no sentido de ignorá-lo ou menosprezá-lo, o que nem sempre é o caso.

20. PIÑA ROCHEFORT, *La estructura de la teoría del delito...*, p. 85.

21. SALES, Anotações sobre o estudo da recklessness..., acesso digital.

22. *Ibid.*, acesso digital.

23. *Ibid.*, acesso digital; PIÑA ROCHEFORT, *La estructura de la teoría del delito...*, p. 90-1.

24. SALES, Anotações sobre o estudo da recklessness..., acesso digital.

25. Conforme definição do MPC, "A person acts negligently with respect to a material element of an offense when he should be aware of a substantial and unjustifiable risk that the material element exists or will result from his conduct. The risk must be of such a nature and degree that the actor's failure to perceive it, considering the nature and purpose of his conduct and the circumstances known to him, involves a gross deviation from the standard of care that a reasonable person would observe in the actor's situation" (AMERICAN LAW INSTITUTE. *Model Penal Code*. § 2.02(2)(d)).

26. A punição por *negligence* é excepcional, cabível somente em determinados crimes (PIÑA ROCHEFORT, *La estructura de la teoría del delito...*, p. 103; ROBINSON, Mens Rea, p. 1001), e requer previsão expressa, nos termos do MPC: "When the culpability sufficient to establish a material element of an offense is not prescribed by law, such element is established if a person acts purposely, knowingly or recklessly with respect thereto"

agente não está ciente de um risco substancial do qual, pelos padrões normais de comportamento, deveria ter se dado conta,[27] ou, conforme lições de Piña Rochefort, nos casos em que o risco é previsível a uma pessoa racional, tendo o agente concreto falhado em apreciá-lo e tomar as medidas para a correção da situação ou, tendo previsto as consequências possíveis, não tenha tomado as medidas necessárias à sua evitação, exigíveis de uma pessoa racional.[28]

Diante desses quatro *kinds of culpability* previstos pelo MPC, vê-se que, conforme notado por Robinson, *purpose* e *knowledge* descrevem situações empíricas, preocupando-se com o que a pessoa busca ou tem praticamente certeza de causar com sua conduta, ao passo que *recklessness* e *negligence* trazem critérios normativos, preocupando-se com o grau de reprovabilidade de um descuido ou de uma não percepção de risco evidente, não se limitando a uma simples constatação de estado mental do agente.[29]

Necessário mencionar, ainda, que o princípio *actus reus non facit reum nisi mens sit rea* comporta uma exceção, consistente nos *strict liability crimes*, nos quais se dispensa a presença de aspecto subjetivo (*mens rea*) para a configuração do crime, sendo que, nos excepcionais casos de *vicarious liability*, tidos como espécie de *strict*

(AMERICAN LAW INSTITUTE, *Model Penal Code*. § 2.02(3)) – ou seja, a *negligence* deve estar prescrita em lei.

27. ROBINSON, Mens Rea, p. 1000. Em sentido aparentemente distinto, Sheila Jorge S. de Sales entende que, mesmo em *negligence*, exige-se alguma previsão do risco, pontuando que "a *inadvertent negligence,* que equivale à culpa inconsciente no sistema romano-germânico, não é uma espécie de *mens rea*" (SALES, Anotações sobre o estudo da recklessness..., acesso digital). Seu entendimento se afasta do de Piña Rochefort, para quem "el conocimiento de las circunstancias forma parte del mismo concepto de *intención* y de *recklessness subjetivo*, mientras que se renuncia a *él* en el *recklessness objetivo* y en la *negligencia*" (destaques no original) (PIÑA ROCHEFORT, *La estructura de la teoría del delito...*, p. 106), e, novamente, do de Robinson, quem pontua que "negligence is neither subjective nor a state of mind, of course, but rather a failure to meet an objective standard" (ROBINSON, Should the Criminal Law..., p. 189).

28. PIÑA ROCHEFORT, *La estructura de la teoría del delito...*, p. 103. O próprio autor reconhece, contudo, que, por essa definição, *negligence* assemelhar-se-ia muito a *recklessness*.

29. ROBINSON, Mens Rea, p. 1001.

liability, dispensa-se também o próprio *actus reus*, gerando-se, assim, uma hipótese de responsabilidade penal por fato alheio.[30]

Estabelecida essa gradação entre os diferentes *kinds of culpability*, com características essencialmente diferentes entre si,[31] e focando o exame em *knowledge*, vê-se que esse estado mental requer efetivo conhecimento do fato, não se satisfazendo com a dúvida ou a suspeita acerca de sua ocorrência.[32] Nesse sentido, o próprio MPC traz previsão delimitadora do elemento *knowledge*, estabelecendo que o conhecimento de um fato se configura, também, pela ciência da alta probabilidade de sua existência, *a menos que o agente realmente acredite que ele não exista.*[33]

Disso decorre que, em crimes que exigem esse estado mental, o requisito de *mens rea* não estará atendido no caso de a pessoa agir meramente suspeitando da concorrência de determinado elemento objetivo do crime em sua conduta.

30. VARELA, Strict-Liability..., p. 1-25; PIÑA ROCHEFORT, *La estructura de la teoría del delito...*, p. 71-8.

31. Em virtude do desenvolvimento desses diferentes tipos de culpabilidade, refere-se, atualmente, a diferentes *mentes reae*, e não mais a um único conceito de *mens rea*, indistintamente aplicável a qualquer caso (ROBINSON, Mens Rea, p. 996). Daí, também, ser mais apropriado se lhes referir como *tipos* diferentes de culpabilidade, e não apenas *níveis*, o que poderia passar uma equivocada imagem de se diferenciarem entre si apenas quantitativamente, quando, em verdade, se trata de estados mentais qualitativamente diferentes. Nesse sentido, questionando, inclusive, a rígida hierarquização do MPC, de acordo com a qual *knowledge* é sempre mais grave que *recklessness* e esta, por sua vez, sempre mais grave que *negligence*, cf. SIMONS, Should the Model Penal Code's..., p. 195-200.

32. Para uma extensa conceituação de *knowledge*, distinguindo-o de *recklessness*, cf. CHARLOW, Robin. Wilful Ignorance and Criminal Culpability. *Texas Law Review*, vol. 70, n. 6, 1992, p. 1372-82.

33. AMERICAN LAW INSTITUTE, *Model Penal Code*. § 2.02(7). Essa previsão é usualmente apontada como legitimadora da equiparação entre *willful blindness* e *knowledge* (SIMONS, Should the Model Penal Code's..., p. 187; ROBBINS, Ira P. The Ostrich Instruction: Deliberate Ignorance as a Criminal Mens Rea. *Journal of Criminal Law and Criminology*, v. 81, n. 2, 1990, p. 193-4; JACKSON, Atossa Katharine. Willful Blindness: the Threat to Innocent Property Owners of Recent Federal Drug Law Amendments. *Thomas Jefferson Law Review*, v. 31, 2008, p. 198-9). Contudo, como se verá, a definição de *willful blindness* estabelecida pela Suprema Corte dos EUA em *Global-Tech Apliances v. SEB* vai além.

Os Tribunais, entretanto, foram os primeiros, no *common law*, a se dar conta da inadequação dessa solução, ao julgar casos em que, não obstante a ausência de conhecimento pleno do fato, a dúvida que tinha o sujeito lhe impunha o dever de procurar conhecer a realidade antes de agir ou, então, de se abster da ação, reconhecendo-se a possibilidade de uma ação tal se mostrar tão culpável quanto uma adotada com base em perfeito conhecimento fático.

O estudo da *willful blindness doctrine* demonstra que ela surgiu exatamente para colmatar essa lacuna,[34] trazendo uma resposta que se julga adequada para casos que, mesmo sem o conhecimento acabado do fato, parecem reclamar o mesmo tratamento conferido a *knowledge*.

O Direito continental, por sua vez, não apresenta o mesmo problema, pois, por esta rápida exposição, já se percebe que os casos problemáticos verificados pela jurisprudência do *common law* encontram resposta mais ou menos pacífica no âmbito do *civil law*, dentro do conceito de *dolo eventual*,[35] que não exige o *knowledge* do *common law* quanto aos fatos.

Passar-se-á, a seguir, a uma breve exposição da evolução histórica da teoria no Direito anglo-saxão, com o objetivo de demonstrar o que já foi aqui adiantado e fundamentar essa premissa inicial: em regra, os casos em que se aplica a *willful blindness doctrine* não devem trazer maiores problemas no Direito Penal continental, incluídos que estão, sem grandes esforços hermenêuticos, no conceito de dolo eventual.

2.2 Condensado histórico da *willful blindness doctrine*: precedentes mais relevantes

Quanto à origem histórica da teoria, a doutrina aponta o caso *Regina v. Sleep*, julgado na Inglaterra em 1861, como o primeiro

34. Kaenel entende haver mesmo um hiato entre *knowledge* e *recklessness* e aí insere a ignorância deliberada, ao dizer que "the willful blindness doctrine defies categorization because it occupies the attenuated middle ground between actual knowledge and recklessness" (KAENEL, Frans J. von. Willful Blindness: A Permissible Substitute for Actual Knowledge Under the Money Laundering Control Act ?. *Washington University Law Review*, v. 71, n. 4, 1993, p. 1213).

35. O ponto será destrinchado em seção posterior do trabalho (Capítulo 3).

precedente a abordá-la.[36] Tratava-se de imputação da prática de crime definido à época como a posse de determinado objeto marcado como de propriedade do Estado, com ciência dessa circunstância. Entendeu-se não ter sido provado que o réu sabia desse fato (tratar-se de bem público) ou, intencionalmente, se abstivera de adquirir tal conhecimento, pelo que foi ele absolvido. Porém, já ali se sinalizou que a ignorância intencional poderia equivaler ao conhecimento, para fins de responsabilidade penal.

Já nos EUA, aponta-se o caso *Spurr v. United States*, em que o réu era acusado de certificar um cheque sem suficiência de fundos na conta do correntista, julgado pela Suprema Corte em 1899, como o primeiro precedente jurisprudencial sobre a teoria da cegueira deliberada.[37]

É polêmico, contudo, se, naquele julgamento, a Corte realmente abordou a questão, acolhendo ou rejeitando a teoria, ou se apenas a mencionou, sem decidir, propriamente, quanto à sua adoção.

Robbins entende que a Suprema Corte sinalizou aprovação da teoria,[38] similarmente a Kaenel, que sustenta que a Corte endossou o entendimento das Instâncias inferiores, no mesmo sentido.[39] From, de forma totalmente oposta, entende que a Corte rejeitou a teoria.[40]

Lucchesi ajuda a compreender o real teor da decisão e a variedade de leituras que dela se faz. Em verdade, o autor demonstra que, naquele julgamento, a Suprema Corte apenas transcreveu, em sua decisão, o teor das instruções dadas pelo Juiz de Primeira Instância aos Jurados,[41] pelas quais deveriam eles condenar o réu caso entendessem que sua ignorância quanto à insuficiência de fundos na conta

36. ROBBINS, The Ostrich Instruction..., p. 196; FROM, Justin C. Avoiding Not-So-Harmless Errors: The Appropriate Standards for Appellate Review of Willful-Blindness Jury Instructions. *Iowa Law Review*, vol. 97, n. 1, 2011, p. 282.

37. LUCCHESI, *Punindo a culpa como dolo...*, p. 90.

38. ROBBINS, The Ostrich Instruction..., p. 197-8.

39. KAENEL, Willful Blindness..., p. 1200, nota 65.

40. FROM, Avoiding Not-So-Harmless Errors..., p. 282.

41. Procedimento adotado no Direito americano, em que os Jurados apreciam as provas e, ao final, condenam ou absolvem o acusado, cabendo ao Juiz lhes explicar o Direito aplicável, instruindo-os sobre como proceder e respondendo a eventuais questionamentos ou dúvidas.

do correntista cujo cheque certificou era deliberada, tendo ele, de forma planejada e de má-fé, fechado os olhos ao fato e, propositadamente, se abstido de questionar ou investigar o aspecto, objetivando, assim, evitar conhecer. Contudo, ao fazer tal transcrição, a Corte não emitiu juízo sobre tais instruções, tendo cassado a condenação proferida em Primeiro Grau por vício processual, ao entendimento de que o Juiz se equivocara ao ser questionado pelo corpo de Jurados, não tendo lhes exposto, adequadamente, a normativa aplicável ao caso[42] (ou seja, não teria havido, nesse sentido, pronunciamento da Suprema Corte sobre o mérito da imputação).

Spurr v. United States é apontado pela doutrina como um exemplo de *duty-to-know case*, em que se reconhece que o agente possui um dever legal e moral de pesquisar e se certificar de algum aspecto relevante de sua conduta antes de adotá-la, revelando-se a ignorância, em um caso tal, mais reprovável do que seria, caso ausente tal dever.[43]

Seguiu-se, na linha histórica, a disseminação do emprego da teoria pela jurisprudência dos EUA, em especial após a edição do *Comprehensive Drug Abuse Prevention and Control Act of 1970*, que punia a importação e a posse (com objetivo de distribuição) de drogas ilícitas, requerendo *knowledge* como *state of mind.*[44]

Foi nesse contexto que a *Court of Appeals for the Ninth Circuit* julgou, em 1976, o emblemático caso *United States v. Jewell*, no qual a condenação se baseou na *willful blindness doctrine*.

Charles Jewell foi condenado por tráfico de drogas por cruzar a fronteira do México com os EUA transportando grande quantidade de maconha em um compartimento fechado, no porta-malas do veículo que dirigia, a qual foi ali colocada pelo indivíduo que lhe cedeu o veículo. Foi provado no processo que Jewell estava em um bar em Tijuana, quando foi abordado por um desconhecido que lhe ofereceu maconha para uso, o que foi rejeitado por Jewell. Em seguida, o

42. LUCCHESI, *Punindo a culpa como dolo...*, p. 90-4.

43. CHARLOW, Wilful Ignorance..., p. 1403-10.

44. ROBBINS, The Ostrich Instruction..., p. 199-201; KAENEL, Willful Blindness..., p. 1200. Para uma análise crítica da teoria sob a égide do *Illicit Drug Anti-Proliferation Act*, de 2003, cf. JACKSON, Willful Blindness..., p. 191-218.

sujeito ofereceu cem dólares americanos para que Jewell conduzisse seu veículo até Los Angeles, onde deveria deixá-lo em um endereço indicado, com as chaves no cinzeiro, o que, então, foi aceito.

O Tribunal ressaltou que um dos aspectos que levavam a entender que o acusado agira em cegueira deliberada quanto ao transporte de drogas, o que justificava a equiparação dessa situação ao conhecimento real, era o fato de Jewell possuir elementos que indicavam a alta probabilidade da concorrência da circunstância fática em sua conduta (transporte de *drogas ilícitas*), em virtude, exatamente, de ser o indivíduo que lhe ofertou o carro para a viagem um conhecido traficante, o que já constituiria algo como uma *red flag*, pelo que deveria Jewell ter desconfiado da generosa proposta e obtido maiores informações quanto ao fato. Além disso, o acusado confessou ter desconfiado da ilegalidade da conduta, tendo feito buscas por todo o veículo, à procura de material ilícito, sem nada encontrar, senão, apenas, o tal compartimento fechado no porta-malas, tendo ele dito que, como ele próprio não conseguiu identificar o conteúdo, pensou que assim também ocorreria em eventual busca pelos agentes de fronteira, pelo que acreditou que, ainda que houvesse, ali, algum objeto ilícito, ele não enfrentaria problemas.[45]

Tal precedente é apontado pela doutrina daquele país como *leading case* sobre a *willful blindness doctrine*,[46] o que gerou, inclusive, o termo *Jewell instructions*, a designar, em síntese, a orientação dada pelo Juiz aos Jurados, na sistemática do processo penal do país, esclarecendo-lhes que a condenação pode se basear no que configuraria a cegueira deliberada,[47] tendo se adotado, naquela oportunidade,

45. Para mais detalhes quanto a *United States v. Jewell*, cf. ROBBINS, The Ostrich Instruction..., p. 203-10; CHARLOW, Wilful Ignorance..., p. 1419-23.

46. FROM, Avoiding Not-So-Harmless Errors..., p. 284-5; KAENEL, Willful Blindness... p. 1202-4; O'TOOLE, Timothy P. Patently Unusual: How a Recent Supreme Court Patent Decision Alters the Landscape for Proving Criminal Knowledge. *Westlaw Journal White-Collar Crime*, vol. 25, n. 12, 2011, p. 1; GROSS, Barry; STROUP, Stephen G. Has the Legal Threshold for 'Willful Blindness' Really Changed Since Global-Tech?. *White Collar Crime Report*, BNA, 2015, p. 2.

47. A instrução dada aos Jurados em *United States v. Jewell* tinha a seguinte redação: "The Government can complete their burden of proof by proving, beyond a reasonable doubt, that if the defendant was not actually aware that there was marijuana in the vehicle he was driving when he entered the United

a teoria da igual culpabilidade entre a cegueira deliberada e o conhecimento real.[48]

Trinta e um anos depois, em 2007, o mesmo Tribunal, analisando a aplicação da teoria da ignorância deliberada a casos de tráfico de drogas, reviu parcialmente seu posicionamento, no caso *United States v. Heredia*, em que foi afastado o requisito à punição por cegueira deliberada, estabelecido em *United States v. Jewell*, referente ao motivo subjetivo da ignorância. Nesse julgamento, estabeleceu-se não ser necessário que o agente, ao *fechar seus olhos* às evidências, fizesse-o visando a se livrar de eventual responsabilidade penal.[49]

2.3 *Global-Tech Apliances* v. *SEB*

A atual jurisprudência dos EUA sobre a *willful blindness doctrine* se firmou a partir do julgamento do caso *Global-Tech Apliances v. SEB*, pela Suprema Corte, em 2011, tido como o principal precedente quanto à teoria.[50]

Interessante notar que tal *leading case* é de natureza cível, referente a descumprimento de normas de patente e proteção à propriedade intelectual. No entanto, foi ali que a Suprema Corte fixou as balizas a guiarem a aplicação da *willful blindness doctrine* em todos os campos do Direito, inclusive o criminal.

A Corte reconheceu, no julgamento, que havia diferenças entre as formas com que a teoria vinha sendo aplicada pelas Instâncias inferiores e entre os requisitos exigidos à configuração de cegueira deliberada passível de legitimar uma condenação criminal. No entanto, identificou dois pontos recorrentes: a exigência de que o acusado acreditasse, subjetivamente, na alta probabilidade da existência do

States his ignorance in that regard was solely and entirely a result of his having made a conscious purpose to disregard the nature of that which was in the vehicle, with a conscious purpose to avoid learning the truth" (ROBBINS, The Ostrich Instruction..., p. 204).

48. SARCH, Alexander F. Willful Ignorance, Culpability, and the Criminal Law. *St. John's Law Review*, vol. 88, n. 4, 2014, p. 1043-5, 1052 e ss.

49. JACKSON, Willful Blindness..., p. 200-4.

50. O'TOOLE, Patently Unusual..., p. 2-5; GROSS; STROUP, Has the Legal Threshold..., p. 1-9; BALL, Dane C. Improving 'Willful Blindness' Jury Instructions In Criminal Cases After High Court's Decision in Global-Tech. *The Criminal Law Reporter*, BNA, 2011, p. 1–4.

fato, e a de que ele, deliberadamente, tivesse adotado medidas para evitar conhecer cabalmente tal fato.[51]

A Suprema Corte destacou a importância deste segundo requisito, o qual, por vezes, era olvidado por alguns tribunais regionais do país, especialmente em *white-colar cases*, em que se vinha utilizando um conceito excessivamente fluido de ignorância deliberada. A necessidade da adoção deliberada de medidas ativas no sentido da evitação do conhecimento pode ser apontada como o traço de maior relevo do precedente, tendo se esclarecido que *willful blindness* não poderia ser confundida com *recklessness* ou muito menos com *negligence.*[52]

Dane C. Ball, comentando a decisão da Suprema Corte logo após sua publicação, anota que, à luz do precedente firmado, as *willful blindness instructions* deveriam se adequar e passar a ser mais favoráveis à defesa, exigindo para a condenação, concorrente e expressamente, a crença subjetiva de uma alta probabilidade de existência do fato; a adoção de ações ou esforços ativos por parte do acusado, no sentido de evitar a obtenção de conhecimento do fato; e a explicação de que *negligence* e mesmo *recklessness* são insuficientes.[53]

Nesse sentido, o indivíduo que pode ser condenado por um crime que exija *knowledge* como *state of mind* com base na *willful blindness doctrine* não é aquele que, diante da ciência da probabilidade de ocorrência do fato, não possui conhecimento cabal por falta de interesse ou algo que o valha, mas apenas aquele que tenha, deliberadamente, adotado medidas tendentes a evitar a obtenção do conhecimento em questão.

Não obstante a clareza desse requisito posto pela Suprema Corte em *Global-Tech Apliances v. SEB*, que fez com que comentaristas previssem, de imediato, uma substancial alteração na jurisprudência,[54] Gross e Stroup, escrevendo após já passados alguns anos desde

51. GROSS; STROUP, Has the Legal Threshold..., p. 3; O'TOOLE, Patently Unusual..., p. 3.

52. O'TOOLE, Patently Unusual..., p. 3-5.

53. BALL, Improving 'Willful Blindness'..., p. 4.

54. O'Toole, logo após o julgamento, previu que a teoria seria, a partir de então, empregada com menor frequência, diante do estabelecimento de requisitos mais rígidos para a configuração de cegueira deliberada equiparável

o estabelecimento do precedente, alertam que a jurisprudência dos EUA permanece sem uniformidade entre os diversos tribunais regionais, havendo inobservância das teses firmadas especialmente no que tange à não equiparação da *willful blindness* com *recklessness* e à necessidade de adoção de medidas ativas para se evitar o conhecimento. Ainda se encontram, assim, *jury instructions* que permitem a equiparação de *knowledge* a uma ciência da alta probabilidade de ocorrência do fato, conjugada com uma decisão de não confirmar o fato inteiramente passiva, o que a Suprema Corte definiu, apenas, como indiferença.[55]

Em suma, parece que a questão permanece em aberto no âmbito do próprio *common law*, não estando claro em que tipo de caso caberia a equiparação, para fins punitivos, entre *willful blindness* e *knowledge*.

a *knowledge*, especificamente aquele referente à adoção de medidas ativas para se evitar o conhecimento (O'TOOLE, Patently Unusual..., p. 3-4).

55. GROSS; STROUP, Has the Legal Threshold..., p. 4-6.

3.

A TEORIA DA CEGUEIRA DELIBERADA NO DIREITO ROMANO-GERMÂNICO

Pela breve exposição do capítulo anterior, pôde-se notar que a imputação subjetiva no Direito Penal continental difere bastante da desenvolvida no *common law*, contando não com aquelas quatro grandes categorias (*purpose*, *knowledge*, *recklessness* e *negligence*), mas apenas com duas (*dolo* e *culpa*, ainda que passíveis de subcategorizações, a depender da teoria que se adote), não havendo um paralelo preciso que possa ser traçado entre tais figuras, senão, no máximo, aproximações grosseiras que, frequentemente, podem trazer mais dificuldades do que facilidades.

Assim, há de se analisar, em primeiro lugar, se a razão de ser da *willful blindness doctrine* no sistema anglo-saxão também se faz presente no contexto da imputação subjetiva do *civil law* ou se ela se destina a corrigir problemas não verificados neste último. Afinal, o desenvolvimento de uma teoria deve objetivar uma solução melhor para um problema que se reconhece, não havendo sentido em se trabalhar uma nova ideia para resolver o que já está resolvido, caso em que essa nova proposição será inútil e não passará de uma mera confirmação da solução pré-existente.

No capítulo anterior, expôs-se que, no contexto do *common law*, os Tribunais começaram a notar a necessidade de colmatar, de alguma forma, um hiato existente entre as categorias *knowledge* e *recklessness*, diante de casos concretos em que o crime em questão não admitia esta última, exigindo conhecimento efetivo por parte do agente acerca dos fatos, porém este não estava configurado, havendo não o conhecimento psicológico, mas uma suspeita não confirmada, por decisão do sujeito no sentido de não a confirmar.

Nesses casos, os Tribunais começaram a entender que há, em um comportamento tal, algo mais censurável que *recklessness*, não lhes parecendo adequada a absolvição pelo só fato de o crime imputado exigir *knowledge*, ainda que não se pudesse afirmar este.

Foi para resolver esse problema que surgiu a teoria, reconhecendo-se na cegueira deliberada um estado subjetivo tão culpável quanto o conhecimento, podendo seus efeitos penais ser equiparados. É importante compreender esse ponto, para que não haja equívocos quanto ao escopo ou à utilidade da teoria.

Contudo, como as categorias de imputação subjetiva nos dois sistemas jurídicos aqui referidos não são diretamente equiparáveis, sendo inadequada, conforme já posto, a identificação de *knowledge* com dolo, ou de *recklessness* com culpa, é necessário avaliar, primeiramente, se aquele problema que alhures reclamou a criação da teoria existe também no sistema de imputação subjetiva romano-germânico.

A doutrina já identificou que não. O Direito Penal continental não apresenta o problema que, no *common law*, incomodava os Tribunais e os levou a buscar uma nova via, por uma razão simples: os casos em que se aplica a *willful blindness doctrine* neste último já encontram resposta satisfatória naquele, sob o rótulo do dolo eventual.[56]

56. LUCCHESI, *Punindo a culpa como dolo...*, p. 119-32; COSTA, Pedro Jorge. *Dolo penal e sua prova.* São Paulo: Atlas, 2015, p. 267; MORO, Sérgio Fernando. *Crime de lavagem de dinheiro.* São Paulo: Saraiva, 2010, p. 69. Frise-se que dizer que a maioria os casos em que os Tribunais americanos aplicam a *willful blindness doctrine* não seriam problemáticos à luz do Direito Penal continental não implica dizer que a cegueira deliberada lá teorizada equivale, pura e simplesmente, a alguma figura dogmática já aqui estabelecida. Quanto à incorreção de se identificar, *tout court*, a cegueira deliberada, no *common law*, e o dolo eventual, no *civil law*, cf. LUCCHESI, *Punindo a culpa como dolo...*, p. 153-65.

Não é este o momento adequado para uma profunda imersão na figura do dolo, o que será feito em seção posterior do trabalho. Nesta fase, importa apenas salientar que aquela suspeita da ocorrência de um fato, que, no *common law*, não basta à configuração de *knowledge*, já aperfeiçoa o dolo eventual no sistema romano-germânico, consoante tradicional doutrina.

O agente que, suspeitando da concorrência de uma elementar típica em sua conduta, decide prosseguir mesmo assim, *assumindo o risco* de cometer o crime, atua com dolo eventual,[57] conforme posto pela doutrina majoritária, sem necessidade de maiores esforços argumentativos, embora não possa ser reconhecido propriamente *knowledge* do Direito anglo-saxão, pois inexiste o conhecimento psicológico, real, efetivo e acabado do que se faz, senão uma suspeita.

Retome-se, por exemplo, o caso *United States v. Jewell*: um homem é abordado, em um bar em uma cidade fronteiriça mexicana, por um desconhecido que tenta lhe vender drogas ilícitas, o que ele não aceita. Logo em seguida, o mesmo desconhecido retorna e, desta feita, oferece-lhe determinado montante de dinheiro, em espécie, para que ele cruze a fronteira com os EUA na condução de um carro que lhe seria cedido, devendo estacioná-lo, posteriormente, em uma dada rua de uma cidade americana, deixando as chaves no cinzeiro. Essa proposta, diferentemente da primeira, vem a ser aceita pelo sujeito, o qual, antes de assumir a direção, faz uma inspeção pelo veículo, à procura de algo ilícito, pois suspeita haver *algo errado*. Suas buscas não encontram nada de mais, senão, apenas, um compartimento estranho no porta-malas do carro, lacrado, cujo conteúdo ele prefere não averiguar. Diante disso, o agente pensa que não haverá problemas, pois, se é que há algo de errado no carro, não será descoberto pelas autoridades de fronteira, assim como não o foi por ele próprio, nas buscas que conduziu. Entretanto, as autoridades alfandegárias descobrem que, dentro daquele compartimento no porta-malas, estava grande quantidade de drogas ilícitas.[58]

57. A afirmação pode parecer infundada neste ponto do trabalho, porque a questão será trabalhada em seção posterior. Aqui, cuida-se ainda de estudo de Direito comparado, sem imersão na matéria do Direito Penal continental. Ademais, a expressão em destaque, de imprecisão já denunciada pela doutrina, foi empregada de propósito, apenas para replicar a previsão do art. 18 do CP.

58. Vide referências listadas na nota 45.

Diante desse caso concreto, o posicionamento aqui adotado é o de que Jewell, à luz do Direito brasileiro, cometeu, *dolosamente*, tráfico de drogas, na medida em que havia diversos indícios da concorrência da elementar típica "drogas ilícitas" em sua conduta de transporte, mais que suficientes à conformação do dolo.[59]

Tem-se objetado a essa conclusão que Jewell poderia até saber que havia algo errado quanto ao compartimento, porém jamais poderia saber se se tratava de drogas, de armas, de pornografia infantil, de órgãos humanos etc., pelo que seria incabível o reconhecimento do crime de tráfico de drogas doloso.[60]

Não parece proceder a objeção, visto que não se trata, simplesmente, de uma pessoa que recebe dinheiro para cruzar a fronteira dirigindo um carro com um compartimento secreto no porta-malas, como o caso às vezes é narrado. Na verdade, conforme aqui posto, Jewell aceitou a proposta de um traficante de drogas (e aqui não vai nenhuma estigmatização, mas apenas constatação fática – o sujeito havia acabado de lhe tentar vender drogas em um bar, pelo que Jewell tinha plena ciência dessa circunstância) que abordou um total desconhecido em uma cidade fronteiriça e, de forma absolutamente suspeita, lhe ofereceu dinheiro para cruzar a fronteira na condução de um carro que, ainda por cima, nem mesmo seria entregue a alguém, mas, apenas, deixado estacionado na rua em uma cidade do outro lado da divisa, com as chaves dentro.

As circunstâncias objetivas parecem, portanto, mais que suficientes à formação de suspeita quanto à concorrência da elementar

59. Ragués i Vallès também sustenta ser *mais que provável* que o caso *Jewell* teria sido punido a título de dolo eventual pelos Tribunais espanhóis (RAGUÉS i VALLÈS, Ramon. *La ignorancia deliberada en Derecho penal*. Barcelona: Atelier, 2007, p. 99). Lucchesi colaciona julgado do Tribunal Regional Federal da 4ª Região referente a fato bastante similar ao do caso *Jewell*, em que o Tribunal condenou o acusado por tráfico de drogas, por dolo eventual (LUCCHESI, *Punindo a culpa como dolo...*, p. 180). Trata-se da Apelação Criminal 5002824-35.2014.4.04.7006, Sétima Turma, rel. Des. Fed. Sebastião Ogê Muniz, j. 09/12/2014.

60. GRECO, Luís. Comentario al artículo de Ramón Ragués. Trad. María Valentina Risso. *Discusiones XIII*, EdiUNS, vol. 13, n. 2, 2013, p. 70-1; CARVALHO, Gisele Mendes de; ROSA, Gerson Faustino. Uma análise crítica da teoria da ignorância deliberada à luz do princípio da imputação subjetiva. *Quaestio Iuris*, vol. 11, n. 03, 2018, p. 1603.

típica "drogas ilícitas" na conduta, não havendo, por outro lado, qualquer indício de se tratar não de drogas, mas de armas ou de outros objetos que se possa imaginar, hipóteses em que, aí sim, pareceria cabível a tese de ausência de dolo, caso, de fato, o conteúdo do tal compartimento fosse algo inesperado e imprevisível.

Fez-se, aqui, esse breve retorno a *United States v. Jewell* apenas para se demonstrar que as situações que se mostram problemáticas no contexto do *common law* não o são à luz do sistema de imputação subjetiva do *civil law*, no qual encontram resposta dentro das categorias já consolidadas.

Assim sendo, vê-se que a teoria da cegueira deliberada, nos moldes em que formulada no âmbito do *common law*, não é útil ao Direito Penal continental, na medida em que se propõe a resolver um problema que este não apresenta.[61]

A jurisprudência brasileira, contudo, parece discordar, dada sua receptividade à teoria,[62] tendo ocorrido, também no Brasil, o mesmo que nos EUA: o emprego da teoria pelos Tribunais foi o que despertou a atenção da doutrina, e não o contrário.

O primeiro caso concreto de que se tem notícia de tê-la abordado no país é o famoso episódio do furto (seguido de diversos outros delitos) à unidade do Banco Central em Fortaleza, em 2005.

Naquele processo, um dos acusados foi condenado em Primeiro Grau pela prática do crime de lavagem de capitais com base, exatamente, na teoria da cegueira deliberada. Contudo, em grau recursal,[63] veio a ser absolvido.[64]

Curiosamente, esse caso seguiu a mesma tônica de *Regina v. Sleep*, primeiro caso de abordagem da teoria apontado pela doutrina

61. RAGUÉS i VALLÈS, *La ignorancia deliberada...*, p. 99-100.

62. "(...) a *cegueira deliberada* parece encontrar espaço potencial na jurisprudência pátria" (destaque no original) (BOTTINI, Pierpaolo Cruz. Lavagem de dinheiro na APN 470/MG. *Revista dos Tribunais*, vol. 933, 2013, acesso digital).

63. Tribunal Regional Federal da 5ª Região. Processo: 200581000145860, ACR5520/CE, Rel. Des. Fed. Rogério Fialho Moreira, Segunda Turma, j. 09/09/2008, p. 22/10/2008.

64. Para uma completa análise do caso, cf. LUCCHESI, *Punindo a culpa como dolo...*, p. 29-42.

anglo-saxã: em ambos, a referência à cegueira deliberada não passou de *obiter dictum*, constituindo argumento hipotético ("se o réu tivesse, porventura, feito isso ou aquilo, poder-se-ia pensar em condenação") sem influência no caso concreto, pois, em ambos, a decisão foi absolutória.[65]

Posteriormente, e com muito mais notoriedade, houve o emprego da teoria pelo Supremo Tribunal Federal (STF) no julgamento da Ação Penal n. 470 (*Mensalão*),[66], em que ela foi admitida como suporte à condenação de acusados da prática de lavagem de capitais, sendo equiparada ao dolo eventual.[67]

65. Um breve registro: embora se adote, aqui, *Regina v. Sleep* como o primeiro caso referente à teoria em sede de *common law*, na linha do que faz a doutrina americana e considerando as especificidades do sistema de precedentes lá vigente, não se compreende, por outro lado, a fixação que os autores brasileiros insistentemente mantêm em relação ao caso do Banco Central de Fortaleza, que chega a ser classificado como um *leading case* (CARVALHO; ROSA, Uma análise crítica..., p. 1598). Ora, conforme posto, o acórdão foi absolutório, o que implica reconhecer que eventual lucubração sobre a possibilidade de um caso de cegueira deliberada dar ensejo a uma condenação não integra a *ratio decidendi* da decisão, sendo absolutamente necessário, ao se falar em precedente judicial e, com muito mais razão, ao se classificar um julgado como *leading case*, separar claramente o que constitui a *ratio decidendi*, de um lado, e os meros *obiter dicta*, de outro (sobre a matéria, cf. VIANA, Antônio Aurélio de Souza; NUNES, Dierle. *Precedentes*: a mutação no ônus argumentativo. Rio de Janeiro: Forense, 2018, p. 373-83). Já quanto à sentença de Primeiro Grau (esta sim, condenatória), trata-se de uma decisão singular que foi reformada pelo Tribunal, pelo que, em decorrência do efeito substitutivo do julgamento do recurso, aquela decisão não subsiste para fim absolutamente algum, nem mesmo no próprio processo em que proferida, e muito menos fora dele, como suposto *precedente*. Apesar disso, a sentença reformada tem sido merecedora de longas divagações pela doutrina (LUCCHESI, *Punindo a culpa como dolo...*, p. 31-9; SYDOW, Spencer Toth. *A teoria da cegueira deliberada*. Belo Horizonte: D'Plácido, 2016, p. 216-20).

66. Supremo Tribunal Federal. AP 470, rel. Min. Joaquim Barbosa. Tribunal Pleno. j. 17/12/2012, p. 22/04/2013. Para uma análise do emprego da teoria no julgamento, cf. BURGEL, Letícia. A teoria da cegueira deliberada na Ação Penal 470. *Revista Brasileira de Ciências Criminais*, vol. 129, 2017, p. 479-505.

67. Para uma análise do ingresso da teoria na jurisprudência brasileira a partir desses dois casos concretos, cf. SILVEIRA, Renato de Mello Jorge. Cegueira deliberada e lavagem de dinheiro. *Boletim IBCCRIM*, vol. 246, 2013, p. 4.

Em seguida, novamente tem se recorrido à teoria, com frequência, como esteio de condenações criminais lançadas em processos inseridos na intitulada *Operação Lava Jato.*[68]

Paralelamente a tais casos de grande repercussão, nota-se uma constante profusão de acórdãos exarados pelo Tribunal Regional Federal da 4ª Região que fundamentam condenações trazendo a teoria da cegueira deliberada, sendo desse Tribunal parte considerável dos julgados do país que a abordam.[69]

Lucchesi, após um levantamento jurisprudencial exaustivo sobre o emprego da teoria pelos Tribunais brasileiros, identifica quatro grandes grupos de casos em que encaixa as decisões: o primeiro se refere aos casos em que os Tribunais condenaram por dolo eventual aplicando a teoria da cegueira deliberada, em relação aos quais o autor conclui pela desnecessidade desta, já que os casos se amoldam, sem maiores esforços, aos critérios já consolidados no Direito Penal brasileiro, quanto ao dolo eventual; o segundo congrega casos em que os Tribunais utilizaram a teoria como mero *adorno retórico* ou *reforço hermenêutico*, reconhecendo o dolo direto e afirmando, pelo princípio da eventualidade, que, no mínimo, haveria dolo eventual, pelo que, também aqui, pontua o autor ser a teoria prescindível; no terceiro grupo, estão as poucas decisões encontradas que afastaram a teoria da cegueira deliberada, seja por procederem à absolvição (dentre as quais está a decisão do caso do Banco Central de Fortaleza), seja por reconhecerem o dolo direto e dispensarem o fundamento adicional empregado nas decisões do segundo grupo; o quarto grupo, por fim, é formado pelas decisões que, conforme posto pelo autor, fizeram um uso inadequado da teoria, criando um dever de conhecimento que na, verdade, não existiria, valendo-se da teoria para suplantar insuficiência de provas.[70]

Diante desse levantamento, conclui o autor que a teoria é dogmaticamente desnecessária no Brasil, na medida em que se

68. Para uma análise do emprego da teoria nos casos da *Operação Lava-Jato*, cf. *Id.* A aplicação da teoria da cegueira deliberada nos julgamentos da operação lava jato. *Revista Brasileira de Ciências Criminais*, vol. 122, 2016, p. 255-80.

69. LUCCHESI, *Punindo a culpa como dolo...*, p. 175-8.

70. *Ibid.*, p. 175 e ss.

prestaria, quando muito, a reconhecer o dolo em casos em que, pelos critérios já consolidados, este já estaria materializado, sem necessidade de recurso a outras construções teóricas. Identifica, contudo, *funções latentes* na utilização da teoria pelos Tribunais, voltadas a abrir o caminho para a punibilidade de condutas que, pela Lei, seriam impuníveis, seja por estarem fora do conceito legal de dolo (e faltar a tipificação culposa), seja por ser insuficiente a prova dos autos.[71]

A similar conclusão chega Renato Silveira, para quem todo caso de dolo eventual se encaixaria dentro do conceito de cegueira deliberada, não sendo a recíproca verdadeira, ou seja, haveria casos de cegueira deliberada que fugiriam ao conceito de dolo,[72] pelo que descaberia, em tais hipóteses, a imputação do delito no Direito brasileiro, quando ausente a tipificação na modalidade culposa.

Comentando a aplicação da teoria especificamente nos processos da *Operação Lava-Jato*, conclui o autor pelo desacerto da forma como isso tem se dado, entendendo que o conceito de cegueira deliberada empregado não tem sido devidamente esclarecido e que não foi sopesada a peculiaridade do ordenamento brasileiro, consistente na "expressa previsão típica do conceito de dolo no Código Penal, situação completamente diversa da vista e encontrada na Espanha".[73]

Sobre essa colocação, algumas observações se fazem necessárias.

Silveira refere-se à Espanha por ser o país de tradição jurídica romano-germânica em que, pode-se dizer, a teoria da cegueira deliberada mais tem encontrado espaço na jurisprudência e sido objeto de debates pela doutrina.

Ragués i Vallès informa que o primeiro pronunciamento do Tribunal Supremo do país quanto à teoria se deu na *Sentencia de 10 de enero de 2000*, referente a caso de acusação de receptação contra indivíduo que alegava desconhecer a origem ilícita das somas de dinheiro que transportou. Naquele julgamento, o Tribunal admitiu a doutrina da ignorância deliberada como a situação em que o agente não quer saber aquilo que pode e deve conhecer, caracterizando um

71. *Ibid.*, p. 190.
72. SILVEIRA, Cegueira deliberada..., p. 4.
73. *Id.*, A aplicação da teoria da cegueira deliberada..., acesso digital.

estado de ausência de representação em relação a um determinado elemento do tipo, não obstante a capacidade do sujeito de abandonar tal situação e o dever de buscar tais conhecimentos. Foi adicionado, ainda, um último elemento, consistente na obtenção, pelo agente, de algum benefício a partir dessa situação, sem se precisar, contudo, se a natureza desse benefício haveria necessariamente de ser econômica, como era naquele caso concreto.[74]

Esse entendimento se manteve nas *SSTS de 16-10-2000* e *22-5-2002*, referentes a tráfico de drogas em que a teoria foi aplicada, respectivamente, quanto à qualidade e à quantidade da droga. Em ambos os casos, não se contestava o fato de que o agente sabia estar traficando drogas; porém, no primeiro, o acusado alegava desconhecer que se tratava de cocaína (o que, no Direito espanhol, altera a tipificação da conduta, de tráfico de drogas que não causam grave dano à saúde para o de drogas que o causam), e, no segundo, a exata quantidade de drogas, sendo que, neste último julgado, a cegueira deliberada já foi tratada como um substitutivo do dolo, bastando, por si mesma, para a condenação, independentemente da constatação de um elemento propriamente cognitivo.[75]

Já no *Auto de 4-7-2002*, o Tribunal afirmou que a teoria da cegueira deliberada já se encontrava consolidada na Corte em casos de tráfico de drogas em que o réu alega desconhecer o conteúdo do recipiente que carrega, concluindo Ragués i Vallès, com base nessa evolução jurisprudencial, que a cegueira deliberada acabou por adquirir vida própria, substituindo o elemento cognitivo do dolo e constituindo um novo título de imputação subjetiva, vinculado ao dolo apenas para efeitos punitivos.[76]

A redação do Código Penal espanhol é apontada como uma possível abertura para a evolução da teoria no país,[77] visto que a Lei prevê, apenas, que *sem dolo, não há crime*,[78] sem definir, porém, o que vem a ser dolo. Dessa forma, Ragués i Vallès defende que

74. RAGUÉS i VALLÈS, *La ignorancia deliberada...*, p. 23-5.
75. *Ibid.*, p. 25-9.
76. *Ibid.*, p. 30-1.
77. SYDOW, *A teoria da cegueira deliberada*, p. 215.
78. Os dispositivos legais pertinentes são: "Art. 5: No hay pena sin dolo o imprudencia" e "Art. 10: Son delitos las acciones y omisiones dolosas o imprudentes penadas por la ley".

o conceito de dolo deve ser desenvolvido pela doutrina penal, não havendo óbices *de lege lata* ou mesmo linguísticos à inclusão das hipóteses de cegueira deliberada na previsão legal.[79]

No Brasil, há o entendimento no sentido de a questão ser essencialmente diferente do que se verifica na Espanha, diante da previsão do art. 18, I, do CP,[80] que, de acordo com alguns (dentre os quais Renato Silveira, conforme adiantado linhas acima), define o que vem a ser dolo no Direito brasileiro, o que é posto como óbice praticamente intransponível à afirmação do dolo, ao menos *de lege lata*, nas situações de cegueira deliberada.[81]

O posicionamento, contudo, não parece adequado. A redação do referido dispositivo legal é vaguíssima e quase nada de concreto traz ao debate. O que é *querer o resultado*? A doutrina tem apontado a existência de diferentes acepções do vocábulo *querer*.[82] Pior ainda: o que é *assumir o risco de produzir o resultado*?[83] O dolo eventual, comumente extraído dessa previsão legal, já rendeu a formulação de diversas teorias a respeito da sua natureza, estando-se ainda longe, até os dias atuais, de qualquer consenso doutrinário quanto à sua conceituação.

Para Eduardo Viana, o legislador deixou esses questionamentos em aberto, não tendo, realmente, conceituado dolo, senão, apenas,

79. RAGUÉS i VALLÈS, *La ignorancia deliberada...*, p. 193-6.

80. "Art. 18. Diz-se o crime: I – doloso, quando o agente quis o resultado ou assumiu o risco de produzi-lo."

81. CALLEGARI, André Luís; WEBER, Ariel Barazzetti. A cegueira deliberada da common law à civil law e a apropriação (indébita) da teoria pelo Judiciário: nova oportunidade ao ativismo judicial e o retorno à jurisprudência dos valores. *Revista Brasileira de Ciências Criminais*, vol. 133, 2017, acesso digital.

82. GRECO, Luís. Algumas observações introdutórias à "Distinção entre dolo e culpa", de Ingeborg Puppe. In: PUPPE, Ingeborg. *A distinção entre dolo e culpa*. Trad. Luís Greco. Barueri: Manole, 2004, p. XVII-XVIII. A questão será ainda aprofundada em seção posterior do trabalho.

83. "(...) o Código nada estabelece a respeito de quando o agente quis o resultado ou assumiu o risco de o produzir. Não há indicação sobre esses elementos volitivos: inexiste definição, por exemplo, sobre se o '*querer*' e o '*assumir*' o risco devem ser entendidos em sentido psicológico (e, nesse caso, seria de se perguntar a qual corrente psicológica se referiria o Código) ou em sentido jurídico (e aqui o ponto seria saber o conceito jurídico desses termos)" (COSTA, *Dolo penal...*, p. 14).

previsto que a ausência de querer ou assunção de risco impede a imputação a título de dolo, sem, porém, definir o que são essas figuras, pelo que se faz necessário concretizar a determinação legal, o que o autor põe como um dever da doutrina penal, por meio da formulação de teorias do dolo.[84]

Da mesma forma, Luís Greco entende que o art. 18 do CP "não resolveu nada", possui palavras ambíguas e é "completamente inconclusivo",[85] na mesma linha seguida por Pedro Jorge Costa, para quem o alcance do conceito de dolo, no Direito brasileiro, é uma questão em aberto.[86]

Segue-se, aqui, esse posicionamento a respeito da redação do art. 18 do CP, que, de fato, não parece ter *resolvido nada*. Prova disso é o fato de ser o dolo um dos temas mais polêmicos de toda a teoria do delito, fonte de uma miríade de teorias a seu respeito.[87]

84. VIANA, Eduardo. *Dolo como compromisso cognitivo*. São Paulo: Marcial Pons, 2017, p. 285. No mesmo sentido, entendendo que o Código Penal traz não mais que uma moldura que não completa o retrato fiel do conceito de dolo, o qual deve ser preenchido pela jurisprudência a partir de critérios fornecidos pela doutrina, cf. LUCCHESI, *Punindo a culpa como dolo*..., p. 154-5.

85. GRECO, Algumas observações..., p. XVII. Por outro lado, o autor sustenta haver, sim, óbice legal à adoção da teoria da cegueira deliberada tanto na Espanha, quanto no Brasil, não por supostas definições legais de dolo, mas pela previsão legal, em ambos os países, do erro de tipo (art. 14, 1, do Código Penal espanhol: "El error invencible sobre un hecho constitutivo de la infracción penal excluye la responsabilidad criminal. Si el error, atendidas las circunstancias del hecho y las personales del autor, fuera vencible, la infracción será castigada, en su caso, como imprudente"; art. 20 do Código Penal brasileiro: "O erro sobre elemento constitutivo do tipo legal de crime exclui o dolo, mas permite a punição por crime culposo, se previsto em lei"), a qual, de acordo com o autor, estatui que o desconhecimento de circunstância do tipo exclui o dolo, pelo que a cegueira deliberada poderia, no máximo, ser encarada como proposta *de lege ferenda* (*Id.*, Comentario al artículo..., p. 76-7). Quanto a essa colocação, remete-se a leitura a seção posterior deste trabalho (Capítulo 7), em que o tema será abordado em profundidade.

86. COSTA, *Dolo penal*..., p. 11-6.

87. "Um dos problemas mais importantes do direito penal é a correta determinação do conceito de dolo (...). Cotidianamente nos deparamos com situações em que não é possível valorar com clareza se a hipótese consubstancia um comportamento doloso ou um comportamento culposo. Isso ocorre tanto naqueles países nos quais a legislação prevê um dilatado parâmetro legal para qualificar como doloso determinado comportamento, a exemplo da brasileira,

Ora, se fosse verdade que a questão já está resolvida pela Lei, por certo não haveria tanto questionamento ao redor da figura, valendo frisar que as diversas teorias de dolo não são trabalhadas, no Brasil, meramente a título *de lege ferenda* (o que poderia ser um argumento contrário ao que aqui posto), mas *de lege lata*.

Já se esclareceu, portanto, que a *willful blindness doctrine* não desempenha, no Direito Penal continental, o papel que desempenha no Direito anglo-saxão, em que foi desenvolvida para preencher uma lacuna que não encontra similar naquele.

As situações, contudo, que podem trazer maiores problemas e suscitar mais profundas reflexões no Direito romano-germânico também o fazem em sede de *common law*, não estando abarcadas, lá, pela teoria da cegueira deliberada desenvolvida.

São os casos em que a adoção do estado de cegueira deliberada antecede a obtenção de qualquer indício do fato, pelo que o agente não chega a formular qualquer representação concreta, vez ter decidido pela ignorância de forma genérica. Aqui, o indivíduo decide, realmente, *não saber nada*, e não, apenas, *não saber mais*, após já ter alguma desconfiança, baseada em indícios que já chegaram a seu conhecimento.[88]

Ragués i Vallès identifica situações tais, com conteúdo objetivo de relevância jurídico-penal, que, conforme sustenta, merecem axiologicamente a mesma punição de casos classicamente dolosos, agrupando-as sob o conceito de ignorância deliberada *stricto sensu* e delimitando-as nos seguintes termos:

> "(...) *el sujeto que realiza una conducta objetivamente típica sin representarse que concurren en ella los concretos elementos de un tipo penal, pero sospechando que está actuando de manera potencialmente lesiva para algún interés ajeno y que, pudiendo desistir de tal conducta, prefiere realizarla manteniéndose deli-*

da portuguesa ou da italiana, quanto naqueles em que a legislação prevê apenas um '*mínimo suficiente*', a exemplo da alemã e da espanhola. Isso indica ser, no mínimo, duvidosa a ideia segundo a qual somente uma determinação conceitual legal de dolo seria capaz de reduzir a insegurança jurídica daquela fronteira" (destaque no original) (VIANA, *Dolo como compromisso cognitivo*, p. 31-2).

88. A questão será retomada no capítulo seguinte, em que se diferenciará a cegueira deliberada *absoluta* e *parcial*.

berada o conscientemente en una ignorancia prolongada en el tiempo como medio para obtener algún beneficio, sin asumir riesgos propios ni responsabilidades, muestra un grado de indiferencia hacia el interés lesionado no inferior al del delincuente doloso-eventual y, en términos preventivos, merece la misma pena que éste."[89]

Seguindo esse raciocínio, entende-se, aqui, não haver óbice à discussão no Direito brasileiro, não parecendo, de forma alguma, ser *contra legem* uma proposição no sentido da admissão do dolo nos casos de desconhecimento provocado, desde que bem delimitada essa possibilidade, com critérios extraídos do próprio sistema penal.[90]

Nesse sentido, para se analisar o tratamento penal de casos de cegueira deliberada à luz do Direito brasileiro, buscando responder

89. RAGUÉS i VALLÈS, *La ignorancia deliberada...*, p. 192-3. Trecho em itálico no original.

90. Rodrigo Leite Prado lembra, ainda, do *Regulamento Modelo Sobre Delitos de Lavagem de Ativos Relacionados com o Tráfico Ilícito de Drogas e Outros Delitos Graves*, documento produzido pela Comissão Interamericana para o Controle do Abuso de Drogas (CICAD), órgão da Organização dos Estados Americanos (OEA), aprovado com o voto do Brasil na XXII Assembleia-Geral da OEA (PRADO, Rodrigo Leite. Dos crimes: aspectos subjetivos. In: CARLI, Carla Veríssimo de (Org.). *Lavagem de Dinheiro*: prevenção e controle penal. 2. ed. Porto Alegre: Verbo Jurídico, 2013, p. 296), cujo art. 2º assim dispõe: "1. Comete delito penal a pessoa que converter, transferir ou transportar bens conscientemente, devendo saber ou *ignorando intencionalmente* que tais bens sejam produto ou instrumentos de atividades delituosas graves. 2. Comete delito penal a pessoa que adquirir, possuir, utilizar ou administrar bens conscientemente, devendo saber ou *ignorando intencionalmente* que tais bens sejam produto ou instrumentos de atividades delituosas graves. 3. Comete delito penal a pessoa que ocultar, encobrir ou impedir a determinação da real natureza, origem, localização, destino, movimentação, direitos relativos ou propriedade de tais bens, conscientemente, devendo saber ou *ignorando intencionalmente* que tais bens sejam produto ou instrumentos de atividades delituosas graves (...)" (destaques acrescentados – disponível em: www.scm.oas.org/idms_public/PORTUGUESE/hist_03/cicad01437p06.doc. Acesso em 23/10/2018). Trata-se, por certo, de um documento internacional desprovido de força vinculante ou de observância obrigatória, cujo escopo não ultrapassa a simples orientação aos países signatários quanto à conformação de suas legislações internas, em matéria de lavagem de capitais (*soft law*, portanto). Apesar disso, chama a atenção a redação do dispositivo acima transcrito, que, ao traçar as linhas gerais da tipificação do delito, prevê, expressamente, a hipótese de ignorância intencional quanto a um elemento do crime (a origem delituosa dos bens).

à indagação quanto à possibilidade ou não de imputação dolosa, mostra-se, em verdade, mais importante um exame apurado do conceito de dolo do que discussões apenas sobre o conceito de cegueira deliberada. Assim, uma vez que se estabeleça o que se entende por dolo, bastará cotejar um caso concreto de cegueira deliberada com o conceito fixado para, então, se concluir por sua configuração ou não.

Lucchesi, com propriedade, alerta que "a identificação do dolo nas situações de cegueira deliberada depende menos da definição de um conceito de *cegueira deliberada* que do conceito de *dolo* adotado".[91]

O debate quanto ao correto tratamento jurídico, no Direito brasileiro, de casos de ignorância deliberada, não deve, portanto, se cingir à *willful blindness doctrine*, figura estrangeira de duvidosa utilidade no Direito Penal continental, mas sim ao conceito de dolo. A pesquisa passará, então, ao exame dessas duas figuras objeto do cotejo analítico necessário: no capítulo seguinte, será exposto o que aqui se entende por cegueira deliberada, com independência de influências deste ou daquele sistema jurídico; e, nos capítulos que se seguirão, serão trabalhados os aspectos necessários a uma fixação do conceito de dolo, observado o recorte metodológico voltado aos crimes omissivos impróprios, para, ao final, aplicar-se este conceito àquele, concluindo pela possibilidade ou não de imputação dolosa na cegueira deliberada.

91. LUCCHESI, *Punindo a culpa como dolo...*, p. 163. Destaques no original.

4.

O POSICIONAMENTO ADOTADO: O QUE É, AFINAL, CEGUEIRA DELIBERADA?

"It's so much easier to imagine that what we don't know won't hurt us."[92]

Os capítulos anteriores objetivaram trazer uma breve exposição da teoria da cegueira deliberada no Direito Penal, desde seu surgimento, no âmbito do *common law*, até sua (relativamente) recente encampação pela jurisprudência brasileira. Já o presente capítulo objetiva estabelecer um conceito de *cegueira deliberada* ao qual se deverá doravante remeter a leitura, sempre que o texto se referir a tal noção.

Com esse intento, é oportuno ressaltar, de início, que entre a cegueira deliberada em si e a respectiva teoria jurídica há uma relação de teoria-objeto: aquela se refere a uma conformação psicológica do ser humano que se manifesta em diversas situações, as quais podem ter conteúdo de relevância jurídico-penal ou não, conforme se exporá

92. HEFFERNAN, Margaret. *Willful blindness*: why we ignore the obvious at our peril. Nova York: Bloomsbury, 2012, p. 91.

neste capítulo; esta é uma construção teórica a respeito dos reflexos de tal estado subjetivo sobre a imputação penal.

A cegueira deliberada, assim, foge aos limites do Direito e se insere mais adequadamente, em verdade, na Psicologia ou na Filosofia; é algo que existe no mundo do *ser* e, na medida em que pode ter efeitos sobre institutos jurídicos, notadamente a imputação penal, passa a ser de interesse, também, para o Direito. Contudo, deixa-se claro, aqui, que *cegueira deliberada* (ou qualquer sinônimo que se lhe queira dar – *cegueira*, *ignorância* ou *desconhecimento*, para o substantivo, e *deliberada(o)*, *provocada(o)* ou *intencional*, para o adjetivo[93]) não é um termo jurídico, mas psicológico-filosófico, apenas com reflexos no campo do Direito; é mais um conceito extrajurídico com que o juízo de imputação tem que lidar, buscando lhe assinalar consequências jurídicas adequadas no plano do *dever ser*, tal como se dá com o *conhecimento*, a *indiferença*, a *vontade*, o *erro*... Estes pertencem ao plano real, fático-subjetivo; dolo, culpa, erro de tipo etc., pertencem ao plano normativo.

Daí ser impróprio pensar que a cegueira deliberada surgiu em *Regina v. Sleep*,[94] vez que ali apenas se deu o primeiro passo para a enunciação da correspondente teoria jurídica. O estado subjetivo objeto da construção teórica, por outro lado, já era trabalhado desde muito antes, especialmente no campo da Filosofia.

A obra aristotélica já aludia à ignorância buscada pelo indivíduo, classificando-a como uma *ignorância responsável* que afastaria a característica geral dos atos praticados em ignorância: a involuntariedade.

Para Aristóteles, seriam *involuntários* os atos praticados por *força* ou em *ignorância*,[95] ao passo que a voluntariedade estaria em atos partidos do próprio agente, com poder de decisão sobre sua realização (em oposição aos atos forçados, cujo princípio é externo

93. Este trabalho adota todos esses termos como sinônimos e os usa indistintamente, até mesmo para evitar repetições no texto, sem se ater a supostas filigranas semânticas que talvez mais confundam do que esclareçam.

94. Como faz Margaret Heffernan, ao afirmar que a cegueira deliberada nasceu como um conceito legal no século XIX, nesse precedente (*Ibid.*, p. 2).

95. ARISTÓTELES. Ética a Nicómaco. Trad. José Luis Calvo Martínez. Madrid: Alianza Editorial, 2001, p. 94, 1110a.

ao homem, sem influência sua) e com conhecimento do que faz (em oposição aos atos praticados em ignorância).[96]

Contudo, nem toda ignorância causaria o involuntário, devendo se examinar sua origem. Aristóteles chega, assim, à divisão da ignorância entre *responsável* e *não responsável*:[97] aquela partiria da própria pessoa, sendo, assim, de sua responsabilidade,[98] ao passo que esta não dependeria da pessoa, atingindo-a sem sua participação.

A *ignorância responsável* de Aristóteles não gera atos involuntários, pois seria, ela própria, algo voluntário, vez que advinda da própria pessoa.[99] A involuntariedade dos atos em ignorância restringir-se-ia, assim, às hipóteses de *ignorância não responsável*, que, tal como a força externa, tem por princípio algo alheio à pessoa.

Essa modalidade de ignorância (responsável) assemelha-se sobremaneira à cegueira deliberada, já sendo reconhecida, desde a *Ética a Nicômaco*, a possibilidade de a pessoa buscar um estado de desconhecimento quanto a algo.

Também nos escritos de São Tomás de Aquino já se faziam presentes diversas menções à chamada *ignorantia affectata*, ou seja, o desconhecimento provocado pelo sujeito, e, à semelhança da obra aristotélica, também se analisavam os efeitos peculiares dessa espécie de ignorância sobre a voluntariedade dos atos a ela relacionados.

Na *Suma Teológica*, São Tomás já dizia que, em regra, a ignorância causava o involuntário, na medida em que privava do conheci-

96. *Ibid.*, p. 99, 1111a.
97. SPANGENBERG BOLÍVAR, Mario. La ignorancia responsable en Aristóteles. Una solución al atolladero dogmático penal en los casos de ignorancia deliberada. *Revista de Derecho, Empresa y Sociedad*, vol. 11, 2017, p. 72.
98. Aristóteles aludia a uma espécie de ignorância de que é culpável o próprio sujeito e que, por isso, não afastaria sua responsabilidade, ao reconhecer que os legisladores castigam aqueles que cometem ações más, *salvo se o fazem por força ou uma ignorância de que não sejam eles mesmos culpáveis*, bem como sancionam a própria ignorância *culpável*, dando, como exemplo, o caso dos ébrios, para quem diz ser a pena dobrada, pois, sendo cada um o *dono de se embriagar*, a origem da ignorância daí advinda estaria na própria pessoa (ARISTÓTELES, Ética a Nicómaco, p. 106-7, 1113b).
99. SPANGENBERG BOLÍVAR, La ignorancia responsable..., p. 73.

mento necessário para se querer algo; todavia, isso não se verificaria, conforme as lições tomistas, na ignorância *em si* voluntária.[100]

O reconhecimento da ignorância deliberada, independentemente de pequenas alterações na nomenclatura empregada em cada período, já é, assim, milenar na Filosofia ocidental, antecedendo, em muito, qualquer construção teórica que se assemelhe ao que hoje se refere por dolo, culpa, erro de tipo ou, genericamente, por imputação subjetiva no campo penal.

Em verdade, foi o Direito que tardou bastante para se dar conta de que essas situações realmente existem e reclamam resposta normativa apropriada, sob pena de se conviver com uma lacuna jurídica.[101]

Nesse sentido, buscando um conceito ontológico, e não jurídico, de *cegueira deliberada*, pode-se partir da noção de que se trata de um estado subjetivo de *desconhecimento fático.*

Esse desconhecimento, por sua vez, pode estar precedido de algum conhecimento sobre o tópico já assimilado pelo sujeito ou, por outro lado, ser absoluto, barrando qualquer ligação subjetiva da pessoa com o fato *ab initio*, ainda antes da formação de qualquer suspeita, dúvida ou juízo de possibilidade em algum sentido definido.

Para se formar o conceito almejado, soma-se a esse primeiro elemento (que, metaforicamente, encerra a *cegueira*, ou seja, a não percepção do fato) a *deliberação* da pessoa pela ignorância.

Não se trata de um desconhecimento fortuito, surgido por acaso, proveniente do esquecimento da atividade que conduziria ao conhecimento; refere-se, em verdade, a um estado subjetivo de desconhecimento em que o agente deliberadamente se pôs.

Para que se possa falar em uma decisão pelo desconhecimento, a *possibilidade do conhecimento* deve ser um claro pressuposto: se, em uma dada situação, o conhecimento em causa se revela inatingível, o

100. AQUINO, Tomás de. *Suma teológica*, vol. III. São Paulo: Edições Loyola, 2003, p. 132-3.

101. E não apenas legal, necessário salientar, pois a falta de respostas seguras e adequadas do Direito Penal a tais situações não marca só os Códigos Penais, mas também a doutrina jurídica, a qual, conforme se expôs nas páginas anteriores, ainda busca soluções para a questão.

desconhecimento não é deliberado, senão necessário – e o necessário não é escolhido.

Já se excluem do conceito de cegueira deliberada, assim, casos em que o conhecimento faltante à pessoa lhe era impossível de ser atingido: aquele que, por exemplo, está velejando em alto mar, sem qualquer tipo de comunicação com quem quer que seja, ignora a condição meteorológica, naquele momento, em determinada cidade situada do outro lado do mundo, porém não de forma deliberada, vez que se trata de um desconhecimento que lhe é *imposto*. Ainda que essa pessoa queira, realmente, permanecer em ignorância quanto ao fato, essa será uma disposição interna irrelevante, pois a necessidade natural do desconhecimento, ou seja, a impossibilidade do conhecimento, não deixa qualquer espaço para se *querer* ou se *decidir* em qualquer sentido.

Mas, como dito, a possibilidade do conhecimento não basta, sendo apenas um pressuposto. Afastam-se da figura da cegueira deliberada, ainda, casos de desconhecimento não advindos de uma *decisão* em seu favor: pode-se desconhecer, por exemplo, por *esquecimento de se conhecer*, como no caso da pessoa que, estando muito ocupada para ler instantaneamente uma mensagem recebida, a reserva para ler em seguida e acaba se esquecendo, por lapso, permanecendo em ignorância, assim, quanto ao seu conteúdo; ou, ainda, por *displicência ou falta de atenção*, como no caso daquele que, recebendo uma grande quantidade de documentos de uma só vez, os analisa apressada e descuidadamente, não se dando conta de ter passado duas folhas ao mesmo tempo e, assim, permanecendo em ignorância quanto ao conteúdo daquela folha que lhe passou despercebida.

Esse segundo elemento do conceito de cegueira deliberada é da mais absoluta importância para o desenvolvimento deste estudo e deve ser sempre lembrado ao se referir ao conceito, nos capítulos seguintes, para que não haja incompreensões e se pense, erroneamente, que a pesquisa tem por objeto casos como os idealizados acima, de desconhecimento fático proveniente de negligência ou algo que o valha.[102]

102. María Laura Manrique sustenta, inclusive, haver um consenso doutrinário e jurisprudencial no sentido de que, em casos de cegueira deliberada com relevância jurídico-penal, é mais importante destacar o papel da

É necessário que se sublinhe, desde já, que a cegueira deliberada é um estado subjetivo fruto de uma *decisão* da pessoa, de uma *tomada de posição* ante o cenário, no sentido da refutação de informações e não obtenção de conhecimento sobre a situação, o que pode se dar de duas formas: a ausência de pesquisas e a blindagem ao conhecimento.

Pela primeira, o sujeito decide não ir atrás de informações relevantes sobre o fato em questão e, assim, o ignora. Pela segunda, a postura é mais veemente, consistente não só na ausência de pesquisa, mas, também, no efetivo bloqueio de informações que porventura pudessem chegar a si; o sujeito, nesse segundo caso, não apenas não vai atrás do conhecimento, como também impede que este chegue até ele.[103]

A postura de cegueira deliberada pode ser adotada, conforme dito linhas acima, tanto após a obtenção de indícios ou informações incompletas, capazes de gerar alguma desconfiança ou dúvida em determinado sentido (mas não conhecimento pleno), quanto antes mesmo da obtenção de qualquer elemento indiciário e da formação de qualquer suspeita. Em ambos os casos, pode ser adotada qualquer das posturas indicadas: a cegueira deliberada *passiva* (não realização de pesquisas possíveis) e a *ativa* (efetiva oposição de barreiras à chegada do conhecimento a si).

Os motivos pelos quais as pessoas assim se comportam são variados e, em geral, se relacionam à indisposição para encarar situações desagradáveis.[104] Normalmente, busca-se o desconhecimento em

intencionalidade que o da ignorância (MANRIQUE, María Laura. Ignorancia deliberada y responsabilidad penal. *Isonomía*, n. 40, 2014, p. 166).

103. Heffernan traz o depoimento de uma diretora de agência de aconselhamento para superendividados que relata que seus clientes não abrem correspondências, evitam atender o telefone e não escutam mensagens gravadas, por medo de quem estará do outro lado (HEFFERNAN, *Willful blindness...*, p. 89), ou seja, além de não irem em busca do conhecimento, também se blindam daquele que terceiros tentam levar até eles.

104. "We know – intellectually – that confronting an issue is the only way to resolve it. But any resolution will disrupt the status quo. Given the choice between conflict and change on the one hand, and inertia on the other, the ostrich position can seem very attractive" (*Ibid.*, p. 96). A referência ao avestruz se deve a uma lenda de que o animal enterraria a cabeça no solo, supostamente para não ver situações desagradáveis, quando, em verdade, o avestruz apenas deita sua cabeça e seu pescoço rentes ao solo, em situações

relação a pontos que, por serem tristes, tormentosos, polêmicos etc., prefere-se *ignorar*, com a crença de que, assim, eles desaparecerão.[105]

Para Spangenberg Bolívar, a inclinação à cegueira deliberada é própria da natureza humana, consistindo em uma estratégia hedonista de evitação de aflições ou problemas, ante o risco de sua eventual confirmação cognitiva.[106]

São vários os exemplos da experiência humana nesse sentido: o cônjuge que, tendo constatado indícios de uma possível infidelidade do outro, decide por *fechar os olhos* e não ir atrás de os confirmar ou refutar, optando pela ignorância e pela conservação do *status quo*, em vez do confronto;[107] o fumante que prefere que não lhe falem dos malefícios para a saúde que o cigarro traz; a pessoa que prefere não saber em detalhes ou ver imagens de como os animais são criados e abatidos nos açougues para, assim, poder comer carne sem pensar em algo que lhe desagrada; a pessoa que prefere não assistir ao noticiário, para não ver cenas das tragédias humanas diariamente mostradas, que lhe fazem mal; o filho que, após brigar com os pais e sair de casa em revolta, passa meses sem ter notícia alguma deles, não os procurando por qualquer forma e não atendendo eventuais ligações suas, sem ter, assim, qualquer ideia de como estão (se estão bem ou mal de saúde, se estão em casa ou viajando, se continuam empregados ou se foram demitidos, se um deles morreu...).

Entretanto, a motivação em si da cegueira deliberada, embora possa ser de interesse para outros ramos do conhecimento (talvez, principalmente, a Psicologia), não traz maiores consequências para

aleatórias, fazendo parecer, à distância, que ele teria escondido a cabeça, cujos tons claros comumente mimetizam com os do solo (LUCCHESI, *Punindo a culpa como dolo*..., p. 110, nota 267). Precisamente por ser uma metáfora equivocada e um tanto estranha, aqui não se utiliza o termo *ostrich instructions*.

105. "Ignore it and it will go away – that's what we think and hope. It's more than just wishful thinking. In burying our heads in the sand, we are trying to pretend the threat doesn't exist and that we don't have to change. We are also trying hard to avoid conflict: If the threat's not there, I don't have to fight it. A preference for the status quo, combined with an aversion to conflict, compels us to turn a blind eye to problems and conflicts we just don't want to deal with" (HEFFERNAN, *Willful blindness*..., p. 87).

106. SPANGENBERG BOLÍVAR, La ignorancia responsable..., p. 65.

107. "It's a truism that love is blind: what's less obvious is just how much evidence it can ignore" (HEFFERNAN, *Willful blindness*..., p. 3).

o Direito, já que "o componente motivacional não é um elemento do dolo".[108]

Em virtude disso, afasta-se, aqui, de formulações da teoria da cegueira deliberada que se prendem à motivação do sujeito, por se entender que esse aspecto foge, em absoluto, à tipicidade subjetiva e, portanto, não deve ser considerado.[109]

No mesmo sentido, outro elemento que alguns trabalhos incluem no conceito de cegueira deliberada e que aqui se refuta é um suposto *dever de conhecer.*[110] Pelo que já foi exposto e conforme demonstram os exemplos trazidos, está claro que a cegueira deliberada não exige qualquer tipo de relação de vigilância ou de fiscalização do sujeito sobre o fato que permita a afirmação de uma obrigação de saber. Pelo contrário, a figura pode perfeitamente se manifestar quanto a situações deontologicamente neutras.

108. LUCCHESI, *Punindo a culpa como dolo...*, p. 161.

109. Em sentido contrário, sustentando a necessidade de se considerar a motivação do estado de cegueira deliberada no campo penal, sob pena de, supostamente, se igualarem situações essencialmente distintas, cf. MANRIQUE, Ignorancia deliberada..., p. 179-83. A autora critica o entendimento adotado em *United States vs. Heredia*, no sentido do afastamento do *requisito dos motivos* quando da redação de uma *ostrich instruction*, e traz, em fundamentação ao seu posicionamento, um exemplo que parece absolutamente inadequado. Refere-se ao caso de um agente que é obrigado a transportar uma mala sob graves ameaças contra sua família, caso a abra. Sustenta a autora que, nesse caso, o sujeito não merece punição, ante a legitimidade dos motivos de sua ignorância quanto ao conteúdo da mala, que estaria, portanto, justificada (*Ibid.*, p. 181). Ora, nota-se, na formulação, uma total e absolutamente criticável confusão entre as categorias da teoria do crime, parecendo a autora entender que, ao se sustentar uma imputação dolosa no caso de cegueira deliberada, está-se, automaticamente, a reconhecer o caráter criminoso do fato e a condenar o agente. Olvida-se de que o juízo afirmativo da imputação, no campo da tipicidade, encerra apenas um dos elementos do crime, ao qual devem ainda se somar a ilicitude e a culpabilidade, para que se possa falar em crime. A cegueira deliberada pode conformar, no máximo, a *imputação dolosa*, não, por óbvio, toda a responsabilidade penal pelo fato, em atropelo às categorias do delito. O exemplo imaginado é, assim, totalmente impróprio, pois a hipótese, por certo, é de inexigibilidade de conduta diversa, a afastar a culpabilidade, nada justificando o que parece defender a autora, no sentido de que, se o mesmo agente conhecesse o conteúdo da mala, a conduta seria típica, ilícita e não culpável; estando, porém, em cegueira deliberada, não seria já típica.

110. Heffernan alude a uma *responsabilidade de estar informado* (HEFFERNAN, *Willful blindness...*, p. 3).

A inserção de categorias estranhas ao juízo de tipicidade proposta em algumas definições de cegueira deliberada relevante para o Direito Penal, como se vê nos trabalhos de Ragués i Vallès[111] e Spencer Sydow,[112] parece sobrecarregar o juízo de imputação com aspectos que não deveriam lhe dizer respeito,[113] chegando, em alguns casos, a tender à ultrapassada figura de um *dolus malus* ou algo que o valha, ao incluir, na categoria da tipicidade, questões axiológicas do comportamento, como a motivação.[114]

111. Como já posto no capítulo anterior, o autor insere no conceito de cegueira deliberada que julga merecedora da mesma pena que o dolo uma motivação egoística, estabelecendo que o agente deve decidir por se manter em ignorância para, assim, obter algum benefício, sem assumir riscos próprios ou responsabilidades (RAGUÉS i VALLÈS, *La ignorancia deliberada...*, p. 192-3).

112. SYDOW, *A teoria da cegueira deliberada*, p. 258-9. O autor propõe um conceito de cegueira deliberada penalmente relevante ainda mais imbricado, integrado por não menos que oito requisitos, muitos dos quais parecem não guardar relação alguma com a matéria.

113. Também Lucchesi analisa criticamente as propostas de Ragués i Vallès e Sydow, entendendo que elas desnaturam o conceito supostamente trazido do *common law* e não ajudam a identificar os casos em que caberia a imputação dolosa (LUCCHESI, *Punindo a culpa como dolo...*, p. 158-62).

114. Por ainda trabalhar com a noção de *dolus malus*, incluindo-o na culpabilidade, Sousa Neto, à sua época, defendia a influência dos motivos do crime sobre o dolo, dizendo que "a influência dos motivos determinantes se exerce, pois, na culpabilidade. O dolo se exclui quando a ação resulta de ações nobres, altruísticas, patrióticas, sociais, em suma. (...) o motivo social deve ser inserido, no dolo, em sentido negativo, isto é, para exclui-lo. Ao contrário, o motivo anti-social atua de modo positivo, caracterizando o *dolus malus* ou dolo com *consciência de ilicitude*" (destaques no original) (SOUSA NETO. *O motivo e o dolo*. 2. ed. Rio de Janeiro: Freitas Bastos, 1956, p. 95-7). A noção, contudo, já está absolutamente superada, não havendo espaço para a inserção de elementos dessa natureza na categoria do dolo. Para uma análise da legitimidade da valoração dos motivos em Direito Penal, sob uma perspectiva liberal, sem os confundir com o dolo, cf. MONTENEGRO, Lucas. *Por que se qualifica o homicídio?*: um estudo sobre a relevância da motivação em Direito Penal, por ocasião da Lei do Feminicídio (Lei 13.104, de 2015). São Paulo: Marcial Pons, 2017, p. 113-27. Ressalva seja feita quanto à teoria de Gabriel Pérez Barberá, a qual leva em conta os motivos para fins de imputação dolosa ou culposa, porém sob um viés diferente, reputando-os relevantes apenas enquanto gênesis de outros estados mentais que informarão o juízo de imputação, sem se afastar da doutrina majoritária em relação à desconsideração dos motivos enquanto explicação de ações: seriam relevantes, assim, os motivos (ou melhor, as razões, as explicações) pelos quais o agente tem determinado

Quanto a essas formulações, é de se indagar quais seriam, então, as consequências da ausência de tais elementos na cegueira deliberada, em um caso concreto. Ragués i Vallès, por exemplo, insere o *egoísmo* do sujeito como traço da cegueira deliberada equivalente ao dolo,[115] como visto.[116] Ora, será mesmo que a motivação influi no juízo de tipicidade? O agente que, com pleno conhecimento do que faz, transporta um grande volume de drogas ilícitas para repassar a outrem após cruzar uma fronteira internacional, comete, em tese, o crime de tráfico de drogas, sendo irrelevante, para fins de aferição do dolo, se o faz movido pela retribuição econômica prometida; pela disposição desinteressada em ajudar um amigo que lhe pede o favor; pela expectativa de receber parte da droga ao final da operação, seja para seu consumo pessoal, seja para que possa vender por conta própria, enfim. Por outro lado, no caso daquele que, objetivamente, pratica a mesma conduta, porém em cegueira deliberada, seria de se examinar o porquê de tê-lo feito ou o que ele buscava ao fazê-lo?

Decididamente, não. A motivação para a conduta não influi na sua imputação penal e, portanto, neste trabalho, não se preocupará com esse elemento, que parece ter sido introduzido em formulações da teoria da cegueira deliberada de forma indevida, inserindo na tipicidade dados que, quando muito, podem se relacionar à culpabilidade.

Por fim, uma última e necessária observação ainda se impõe: como dito, a cegueira deliberada pode ser *parcial* ou *absoluta*, a depender do momento em que é adotada, se quando o agente já possui

conhecimento ou desconhecimento, ou, ainda, uma confiança em determinado sentido, mas não os motivos pelos quais agiu de forma objetivamente típica (PÉREZ BARBERÁ, Gabriel. *El dolo eventual*: hacia el abandono de la idea de dolo como estado mental. Buenos Aires: Hammurabi, 2011, p. 805-11). A teoria deste autor será objeto de detida exposição em seção posterior deste trabalho (Capítulo 8).

115. O que é objeto de acertadas críticas por Greco: "(...) la distinción entre dolo e imprudencia no tiene nada que ver con la estructura más o menos altruista de la motivación del autor. Hay dolo altruista e imprudencia egoísta. (...) Motivaciones de un lado, dolo / imprudencia del otro, se encuentran en planos distintos. Estos últimos tienen que ver con el riesgo creado por el autor, es decir, guardan en última instancia una íntima relación con la idea de que el fundamento del injusto penal es la lesión a un bien jurídico; aquellos por su lado son a primera vista un cuerpo extraño en la teoría del injusto (y hasta de la culpabilidad) (...)" (GRECO, Comentario al artículo..., p. 73-4).

116. Vide nota 89.

alguma suspeita, calcada em indícios, e opta por não adquirir mais informações, ou quando ainda realmente nada sabe.[117]

Conforme pontuado no capítulo anterior, a cegueira deliberada *parcial* não traz maiores problemas quanto a condutas penalmente relevantes no Direito de tradição continental, em que está relacionada ao dolo eventual.

Nesses casos, o sujeito já tem uma suspeita formada, e decide, apenas, não adquirir mais informações; não se trata, propriamente, de não saber, mas de não saber *mais*. É uma *deliberada reticência cognitiva*, na expressão de Spangenberg Bolívar,[118] consistente em deixar em aberto, sem resposta, uma suspeita já formada.

O presente estudo não se ocupará desse tipo de cegueira deliberada, que, como já posto, pode trazer problemas ao Direito Penal anglo-saxão, quanto a crimes em que se exige *knowledge*, mas não ao Direito Penal romano-germânico, em que a figura do dolo eventual já bem responde à situação.

A cegueira deliberada que aqui interessa, na linha do que ressaltado por Ragués i Vallès,[119] é a *absoluta*, para a qual a *willful blind-*

117. Há quem diga que a cegueira deliberada absoluta é uma *contradictio in terminis*, pois "se há a intenção de ignorar, é porque, na realidade, se sabe o que se ignora" (CARVALHO; ROSA, Uma análise crítica..., p. 1610). A afirmativa não parece correta em medida alguma, dado que, como posto no texto, é perfeitamente concebível a ideia de se optar pela ignorância de forma genérica e irrestrita, sem nada conhecer previamente quanto ao campo sobre o qual se prefere ignorar. Ora, apenas para permanecer na seara extrajurídica, na linha do presente capítulo, pode-se pensar no exemplo de uma pessoa que recebe um pacote contendo um presente de aniversário enviado por um amigo, o qual lhe pede, por mensagem, que não o abra antes da festa naquela noite, pois gostaria de estar presente para ver sua reação. A ignorância do aniversariante é deliberada, pois ele decidiu assim se manter, em atendimento ao pedido do amigo, e é absoluta, pois ele não tem a menor ideia do que seja o presente, sendo praticamente infinitas as opções do que esteja ali dentro. Como se dizer que, por ter escolhido ignorar o conteúdo do pacote, essa pessoa já *sabe o que ignora*? A contradição parece estar, na verdade, nessa frase dos referidos autores, a menos que com ela se queira dizer que, ao optar por ignorar *o conteúdo do pacote*, a pessoa sabe que ignora *o conteúdo do pacote*, o que seria uma tautologia sem sentido.

118. SPANGENBERG BOLÍVAR, La ignorancia responsable..., p. 65.

119. Vide nota 89.

ness doctrine não traz respostas prontas e que constitui um problema irresoluto tanto no *common law*, quanto no *civil law*.

É possível, portanto, formular, nos seguintes termos, um conceito de cegueira deliberada que servirá de base para os próximos capítulos, sempre que o texto se referir à figura: *cegueira deliberada é o estado mental formado a partir de uma decisão do sujeito pela não obtenção de conhecimento possível e, assim, pela sua manutenção em ignorância; pode ser parcial, se adotada após o contato com indícios e a formação de alguma suspeita inicial sobre o fato de que se trate, ou absoluta, se inviabilizadora da obtenção de qualquer grau de suspeita em relação à área sobre a qual se estende; e, ainda, passiva, se consistente na mera inércia e ausência de iniciativa de se buscar o conhecimento, ou ativa, caso inclua, também, a efetiva oposição de barreiras a que o conhecimento chegue ao sujeito.*

Como se vê, é um conceito extrajurídico, do plano do *ser*. Importa, em seguida, analisar o que o Direito pode prever para os casos em que tal estado subjetivo se configurar relativamente a algum fato com relevância jurídica.

5.

O CRIME OMISSIVO IMPRÓPRIO E O EMPRESÁRIO

Até este momento, a exposição se concentrou no primeiro objeto da pesquisa, culminando, no capítulo anterior, com a enunciação de um conceito de cegueira deliberada com o qual aqui se trabalha.

Doravante, o foco passará ao segundo objeto da pesquisa, consistente na imputação dolosa do crime omissivo impróprio, no contexto do Direito Penal empresarial, de modo a, ao cabo da exposição, chegar-se a um cotejo entre as conclusões obtidas quanto a cada um dos objetos, analisando-se a viabilidade ou não da imputação por dolo, em tais casos, quando presente um estado de cegueira deliberada por parte do agente.

Com esse intento, expor-se-ão, neste capítulo, o conceito de crime omissivo impróprio e seus elementos, para, em seguida, fazer-se um recorte da figura ao campo empresarial, tudo com o só objetivo de situar a discussão, ou seja, de se aclarar do que, realmente, está a se tratar quando, nos capítulos seguintes, falar-se em imputação por dolo em tal estrutura delitiva.

A observação é necessária porque o tema deste capítulo é extensíssimo e objeto de inúmeras teorias e correntes doutrinárias, pelo que reclamaria, certamente, uma pesquisa inteiramente dedicada a si, não se tendo, aqui, a pretensão de exaurir a matéria, de forma alguma, mas, apenas, de situar a discussão.

5.1 Notas introdutórias quanto ao crime omissivo impróprio

O crime omissivo impróprio, objeto do recorte metodológico desta pesquisa, possui peculiaridades que reclamam a adaptação de alguns institutos clássicos do Direito Penal quando dele se tratar, conforme se demonstrará.

Para sua abordagem, necessário diferenciar, primeiramente, o crime omissivo do comissivo; em seguida, diferenciar o omissivo impróprio do próprio; e, por fim, destrinchar seus elementos, sendo a isso que se propõe a pesquisa nas páginas seguintes.

5.1.1 Crime comissivo x crime omissivo

A lesão ou perigo de lesão a um bem jurídico-penal pode advir de múltiplos fatores, ocupando-se o Direito Penal daqueles que se caracterizam por uma conduta humana, e não, por exemplo, por circunstâncias naturais (como um raio que, ao atingir um alto edifício, danificando-o, lesa o bem jurídico *patrimônio* do proprietário do bem).

Essa conduta humana, por sua vez, pode consistir em uma ação ou uma omissão, interessando, aqui, examinar brevemente esta última modalidade.

No plano fático, o que se tem, sempre, são as *ações*. É dizer, somente as ações são sensorialmente perceptíveis e existem no mundo do *ser*. A pessoa que caminha pela rua está praticando a ação de caminhar; o pai ou a mãe que está no clube, à beira da piscina, conversando com amigos, está praticando a ação de conversar.

As *omissões*, por outro lado, somente passam a ser identificáveis mediante a formulação de um juízo hipotético por meio do qual se veicule uma expectativa de ação diversa. Diferentemente das ações, elas não existem em si mesmas, não são diretamente extraídas do plano fático.[120] Assim, só cabe reconhecer que a pessoa que caminha

120. BUSATO, Paulo César. Ação e omissão. In: BUSATO, Paulo César (Org.). *Teoria do delito*. Curitiba: Juruá, 2012, p. 27.

pela rua omite socorro a um acidentado ao lado do qual ela passa a partir do momento em que se imagina uma ação esperada (a ação de salvamento mediante, por exemplo, chamamento de socorro por telefone); só cabe reconhecer que o pai ou a mãe que conversa com amigos à beira da piscina omite impedir a morte do filho menor que está a se afogar a partir do estabelecimento de uma ação imaginada e esperada de salvamento da criança (por exemplo, lançando-se à água em socorro ao filho).

Os exemplos podem parecer simplórios, mas cumprem seu limitado objetivo de demonstrar que, ao se falar que há uma omissão, não se quer dizer que a pessoa esteja imóvel, sem praticar ação alguma, mas apenas que ela não está a praticar uma ação hipotética que era esperada que praticasse.[121]

É nesse sentido que Silva Sánchez afirma não ser a omissão uma figura pré-existente ao juízo de imputação típica, mas algo que surgiria exatamente de tal juízo, por meio do qual se atribui à conduta do sujeito o signo da não realização de uma prestação positiva que se reputa necessária à salvaguarda de um bem jurídico. As bases desse juízo seriam, portanto, a conduta efetiva e a pretensão, estabelecida no tipo, de se assegurar uma proteção positiva ao bem jurídico.[122]

121. "En el término 'omitir' reside una negación, referida al actuar. Sin embargo, el concepto 'omisión' no es sinónimo de 'no suceder', de 'no modificar una realidad', de 'no obrar en absoluto', de 'inactividad' o de 'quietud física'. El omitir no niega el actuar como tal, sino sólo un actuar en determinada dirección, una acción concreta. (...) El concepto de la omisión está, pues, siempre *referido* a determinada acción 'en que se piensa'") (destaque no original) (KAUFMANN, Armin. *Dogmática de los delitos de omisión*. Trad. Joaquín Cuello Contreras e José Luis Serrano González de Murillo. Madrid: Marcial Pons, 2006, p. 45-6).

122. SILVA SÁNCHEZ, Jesús María. *El delito de omisión*: concepto y sistema. 2. ed. Buenos Aires: B de f, 2003, p. 194-5. O autor se refere à omissão penalmente relevante, porém sua percepção pode ser trasladada para qualquer âmbito. É possível dizer, por exemplo, que aquela pessoa que recebe uma ligação telefônica em momento em que não quer atendê-la e, por isso, deixa o telefone tocando, sem rejeitar nem aceitar a chamada, está omitindo atender a ligação e conversar com a pessoa que a procura. Contudo, também aqui, só cabe reconhecer essa omissão a partir do momento em que se formula uma hipótese de conduta imaginada que não está sendo praticada, qual seja, atender o telefonema e conversar. Não há uma omissão prévia à enunciação desse juízo hipotético. O que há, de fato, é a ação que a pessoa pratica: conversar com

Por certo, para que faça sentido falar-se em omissão, a ação objeto desse juízo hipotético deve ser concretamente factível, diante de determinada situação em que se encontre o sujeito.[123] É dizer, descabe a formulação de um juízo referente a uma ação impossível, não havendo que se entender que o sujeito omite determinada ação que lhe era, naquela situação em que se encontrava, inatingível.

À ação e à omissão correspondem, uma vez presentes os caracteres da tipicidade, da ilicitude e da culpabilidade, o crime comissivo e o omissivo,[124] respectivamente, sendo de importância primeira para

alguém que está à sua frente, assistir à televisão, correr pela rua, ler um livro. Apenas mediante o estabelecimento de um juízo hipotético de ação de *atender o telefonema* é que cabe falar-se na omissão dessa conduta imaginada.

123. Tem-se a capacidade de ação como o ponto em comum entre a ação e a omissão, não havendo que se falar em não realização de ação impossível ao indivíduo, no cenário concreto de que se trate. Nesse sentido: TAVARES, Juarez. *Teoria dos crimes omissivos*. São Paulo: Marcial Pons, 2018, p. 351-4; PRADO, Luiz Regis. *Tratado de direito penal brasileiro*: parte geral, vol. 1. 2. ed. São Paulo: RT, 2017, p. 512; RODRIGUES, Marta Felino. *A teoria penal da omissão e a revisão crítica de Jakobs*. Coimbra: Almedina, 2000, p. 39-40; NOVOA MONREAL, Eduardo. *Fundamentos de los delitos de omisión*. Buenos Aires: Ediciones Depalma, 1984, p. 70; CEREZO MIR, José. *Derecho penal*: parte general. São Paulo: RT, 2007, p. 1129-31; LACRUZ LÓPEZ, Juan Manuel. *Comportamiento omisivo y Derecho Penal*. Madrid: Editorial Dykinson S.L., 2004, p. 424; STRATENWERTH, Gunter. *Derecho Penal. Parte General I*: el hecho punible. Trad. Manuel Cancio Meliá e Marcelo A. Sancinetti. Navarra: Editorial Aranzadi, 2005, p. 399-400; GALLAS, Wilhelm. *La teoría del delito en su momento actual*. Trad. Juan Cordoba Roda. Barcelona: Bosch Casa Editorial, 1959, p. 55-6; KAUFMANN, *Dogmática...*, p. 47-54, 99; WESSELS, Johannes. *Direito Penal*: parte geral (aspectos fundamentais). Trad. Juarez Tavares. Porto Alegre: Sergio Antonio Fabris Editor, 1976, p. 161-2. Jescheck/Weigend veem a capacidade de ação *genérica* como elemento da omissão, exigindo a capacidade de ação *concreta, específica*, para a caracterização do crime omissivo (JESCHECK, Hans-Heinrich; WEIGEND, Thomas. *Tratado de Derecho Penal*: parte general. Trad. Miguel Olmedo Cardente. 5. ed. Granada: Editorial Comares, 2002, p. 241, 664). Em posicionamento absolutamente minoritário na doutrina, Baumann vê na impossibilidade de ação uma causa justificante de conduta omissiva típica (BAUMANN, Jurgen. *Derecho Penal*: conceptos fundamentales y sistema. Buenos Aires: Ediciones Depalma, 1973, p. 148-53).

124. Reitere-se fugir ao objeto de estudo um aprofundamento na temática, aqui trazida a título introdutório ao verdadeiro problema que se busca examinar, pelo que não é esta a sede adequada para, por exemplo, adentrar na questão de participações ativas em delitos omissivos (sobre esse ponto, cf. TAVARES,

o Direito Penal a delimitação desses conceitos, dado que, pelo princípio da materialidade (*nulla iniuria sine actione*[125]), qualquer lesão ou perigo de lesão a bem jurídico somente lhe interessa caso decorra de uma conduta humana (comissiva ou omissiva), cuja exteriorização vem a ser a condição originária necessária (mas não suficiente) para a intervenção penal.[126]

Há muito se tem discutido, em sede doutrinária, sobre a distinção entre ação e omissão e a (im)possibilidade de se as reunirem sob um mesmo conceito superior, em relação de gênero-espécie,[127] debate

Teoria..., p. 298-303) ou na de intervenções por omissão em delitos comissivos (sobre esse ponto, cf. ROBLES PLANAS, Ricardo. *Garantes y cómplices*: La intervención por omisión y en los delitos especiales. Atelier: Barcelona, 2007, p. 35-78).

125. "De acordo com este princípio, nenhum dano, por mais grave que seja, pode-se estimar penalmente relevante, senão como efeito de uma ação. Em consequência, os delitos, como pressupostos da pena, não podem consistir em atitudes ou estados de ânimo interiores, nem sequer, genericamente, em fatos, senão que devem se concretizar em ações humanas – materiais, físicas ou externas, quer dizer, empiricamente observáveis – passivas de serem descritas, enquanto tais, pela lei penal. Os fundamentos deste princípio, também fruto da elaboração iluminista, são os mesmos que encontramos como fundamento da garantia de lesividade: o utilitarismo jurídico e a separação axiológica entre direito e moral" (FERRAJOLI, Luigi. *Direito e razão*: teoria do garantismo penal. Trad. Ana Paula Zomer Sica *et alii*. 4. ed. São Paulo: RT, 2014, p. 440-1). O autor, ao tratar do princípio da materialidade (*Ibid.*, p. 440-7), não menciona, expressamente, a omissão. Contudo, suas proposições, desenvolvidas para a ação, lhe são aplicáveis.

126. PRADO, *Tratado...*, p. 480. Lembre-se, também, da própria redação do art. 13, *caput*, do CP, que estatui que "o resultado, de que depende a existência do crime, somente é imputável a quem lhe deu causa. Considera-se causa a ação ou omissão sem a qual o resultado não teria ocorrido", evidenciando o papel primordial dos conceitos de *ação* e *omissão* para toda a edificação da teoria do delito.

127. A doutrina tem, majoritariamente, se posicionado pela impossibilidade de se chegar a um conceito genérico que englobe as duas categorias. Nesse sentido, cf. CEREZO MIR, *Derecho penal...*, p. 413-4; FRAGOSO, Heleno Cláudio. *Lições de direito penal*: parte geral. 16. ed. Rio de Janeiro: Forense, 2003, p. 182. Jescheck/Weigend, adotando um conceito de ação social, entendem que essa impossibilidade se dá apenas no plano ontológico, apontando o conceito de *comportamento* como categoria genérica integrada pela ação e omissão, como espécies, no plano valorativo (JESCHECK; WEIGEND, *Tratado...*, p. 238-40). Igualmente Gallas, apontando que o conceito de *conduta humana*, tido como ponto comum entre as duas figuras, somente incide no plano

este que foge ao escopo do presente trabalho, cujo interesse, neste ponto, é apenas introduzir a temática dos crimes omissivos, de modo a encaminhar a discussão para seu verdadeiro objeto.

A distinção estrutural entre as duas modalidades comportamentais (ativa e passiva) se reflete diretamente na valoração de que são objeto por parte do Direito, havendo, por conseguinte, diferença igualmente estrutural entre a norma penal subjacente a um tipo de delito comissivo e a um omissivo: a primeira possui caráter *proibitivo*, é dizer, proíbe uma ação; a segunda possui caráter *mandamental*, ou seja, impõe uma ação.

Assim postas as coisas, é certo que, quantitativamente, a tipificação de crimes comissivos é bastante superior à de omissivos, e não poderia mesmo ser diferente. Afinal, relembrando o princípio geral da legalidade no Estado Democrático de Direito, de acordo com o qual ninguém é obrigado a fazer ou deixar de fazer algo, senão em virtude de Lei (art. 5.º, II, da Constituição da República Federativa do Brasil de 1988 – CRFB/1988), vê-se que, ao *proibir* determinada conduta, a norma jurídica deixa em aberto ao indivíduo toda a gama de possibilidades fáticas que se lhe apresentam naquele contexto, excluindo, apenas, a proibida. Por outro lado, ao *impor* determinada conduta, a norma jurídica limita sobremaneira o leque de possibilidades de atuação do indivíduo no contexto em que se encontra, já que este a afrontará caso se comporte de qualquer outra maneira, que não a imposta.[128]

de valoração jurídica (GALLAS, *La teoría del delito...*, p. 18-9). Em sentido contrário, Regis Prado: "são elas (ação e omissão) diferentes e autônomas realidades e como tal devem ser tratadas, tanto no plano do ser como no do dever ser" (PRADO, *Tratado...*, p. 511-2). Kaufmann, por sua vez, vê, no conceito de *comportamento*, o comum e o distintivo entre a ação e omissão: nele, se destacaria a capacidade de ação como unidade do conceito, sem se afastar, ainda assim, a contradição entre a ação e a omissão, pelo que entende que o conceito se presta, apenas, a expor a raiz comum das duas figuras, sem conseguir nivelá-las (KAUFMANN, *Dogmática...*, p. 100-2).

128. KAUFMANN, *Dogmática...*, p. 102; ZAFFARONI, Eugenio Raúl; SLOKAR, Alejandro; ALAGIA, Alejandro. *Derecho Penal*: parte general. 2. ed. Buenos Aires: Ediar, 2002, p. 571. Em sentido contrário, Victor Costa entende que "a limitação da liberdade imposta pela intervenção do poder punitivo depende somente do conteúdo da norma e não da forma como ela vem veiculada" (COSTA, Victor Cezar Rodrigues da Silva. *Crimes omissivos*

A norma penal subjacente ao tipo do art. 121 do CP, por exemplo, ao proibir ao indivíduo que mate alguém, permite-lhe que, diante de outrem, se comporte de absolutamente qualquer outra maneira, que não a vedada.[129]

Diametralmente oposto, por exemplo, o caso da norma penal subjacente ao tipo do art. 269 do CP, a qual, ao impor ao médico que denuncie à autoridade pública doença cuja notificação é compulsória, não lhe permite, diante desse contexto fático (constatação de uma moléstia tal em um paciente), que adote qualquer outro comportamento, que não o imposto.

Nesse sentido, nota-se que, dado um cenário fático objeto de valoração pela norma penal, uma norma mandamental se mostra muitíssimo mais limitativa da liberdade individual do que uma proibitiva, pelo que o princípio da liberdade impõe maior grau de

impróprios: tipo e imputação objetiva. Belo Horizonte: D'Plácido, 2017, p. 98-9).

129. Juarez Tavares reconhece uma relação dialética entre a norma proibitiva e a mandamental, em que a proibição e o mandamento seriam algo como duas facetas da mesma norma: "(...) entre norma mandamental e norma proibitiva subsiste uma relação dialética, de modo que a norma mandamental, ao mesmo tempo que impõe uma atividade, proíbe outra. Assim, a norma proibitiva: ao mesmo tempo em que proíbe uma atividade, por exemplo, a atividade de matar, impõe, também, uma atividade, a atividade de respeito à vida humana. Isso está implícito na norma proibitiva. (...) o dever decorrente de uma norma mandamental, que se encontre inserida na norma proibitiva de um delito comissivo, deve ser visto como dever complementar, cujo cumprimento se torne necessário como ponto de referência da proibição" (TAVARES, *Teoria...*, p. 295-6). No fim das contas, chega-se ao mesmo resultado, por caminhos mais ou menos tortuosos. Mais simples (e igualmente correto) é falar em permissão, como aqui se propõe, do que em *mandamento de atividade oposta à proibida*, mesmo porque a imprecisão do que seria essa atividade (no exemplo dado pelo autor, *atividade de respeito à vida humana*) recomenda seu tratamento como objeto de uma *permissão*, não de um *mandamento*. Nesse sentido, Zaffaroni *et alii* pontuam: "El acotamiento de la reducción recíproca de los enunciados no tiene carácter lógico, sino que proviene de una ineludible limitación de lenguaje (*no matarás* no es idéntico a *cuidarás la vida del prójimo*) que no puede ser desconocida ante el requerimiento de observancia del *principio de reserva o de clausura*, cuya estructura permite suponer que privilegia primariamente el enunciado prohibitivo de la norma deducida del tipo, y sólo por excepción admite el imperativo" (destaques no original) (ZAFFARONI; SLOKAR; ALAGIA, *Derecho Penal...*, p. 571).

racionalidade à tipificação omissiva,[130] sendo de se exigir da Lei mais parcimônia e uma observância ainda mais inflexível ao princípio da proporcionalidade quando da criminalização de uma omissão, terreno em que se redobra o caráter de *ultima ratio* do Direito Penal, dada a magnitude com que esse procedimento legislativo interfere na liberdade de atuação individual.

Interessante observar a existência, no ordenamento jurídico, de tipos penais que preveem, alternativamente, condutas comissivas e omissivas,[131] como é o caso do delito de prevaricação (art. 319 do CP), cujo tipo penal traz as condutas de *retardar*, indevidamente, ato de ofício, e de *praticá-lo* contra disposição expressa de lei (*comissivas*, portanto), ao lado da de *deixar de praticar*, indevidamente, ato de ofício (*omissiva*, a seu turno), tudo para satisfazer interesse ou sentimento pessoal, o que demonstra que a classificação de um crime em comissivo ou omissivo não pode se orientar pelo *nomen iuris* do tipo penal, devendo considerar, em verdade, as formas pelas quais podem se dar, no plano fático, o cumprimento do tipo e, por conseguinte, o descumprimento da norma penal subjacente.[132]

130. Stratenwerth deriva a excepcionalidade da criminalização da omissão do princípio da responsabilidade, segundo o qual o indivíduo, dada sua autonomia, seria exclusivamente competente quanto ao seu próprio âmbito de domínio, pelo que o dever de se ocupar de interesses ou bens jurídicos alheios, mediante condutas ativas, restringir-se-ia a casos especiais (STRATENWERTH, *Derecho Penal*..., p. 104). Em sentido similar, também Jescheck/Weigend pontuam que a predominância de normas proibitivas em Direito Penal se justifica por não ser missão essencial da sanção incentivar os destinatários da norma a intervir pessoalmente em prol de bens jurídicos periclitados (JESCHECK; WEIGEND, *Tratado*..., p. 648).

131. Cf. NOVOA MONREAL, *Fundamentos*..., p. 49. Há, ainda, os casos peculiares lembrados pelo autor sob a classificação de *descrições de duplo sentido*: "(...) la situación cuando el tipo correspondiente emplea formas verbales que pueden significar, de hecho, tanto una acción como una omisión, cual ocurre, por ejemplo, con los verbos 'ocultar' y 'abandonar', profusamente empleados en varias legislaciones penales positivas. Porque se puede ocultar algo activamente y también no dando a conocer a otro, que lo ignora, dónde se halla lo que está oculto, y se puede abandonar algo activamente y también no prosiguiendo una actitud de atención y cuidado en relación con aquello que no se debe abandonar. Será una correcta interpretación de estos tipos la que va a determinar si ellos incluyen o no una actitud omisiva" (*Ibid.*, p. 48).

132. Nesse sentido, Fernando Galvão pontua: "(...) a ação é a forma de conduta humana que viola a norma jurídica proibitiva e a omissão, por sua vez,

Delineada, nessas breves linhas, a distinção dos crimes entre comissivos e omissivos,[133] com a profundidade estritamente necessária ao prosseguimento do estudo, importa analisar, em seguida, o conteúdo do dever de ação cujo descumprimento configura infração penal desta última modalidade, em relação ao qual os crimes omissivos se dividem em *próprios* e *impróprios*.

5.1.2 Crime omissivo próprio x crime omissivo impróprio

A clássica divisão dos crimes omissivos em *próprios* e *impróprios* constitui mais um objeto de polêmica no já inquietante terreno da omissão no Direito Penal, sendo diversos os critérios apontados pela doutrina para a classificação.[134]

é a forma de conduta humana que viola a norma jurídica mandamental. Para saber se a conduta deve ser entendida como comissiva ou omissiva é necessário identificar a norma jurídica que incide sobre a situação concreta em que se encontra o sujeito" (GALVÃO, Fernando. *Direito Penal*: parte geral. 9. ed. Belo Horizonte: D'Plácido, 2017, p. 368).

133. Criticando a classificação, Gracia Martín pontua: "Esta clasificación, sin embargo, no me parece correcta si con ella se pretende abarcar a *todos* los delitos. El concepto de delito es único, mientras que la acción y la omisión son dos tipos de comportamiento distintos idóneos para realizar el delito. En rigor, por lo tanto, solo podría ser válida la expresión 'delitos de acción' para designar a aquellos que única y exclusivamente pueden ser realizados mediante una conducta positiva, es decir: por una acción y, por lo mismo, de delitos de omisión únicamente cabría hablar en relación con aquellos que única y exclusivamente pueden realizarse mediante una omisión. Hay delitos, sin embargo, que pueden realizarse tanto mediante una acción como por una omisión y por ello no puede decirse que sean ni delitos de acción ni delitos de omisión en sentido estricto. Es en estos delitos donde, a mi juicio, se inscribe la llamada comisión por omisión" (GRACIA MARTÍN, Luis. La comisión por omisión en el derecho penal español. *Nuevo Foro Penal*, n. 61, 1999, p. 126). Por essa lógica, descaberia a classificação do homicídio (art. 121 do CP), por exemplo, como crime comissivo, já que poderia ele se dar, também, mediante omissão imprópria (comissão por omissão). Em verdade, quando aqui se diz crime *comissivo*, na linha da doutrina majoritária, refere-se a delitos que admitem a forma comissiva (à qual a omissão imprópria se iguala normativamente, conforme se demonstrará à frente), o que não implica reconhecer ser esta a única via de sua prática. *Omissivo* é, por outro lado, o crime que somente se materializa mediante omissão.

134. Como acertadamente reconhecem Jescheck/Weigend, os vocábulos *próprio* e *impróprio*, com que usualmente se adjetivam os crimes omissivos, não se mostram semanticamente adequados no atual estágio da dogmática

Uma primeira possibilidade aventada é o critério do *sujeito*, que dita que crime omissivo próprio é *crime comum* (quanto ao sujeito ativo), na medida em que o dever de agir, nessa espécie, seria extensivo a toda a coletividade, ao passo que crime omissivo impróprio é *crime especial*, exigindo qualidades específicas do sujeito ativo, dado somente ser atribuível a quem estiver na posição de *garante*.

Não parece ser o melhor critério, dada sua tautologia: é crime omissivo impróprio porque exige a qualidade de garante do sujeito ativo; porém, exige-se a posição de garante exatamente por se tratar de crime omissivo impróprio.[135] Ademais, tachar o crime omissivo próprio de crime comum quanto ao sujeito ativo[136] não se mostra correto, sendo necessário lembrar que há crimes omissivos próprios *especiais* quanto ao sujeito ativo,[137] como é o caso do já aqui referido crime de omissão de notificação de doença (art. 269 do CP), do qual somente pode ser autor o médico.

O critério, contudo, pode contribuir para uma correta diferenciação entre as duas estruturas delitivas omissivas, desde que não se limite à abstração da figura de um agente garantidor (geradora da tautologia acima apontada), mas considere, em verdade, a fundamentação material da posição de garantia penal (objeto do item seguinte), podendo, assim, auxiliar na identificação de um crime omissivo impróprio.

Outra proposta de critério diferenciador é o tipológico,[138] de acordo com o qual os crimes omissivos próprios estariam expressamente tipificados em Lei, ao passo que os impróprios decorreriam

penal, em que não mais subsiste sua fundamentação originária, no sentido de ser o delito de omissão imprópria um autêntico crime comissivo (daí a *impropriedade* dessa omissão). De fato, mais adequada seria a classificação dos delitos omissivos em *simples* e *qualificados*, como propõem. Contudo, conforme reconhecem, a nomenclatura habitual já se encontra tão arraigada que não se justificaria seu abandono (JESCHECK; WEIGEND, *Tratado...*, p. 653), mesmo porque mais importantes que os significantes são, em verdade, os significados, aos quais devem se voltar as atenções.

135. JESCHECK; WEIGEND, *Tratado...*, p. 654.

136. TAVARES, *Teoria...*, p. 307; ZAFFARONI; SLOKAR; ALAGIA, *Derecho Penal...*, p. 575.

137. COSTA, *Crimes omissivos impróprios...*, p. 106-8; KAUFMANN, *Dogmática...*, p. 282-3.

138. KAUFMANN, *Dogmática...*, p. 284.

de construção doutrinária ou jurisprudencial *praeter legem*, o que, igualmente, não se mostra o melhor caminho.

Além de o critério se mostrar meramente formal, não se importando com qualquer conteúdo material da conduta em relação ao bem jurídico,[139] é necessário reconhecer que os crimes omissivos impróprios também são legalmente tipificados[140] (ainda que de forma indireta, como se verá), mesmo porque, não fosse assim, sua própria existência afrontaria o princípio da legalidade (*nullum crimen sine lege*).

Há, ainda, o critério do resultado, que propõe diferenciar as duas modalidades de crimes omissivos a partir da necessidade de os impróprios produzirem um resultado *naturalístico*.

Enquanto, por certo, todos os crimes possuem resultado *normativo* ou *jurídico*, consistente na lesão ou exposição a perigo de bem jurídico (decorrência direta do princípio da ofensividade), nem todos possuem resultado *naturalístico*, consistente na alteração fática, material, decorrente do ilícito. Os crimes, em geral, dividem-se, assim, em *materiais*, de um lado, cuja consumação se dá mediante produção de resultado naturalístico, e *de mera conduta* (ou *de mera atividade*), de outro, os quais independem de resultado de tal natureza.[141]

139. COSTA, *Crimes omissivos impróprios...*, p. 100-2.

140. RODRIGUES, *A teoria penal da omissão...*, p. 16-9.

141. Nesse sentido, Tatiana Badaró preleciona: "O Código Penal brasileiro parte do princípio de que não há crime sem resultado: os institutos da tentativa (art. 14, inc. II, do CP) e do crime impossível (art. 17 do CP) demonstram que não existe crime sem, no mínimo, perigo para o bem jurídico; o art. 13 do CP, primeira parte, afirma textualmente que a existência do crime depende do resultado. A Exposição de Motivos também reafirma a inexistência de crime sem que ocorra, pelo menos, perigo de lesão ao bem jurídico (...). Ressalta-se que o resultado em questão não é o resultado material, mas o resultado jurídico. Como visto, o resultado material é a modificação no mundo naturalístico, materialmente distinta da ação ou omissão em si, presente nos crimes materiais ou de resultado, mas ausente nos crimes de atividade ou formais. Por outro lado, o resultado jurídico, consistente na lesão ou ameaça de lesão ao bem jurídico, deve existir, obrigatoriamente, em todo e qualquer crime. O resultado jurídico como elemento indispensável ao conteúdo material do crime constitui imposição da vertente principiológica do modelo de crime como ofensa a bens jurídicos: o princípio da ofensividade" (BADARÓ, Tatiana. *Bem jurídico penal supraindividual*. Belo Horizonte: D'Plácido, 2017, p. 249).

Por esse critério, os crimes omissivos próprios seriam de mera conduta, descabendo analisar a produção de qualquer resultado material e residindo o conteúdo do injusto no desvalor da conduta, independentemente de qualquer fato ulterior. Os crimes omissivos impróprios, a seu turno, seriam materiais, consumando-se com a produção de resultado naturalístico e sobressaindo-se, aqui, o desvalor deste.[142]

Novamente, não parece ser o melhor critério, conforme sustentado pela parcela da doutrina que entende que o vocábulo *resultado*, constante do art. 13, § 2.º, do CP,[143] deve ser entendido como resultado normativo, ou seja, ofensa (perigo ou lesão) a um bem jurídico, sendo o não impedimento disso, por parte de quem, pela Lei, tem o ônus de agir para impedi-lo, que configuraria o crime omissivo impróprio.[144]

Afinal, posto o crime, sob o aspecto material, como uma conduta atentatória contra um bem jurídico-penal, mediante perigo ou dano, entende-se que o *resultado* que o Direito Penal visa a evitar é, exatamente, essa vulneração do bem jurídico. Se a redação deste ou daquele tipo penal prevê um resultado naturalístico para a consumação delitiva, trata-se de decorrência da estrutura da tipificação legal, não de uma diferença essencial do crime, a ponto de justificar que uns admitam a figura da omissão imprópria, e outros não.[145]

Por fim, a doutrina elabora, ainda, o critério referente à natureza da norma penal violada pela omissão: o crime omissivo próprio configuraria descumprimento de norma mandamental, pura e simplesmente, ao passo que o impróprio consistiria na "violação de uma norma proibitiva mediante o desatendimento de uma norma mandamental".[146]

142. RODRIGUES, *A teoria penal da omissão...*, p. 19-20.

143. "A omissão é penalmente relevante quando o omitente devia e podia agir para evitar o resultado (...)."

144. ESTELLITA, Heloisa. *Responsabilidade penal de dirigentes de empresas por omissão*: estudo sobre a responsabilidade omissiva imprópria de dirigentes de sociedades anônimas, limitadas e encarregados de cumprimento por crimes praticados por membros da empresa. São Paulo: Marcial Pons, 2017, p. 236-9.

145. ZAFFARONI; SLOKAR; ALAGIA, *Derecho Penal...*, p. 576.

146. TAVARES, *Teoria...*, p. 309. Também Wessels, que, comentando hipóteses de homicídio mediante comissão e mediante omissão imprópria, pontua: "Em todos os casos infringe-se a proibição de matar; no deixar esfomear-se ou afogar-se, se lesa igualmente um dever jurídico de agir"

A ideia mostra-se problemática, na medida em que qualquer crime omissivo constitui, invariavelmente, violação a uma norma mandamental.[147] Entretanto, a proposição tem certa utilidade, ao destacar que, no crime omissivo impróprio, a violação da norma mandamental equivale, axiologicamente, perante o ordenamento jurídico, à violação da norma proibitiva que visa a evitar o mesmo resultado (normativo, frise-se), ao qual se chega, no primeiro caso, por meio de uma omissão, e, no segundo, de uma ação.[148] Diversamente, no crime omissivo próprio, a norma mandamental violada não está referida, axiologicamente, a uma proibitiva.

Propõe-se, aqui, a adoção desse último critério de distinção (feita a devida adaptação), conjugado com o critério do sujeito (também feita a adaptação acima apontada), pelo que se entende que é *próprio* o crime omissivo consistente na violação de uma norma mandamental não referida a outra, de caráter proibitivo, em um contexto em que não se vislumbre uma especial relação de proximidade (seja de proteção, seja de vigilância – objeto do item seguinte) entre o sujeito, de um lado, e o titular do bem jurídico que o Direito busca resguardar ou a fonte de perigo que busca conter, de outro lado. Diversamente, é *impróprio* o crime omissivo consistente na violação de uma norma mandamental referida a uma proibitiva, em um contexto no qual haja uma especial relação de proximidade entre o sujeito e o bem jurídico a ser protegido ou a fonte de perigo a ser controlada, hipótese em que o Direito reconhece o mesmo desvalor da conduta e do resultado (normativo), seja este advindo de uma ação (violadora da norma proi-

(WESSELS, *Direito Penal...*, p. 158). No mesmo sentido, Baumann: "Existen, pues, dos formas de delitos de omisión: *delitos propios de omisión*, en que se infringe una norma preceptiva mediante omisión, y *delitos impropios de omisión*, en que se trasgrede mediante omisión una norma prohibitiva (que se contraviene, de lo contrario, con una acción positiva)" (destaques no original) (BAUMANN, *Derecho Penal...*, p. 137).

147. PRADO, *Tratado...*, p. 568; COSTA, *Crimes omissivos impróprios...*, p. 97; RODRIGUES, *A teoria penal da omissão...*, p. 15-6; JESCHECK; WEIGEND, *Tratado...*, p. 648; ZAFFARONI; SLOKAR; ALAGIA, *Derecho Penal...*, p. 576.

148. Heleno Cláudio Fragoso reconhece a existência, nos crimes omissivos impróprios, de uma norma implícita preceptiva situada paralelamente à proibitiva, constituindo a transgressão daquela o crime comissivo por omissão (FRAGOSO, *Lições...*, p. 285-6).

bitiva), seja de uma omissão que não o impeça (violadora da norma mandamental).

5.1.3 A posição de garantia penal

Distinguidos, nesses termos, os crimes omissivos próprios e impróprios, importa examinar, em seguida, a figura do garante, que nada mais é do que o sujeito ativo do crime omissivo impróprio (crime especial quanto ao sujeito ativo,[149] portanto), para, assim, se completar a definição acima formulada.

Para tanto, propõe-se a análise da posição de garantia penal e do dever a ela inerente sob dois aspectos: *subjetivamente*, analisando a quem incumbe o dever, e *objetivamente*, analisando o conteúdo e a extensão desse dever.

5.1.3.1 Delimitação subjetiva da posição de garantia penal: o garante

Mediante a delimitação subjetiva, chega-se à figura do garante: o indivíduo a quem o Direito impõe o dever de ação, sendo sujeito ativo do crime omissivo impróprio.

O Direito positivo brasileiro prevê a figura, de forma geral, no art. 13, § 2.º, do CP,[150] e, de forma específica, em dispositivos da legislação penal extravagante,[151] estatuindo a quem assiste o dever de agir para impedir determinado resultado. O referido artigo da

149. JESCHECK; WEIGEND, *Tratado*..., p. 668; PRADO, *Tratado*..., p. 570; GRACIA MARTÍN, La comisión por omisión..., p. 130.

150. "§ 2.º A omissão é penalmente relevante quando o omitente devia e podia agir para evitar o resultado. O dever de agir incumbe a quem: a) tenha por lei obrigação de cuidado, proteção ou vigilância; b) de outra forma, assumiu a responsabilidade de impedir o resultado; c) com seu comportamento anterior, criou o risco da ocorrência do resultado."

151. "O princípio da posição de garantidor não encontra materialização apenas no art. 13, § 2.º, do Código Penal. Também estabelecem especial dever de agir o art. 25 da Lei n. 7.492/1986; o art. 75 da Lei n. 8.078/1990; e o art. 2.º da Lei n. 9.605/1998. Em todos esses casos, a norma jurídica identifica pessoas que, devido à posição especial que ocupam, têm especial dever de proteger o bem jurídico" (GALVÃO, *Direito Penal*..., p. 374). Há, ainda, os casos de crimes omissivos impróprios expressamente tipificados na Parte Especial, como o abandono de incapaz – art. 133 do CP (TAVARES, *Teoria*..., p. 310).

Parte Geral do Código Penal, contudo, não traz maiores delimitações, como, por exemplo, quais crimes, especificamente, admitem a comissão por omissão, ou quais bens jurídicos estão protegidos pelo dever de garantia.

Disso advêm as críticas da doutrina quanto à vagueza da tipificação legal dos crimes omissivos impróprios e, até mesmo, posições pela sua inconstitucionalidade, por afronta ao princípio da legalidade.[152]

Também por força desse quadro, a doutrina formula variadas teorias quanto à figura do garante, buscando estabelecer critérios para o reconhecimento e a delimitação do dever de agir para impedir um resultado lesivo a um bem jurídico-penal.

As linhas teóricas podem ser agrupadas em duas grandes vertentes: as *formais*, que fundam o dever de garantia em previsões legais ou contratuais ou, ainda, na ingerência (atuar precedente gerador do risco de produção do resultado lesivo futuro), e as *materiais* (ou

152. Nesse sentido, por exemplo, Tavares aponta, como solução mais consentânea com o princípio da legalidade, a previsão expressa, na Parte Especial, dos delitos que admitam a comissão por omissão (TAVARES, *Teoria...*, p. 313). Sheila Bierrenbach entende que o rol do art. 13, § 2.º, do CP, é importante, porém não suficiente, para que se respeite o princípio da legalidade, fazendo-se necessários critérios adicionais, e conclui que a falta de precisão quanto a quais crimes de resultado poderiam admitir a comissão por omissão gera problemas, mesmo entendendo que a tipificação expressa seria impossível (BIERRENBACH, Sheila. *Crimes omissivos impróprios*: uma análise à luz do Código Penal Brasileiro. 2. ed. Belo Horizonte: Del Rey, 2002, p. 102-6). Rodrigues, em sentido similar, acusa um déficit de legalidade quanto à tipicidade dos crimes omissivos impróprios, especificamente no que tange aos elementos constitutivos da cláusula geral, a qual a autora reputa omissa quanto a um catálogo completo de posições de garante ou de possíveis origens do dever de garantia (RODRIGUES, *A teoria penal da omissão...*, p. 48). Também Cerezo Mir entende que uma cláusula genérica da posição de garante na Parte Geral amplia demasiadamente a criminalização da omissão imprópria, defendendo a previsão específica, na Parte Especial, de delitos que admitam a figura, como se dá quanto ao crime culposo (CEREZO MIR, *Derecho penal...*, p. 1140-1). Em sentido similar aos referidos posicionamentos, ainda, Stratenwerth pontua ser tarefa da jurisprudência e da doutrina o estabelecimento dos pressupostos do dever de garantia e da equiparação da omissão à ação, sob pena de desrespeito à proibição de preceitos penais indeterminados, a gerar "sérias dúvidas" quanto à constitucionalidade dos crimes omissivos impróprios (STRATENWERTH, *Derecho Penal...*, p. 383).

funcionais), que o fundam em uma especial relação de proximidade do agente (garante) com o bem jurídico a ser protegido ou a fonte de perigo a ser controlada.[153]

A insuficiência das primeiras logo se fez notar, havendo situações que, do ponto de vista estritamente formal, configurariam posições de garantia sem substrato material, bem como outras que não atenderiam aos requisitos formais para a configuração da figura, não obstante, materialmente, encerrarem quadros de legítimos deveres de proteção ou vigilância.[154]

Assim é que, hodiernamente, trabalham-se com destaque as teorias que buscam uma fundamentação material para o dever de garantia,[155] reconhecendo-o em hipóteses em que o resultado lesivo a um bem jurídico possa ser imputado a alguém por não o ter impedido (fosse protegendo o bem, fosse controlando a fonte de perigo), com a mesma intensidade com que se dá em hipóteses de produção do mesmo resultado mediante condutas comissivas, o que se reflete na identidade entre as sanções do crime omissivo impróprio e do correspondente crime comissivo, não obstante propostas doutrinárias no sentido da atenuação das primeiras.[156]

153. RODRIGUES, *A teoria penal da omissão...*, p. 54-65; SANTOS, Juarez Cirino dos. *Direito Penal*: parte geral. 4. ed. Florianópolis: Conceito Editorial, 2010, p. 201-2.

154. CEREZO MIR, *Derecho penal...*, p. 1144-5.

155. WESSELS, *Direito Penal...*, p. 163; ESTELLITA, *Responsabilidade penal...*, p. 84-8; TAVARES, *Teoria...*, p. 316-7. Este último autor, entretanto, entende que o critério material para a delimitação das posições de garantia atende de forma ainda mais precária ao princípio da legalidade, comportando "extensões intermináveis que tornam incerta a segurança jurídica" (*Ibid.*, p. 317), pelo que propõe sua combinação com o critério formal (*Ibid.*, p. 319). Cerezo Mir também assim se posiciona, entendendo que, com base no Direito positivo espanhol, não é possível adotar um critério puramente material, já que a lei exige o dever jurídico, propondo, assim, uma interpretação da lei de modo a, ao lado do dever jurídico específico de evitar o resultado, exigir-se a assunção fática de uma posição de proteção do bem jurídico ou controle da fonte de perigo, formulando-se uma delimitação mista, formal-material, da posição de garante (CEREZO MIR, *Derecho penal...*, p. 1145).

156. KAUFMANN, *Dogmática...*, p. 306-8. Também Tavares, para quem há "uma diversidade de conteúdo de injusto entre os delitos omissivos e os comissivos", defendendo que a atenuação da pena nos primeiros atende ao princípio da culpabilidade e pode se encaixar na previsão do art. 66 do CP (TAVARES, *Teoria...*, p. 349).

Nesse terreno, a classificação dos agentes garantidores se dá, basicamente, desde Kaufmann,[157] entre *garantes de proteção* e *garantes de vigilância*,[158] segundo a qual os primeiros são responsáveis pela proteção de bens jurídicos específicos contra perigos advindos de qualquer origem, dada sua relação de proximidade com o titular dos bens tutelados, enquanto os segundos responsabilizam-se pela adequada vigilância de potenciais fontes de perigo a bens jurídicos, assistindo-lhes controlá-las com vistas a impedir que delas advenham danos ou perigos a quaisquer bens jurídicos, dada sua relação (necessariamente fática, e não apenas jurídica, como se verá) de proximidade com ou de controle sobre tais fontes.[159]

Assim, seriam garantes de proteção, por exemplo, os pais quanto aos filhos menores, incumbindo-lhes proteger os bens jurídicos destes (vida, integridade física etc.) contra quaisquer perigos. Daí a explicação para, no exemplo mais emblemático de omissão imprópria, constituir crime de homicídio a conduta da mãe ou do pai que, podendo, não impede o afogamento de sua filha ou seu filho menor de idade, ao passo que a mesma conduta, praticada por outra

157. KAUFMANN, *Dogmática...*, p. 289-90.

158. ESTELLITA, *Responsabilidade penal...*, 95-103; WESSELS, *Direito Penal...*, p. 163-5.

159. "A especial posição de defesa de certos bens jurídicos pressupõe, ademais, que alguém se encontre incapacitado ou sem condições de proteger seus próprios bens jurídicos e que, assim, outra pessoa esteja disso encarregada. Nessa situação, a primeira pessoa espera e pode confiar que a outra a protegerá. Já a responsabilidade pelas fontes produtoras de perigo pressupõe um dever de vigilância referido a objetos ou pessoas, que se encontrem a ele subordinados, de modo que se possa esperar, em virtude disso, um estado de segurança" (TAVARES, *Teoria...*, p. 316). Essa relação de proximidade (com o titular dos bens jurídicos protegidos, em casos de garantes de proteção, ou com a fonte de perigo, em casos de garantes de vigilância) é de absoluta importância para uma fundamentação material do dever de garantia, o qual não pode ser estendido indistintamente. Por essa razão, causa estranheza a previsão constitucional constante do art. 5.º, XLIII, ao estatuir que responderão pelos crimes enumerados (tortura, tráfico ilícito de entorpecentes e drogas afins, terrorismo e os definidos como crimes hediondos) *os mandantes, os executores e os que, podendo evitá-los, se omitirem*. Afinal, ausente uma relação de peculiar proximidade do sujeito, seja com o titular dos bens jurídicos protegidos, seja com uma fonte de perigo, não se mostra adequado atribuir-lhe o dever de impedir qualquer resultado lesivo, em indevido alargamento das hipóteses de garantia (GALVÃO, *Direito Penal...*, p. 374-5).

pessoa que não guarde tal relação de responsabilidade sobre o menor, configuraria, apenas, omissão de socorro (crime omissivo próprio).

Garante de vigilância seria, por exemplo, o proprietário de um prédio, o qual se responsabiliza pela adequada manutenção da estrutura, contendo os riscos dela advindos dentro dos níveis tolerados juridicamente,[160] sob pena de, em não o fazendo e vindo a construção a ruir e desabar sobre alguém, causando-lhe a morte ou lesões corporais, responder ele por homicídio ou lesão corporal, respectivamente, em comissão por omissão.

A justificativa para o reconhecimento do dever de garantia nessa segunda hipótese (que mais interessa ao presente estudo, como se verá) decorre da circunstância de o garante deter exclusividade sobre o domínio e a organização da fonte de perigo, do que deve decorrer, também, sua responsabilidade sobre ela, atuando na forma de uma *barreira de contenção*[161] dos riscos produzidos.

Daí porque, no mesmo exemplo dado, não constituir crime a conduta de um vizinho residente do outro lado da rua que, ciente da precariedade do prédio, nada faz, sobrevindo a morte ou a lesão corporal de um pedestre atingido pelo desabamento. Afinal, ele não possui direito ou dever algum sobre o bem (a fonte de perigo), situado este fora de sua esfera de responsabilidade.

Importante destacar que essa fundamentação da posição de garantia não vem em total substituição às teorias formais, abrindo mão do fundamento jurídico para o reconhecimento do dever de garantia. Em verdade, a teoria material não afasta a necessidade de fundamentação jurídico-formal, senão a pressupõe,[162] diferenciando-se das teorias formais ao não se satisfazer apenas com esta para reconhecer a posição de garantia, acrescentando outro requisito, além da conformação formal – o aspecto material da assunção do dever de proteção ou de vigilância.

160. ESTELLITA, *Responsabilidade penal...*, p. 118.

161. RODRÍGUEZ MESA, Maria José. *La Atribución de Responsabilidad en Comisión por Omisión.* Navarra: Editorial Aranzadi, 2005, p. 128.

162. JAKOBS, Günther. *Derecho penal*: parte general. Fundamentos y teoría de la imputación. Trad. Joaquin Cuello Contreras *et alii.* 2. ed. Madrid: Marcial Pons, 1997, p. 969.

Essa proposta de fundamentação e classificação para os deveres de garantia não está imune a críticas pela doutrina.[163] Rodrigues, por exemplo, entende que se trata, na verdade, de duas formas de se enxergar o mesmo objeto, argumentando que "a vigilância de uma fonte de perigo também é uma forma de proteger bens jurídicos e a protecção destes também é uma maneira de vigiar fontes de perigo".[164]

A autora encampa a crítica inicialmente formulada por Jakobs, para quem a proteção, quanto a uma pessoa, nada mais seria, que não a vigilância, em seu favor, dos perigos que a ameaçam, da mesma forma que a vigilância de uma fonte de perigo não passaria da proteção às pessoas expostas àquele perigo, pelo que a distinção não traria consequências sistemáticas.[165]

Em seguida, ilustrando seu argumento, Rodrigues e Jakobs trazem dois exemplos: o de um professor de natação (Rodrigues), indagando se deve este proteger seus alunos da fonte de perigo *piscina* ou se deve controlar tal fonte de perigo, e o de um salva-vidas (Jakobs) de um clube ou hotel, indagando se deve este proteger os hóspedes dos perigos derivados da água ou ser vigilante desta fonte de perigo.

Essa crítica, entretanto, parece não proceder, visto decorrer de uma desajustada compreensão da proposta de Kaufmann. Afinal, entre garantes de proteção e garantes de vigilância, não obstante consistir o dever de ambos na evitação de resultado lesivo a bem jurídico, a diferença encontra-se na alocação dos vocábulos de *especificidade* e de *generalidade*: enquanto o garante de proteção protege bens jurídicos *específicos* contra perigos *gerais*, o de vigilância controla fontes de perigo *específicas* em prol de bens jurídicos *gerais*.[166] Não se trata, assim, de dois lados da mesma moeda, mas de verdadeira diferença estrutural entre as duas situações.

Nos exemplos aventados pelos autores, portanto, certo é que o professor de natação é garante de *proteção*, incumbindo-lhe proteger os bens jurídicos de seus alunos (notadamente, a vida e a integridade física) não apenas contra a fonte de perigo *piscina*, mas, em verdade,

163. STRATENWERTH, *Derecho Penal...*, p. 384.
164. RODRIGUES, *A teoria penal da omissão...*, p. 63.
165. JAKOBS, *Derecho penal...*, p. 969.
166. SANTOS, Juarez Cirino dos. *A moderna teoria do fato punível*. 3. ed. Curitiba: Editora Fórum, 2004, p. 135.

contra quaisquer perigos que possam lhes advir durante o período da aula (como se dá em qualquer relação professor-aluno incapaz), sem jamais se responsabilizar por perigos possivelmente advindos da piscina sobre outros bens jurídicos que não os por ele tutelados (por exemplo, a vida de um terceiro, não aluno, que ali se afoga, hipótese em que o professor, caso se omita em socorrê-lo, praticará, apenas, omissão de socorro, e não homicídio, como ocorreria caso a vítima fosse um de seus alunos).

Já o salva-vidas é garante de *vigilância*, responsável por controlar a fonte de perigo *piscina* em prol de quaisquer bens jurídicos que possam ser por ela lesados, incumbindo-lhe salvar qualquer um que nela se afogue, não se responsabilizando por proteger, diga-se, os hóspedes ou os sócios de um clube contra quaisquer perigos, vez não ter o dever de, por exemplo, socorrer um hóspede que enfarta na quadra esportiva ao lado da piscina, hipótese em que, caso se omita em socorrê-lo, praticará, apenas, omissão de socorro, e não homicídio, como ocorreria caso o resultado lesivo *morte* adviesse de afogamento na piscina sob sua responsabilidade.

A manifestação de Jakobs e seu exemplo do salva-vidas parecem contraditórios, ainda, com o que o autor defende, inclusive, no mesmo parágrafo em que os traz, quando reconhece que a divisão dos deveres de garante entre *proteção* e *vigilância*, de acordo com a teoria material, traz precisão aos deveres inerentes à posição de garantia na medida em que, no lugar de um dever difuso quanto à sua direção, situa-o de forma orientada, ilustrando com o exemplo de que, ao se reconhecer ser um cônjuge garante de proteção quanto ao outro, não se reconhece qualquer dever de vigilância em favor de terceiros, se o outro cônjuge, de qualquer forma, os puser em perigo.[167]

Essas passagens parecem reconhecer validade às teorias materiais que propugnam a divisão das posições de garantia entre *proteção* e *vigilância*, restando a crítica e o exemplo do salva-vidas um tanto quanto isolados e infundados na própria obra do autor.

Para Jakobs, os deveres de garantia dividir-se-iam entre *deveres em virtude da responsabilidade por organização* e *deveres em virtude de responsabilidade institucional*.

167. JAKOBS, *Derecho penal...*, p. 969.

Os primeiros consistiriam, resumidamente, em deveres de contenção de uma fonte de perigo submetida ao âmbito de organização do sujeito, justificando-se pelo fato de que se se excluem os demais do poder de organização sobre essa fonte, aquele que o exerce com exclusividade deve se responsabilizar para que dela não advenham efeitos externos danosos. Nessa categoria, inclui-se, também, a figura da ingerência: o comportamento precedente é posto pelo autor como ato de organização que, ao dar lugar a um perigo, obriga ao titular desse âmbito de organização a assegurá-lo.[168]

Os segundos adviriam, resumidamente, da conexão de âmbitos vitais, decorrentes de relações institucionais de importância básica para a existência da sociedade, no mesmo nível que a liberdade de organização própria e a responsabilidade pelas consequências pelos atos próprios. Trata-se de situações em que o autor defende uma conexão intersubjetiva que faz com que os sujeitos se desenvolvam de forma conjunta, havendo uma relação de proteção entre si. Seriam exemplos de casos tais a relação entre pais e filhos, o matrimônio, as relações estatais de poder e a função policial.[169]

Um aprofundamento na teoria do autor escaparia ao escopo desta pesquisa, pelo que aqui apenas se trazem notícias a seu respeito, adotando-se a teoria material de reconhecimento e classificação dos deveres de garantia em deveres de *proteção* e deveres de *vigilância*, por se reconhecer sua validade para a correta delimitação subjetiva de tal dever legal e sua suficiência para os fins desta pesquisa, sendo possível extrair dos critérios aventados alguma precisão quanto a quem o Direito onera com a obrigação de evitar um resultado típico.

5.1.3.2 Delimitação objetiva da posição de garantia penal: os deveres do garante

Delimitada subjetivamente a posição de garantia, mediante identificação de a quem assiste tal dever legal, impõe-se, em seguida, delimitá-la objetivamente, ou seja, identificar o conteúdo desse dever.

Aqui, a questão se revela mais simples: brevemente, é dever do garante fazer o que lhe for possível para impedir o resultado lesivo,

168. *Ibid.*, p. 972-93.
169. *Ibid.*, p. 993-1009.

desde que este se dê sobre bens jurídicos que deva proteger (na modalidade de garantia de proteção) ou decorra de fonte de perigo que lhe incumba vigiar (na modalidade de garantia de vigilância), configurando, nessa última hipótese, perigo oriundo de descontrole quanto à manutenção dos riscos produzidos pela fonte vigiada dentro dos níveis permitidos.

O primeiro requisito (a possibilidade de ação) é o mais elementar, estando expresso no art. 13, § 2.º, do CP. Diz-se elementar por ser, em verdade, antes mesmo de um elemento do dever jurídico de agir, um pré-requisito seu, pois o Direito não pode exigir do indivíduo o impossível, conforme brocardo *ultra posse nemo obligatur*.

Assim é que o referido dispositivo da Parte Geral comete um ligeiro deslize ao estatuir que *a omissão é penalmente relevante quando o omitente devia e podia agir para evitar o resultado*, afinal, correto seria o contrário da ordem dos verbos,[170] somente cabendo falar-se em *dever de agir* quando *se pode agir.*[171]

O segundo elemento do dever de ação refere-se à qualidade do bem jurídico a ser protegido, na modalidade de garantia de proteção, ou à qualidade do risco a ser controlado, na modalidade de garantia de vigilância.

A relação de proximidade que justifica o estabelecimento da posição de garantidor de proteção, já aqui analisada, não se dá sobre a pessoa, de forma genérica, mas sobre determinados bens de seu interesse relacionados com a atuação do garante e, portanto, acobertados pela aludida proximidade.

Exemplificativamente, no caso do professor de natação, os bens jurídicos de seus alunos que se encontram acobertados pelo dever de garantia seriam, apenas, sua vida e sua integridade física, e não, por exemplo, seu patrimônio, visto que, quanto a este, não há uma relação de proximidade com a atuação do professor. Destarte, não há omissão penalmente relevante por parte deste na hipótese de, mesmo

170. SANTOS, *A moderna teoria do fato punível*, p. 133.

171. A questão já foi tratada em seção anterior do trabalho (item 5.1.1), oportunidade em que se esclareceu que, em verdade, ausente o poder de agir, não há, nem mesmo, omissão, vez ser aquele o elemento em comum entre ação e omissão.

podendo, não impedir um furto cometido por outrem que, durante a aula de natação, subtrai bens deixados por um aluno sobre uma mesa, à beira da piscina.

Em sentido análogo, nas hipóteses de garantes de vigilância, a relação de proximidade entre o garante e a fonte de perigo refere-se aos riscos específicos sobre os quais ele exerce poderes de domínio e organização, não abarcando outros que, ainda que advindos da fonte vigiada, não se refiram ao aspecto desta sobre o qual o garante exerce suas funções.

Para exemplificar o que se vem de dizer (e já introduzindo a temática do tópico subsequente), tem-se que, no caso do dirigente empresarial – garante de vigilância sobre a fonte de perigo *empresa*, o dever de garantia se restringe aos riscos não permitidos típicos da atividade empresarial (sobre a qual ele exerce poderes de domínio e organização), no que se incluem, como se verá, perigos advindos de determinadas condutas de seus subordinados. Excluem-se, contudo, resultados lesivos decorrentes de condutas de subordinados no contexto da empresa, se estas não se referirem à atividade empresarial em si, fugindo, portanto, à zona de vigilância do garante.

Assim é que, por um lado, o dirigente pode ser responsabilizado, em comissão por omissão, por um ato de corrupção ativa (art. 333 do CP) cometido por um subordinado no exercício da atividade empresarial, conduta esta que lhe competia impedir.[172] Por outro lado, não há que se falar em responsabilidade do superior se o mesmo subordinado, valendo-se do momento em que um cliente se ausenta, deixando em sua mesa uma carteira, subtrai para si os valores ali existentes, conduta praticada à margem da atividade empresarial, não se tratando de risco abarcado pelo dever de garantia, ainda que, de forma remota, possa se sustentar advir, também, do estabelecimento da fonte de perigo *empresa*.

Portanto, em delimitação objetiva aos deveres do garante, é de se ter, como pressuposto, a factibilidade da ação de impedimento do resultado, ao que se deve somar a qualidade do bem jurídico prote-

172. SILVEIRA, Renato de Mello Jorge. *Direito penal empresarial*: a omissão do empresário como crime. Belo Horizonte: D'Plácido, 2016, p. 219-23.

gido ou do risco controlado, somente sendo abarcadas pela posição de garantia situações fáticas sobre as quais possua o garante um domínio que lhe possibilite e, ademais, lhe imponha intervir para evitar um resultado típico, o que dependerá da sua relação com o bem protegido ou a fonte de perigo vigiada.[173]

5.1.4 O empresário enquanto garante

Nos itens anteriores deste capítulo, buscou-se tecer algumas breves notas quanto à temática dos crimes omissivos; sua divisão em *próprios* e *impróprios*; e as subdivisões destes últimos, a partir das características do dever de agir com que onerado o sujeito ativo do delito, ao que se procedeu com o fito de apenas introduzir e situar a discussão a que ora se lança, em raciocínio dedutivo do que até aqui enunciado de forma geral: o crime omissivo impróprio no Direito Penal empresarial, sendo garante o empresário, dirigente empresarial ou superior hierárquico na estrutura organizacional da sociedade empresária.

Para tanto, aplicar-se-ão a essa situação específica as noções acima trabalhadas, o que, novamente, aqui se faz ainda a título meramente informacional, vez não ser este o cerne do presente trabalho, mas a imputação dolosa do crime omissivo impróprio no Direito Penal empresarial, especificamente em casos de cegueira deliberada do garante quanto à situação típica.

Com esse intento, a temática será aqui introduzida, buscando-se delimitar, subjetiva e objetivamente (como acima feito quanto à figura da omissão imprópria de forma genérica), a posição de garantia no Direito Penal empresarial, com a profundidade estritamente necessária para o desenvolvimento do estudo e ulterior prosseguimento para seu verdadeiro objeto.

5.1.4.1 A fundamentação da posição de garantia no Direito Penal empresarial

A empresa ocupa posição de destaque na organização social capitalista, sendo verdadeiramente essencial ao desempenho de

173. RODRÍGUEZ MESA, *La Atribución de Responsabilidad...*, p. 126-8.

funções da mais alta relevância, como a produção e circulação de bens e produtos, a prestação de serviços, o desenvolvimento de novas tecnologias, a criação de postos de emprego etc.

O reconhecimento do seu valor estrutural à sociedade não impede, por outro lado, que seja a empresa corretamente apontada, pela doutrina penal, como uma *fonte de perigo*. Afinal, ao se fundar uma sociedade empresária, está-se criando um centro autônomo de decisões e interesses que encabeçará relações jurídicas e permeará interações intersubjetivas, sendo certo que desse novo *ser* normativamente reconhecido podem advir não só benefícios, mas também riscos, muitos dos quais com repercussão penal.[174]

Sendo uma fonte de perigo, o responsável pela empresa, ou seja, aquele que mantém sobre ela uma relação *juridicamente fundada de controle e faticamente assumida*,[175] posta-se, portanto, na posição de garante penal.[176]

174. Sendo sujeito passivo da obrigação tributária, a empresa é um *locus* potencial à ocorrência de crimes contra a ordem tributária (Cap. I da Lei 8.137/1990); desenvolvendo atividades potencialmente danosas ao meio ambiente, a empresa se mostra como fonte potencial de ilícitos ambientais (Lei 9.605/1998 – não sendo demais lembrar que aqui reside a única hipótese positivada, no ordenamento jurídico brasileiro, de responsabilidade penal da própria pessoa jurídica); desempenhando atividades que possam vir a lesionar fisicamente consumidores ou empregados, a empresa pode estar relacionada à eventual prática, por exemplo, de crimes de homicídio ou lesão corporal; não sendo física a lesão a tais pessoas, mas incidente sobre outros interesses jurídicos seus, pode-se aventar a eventual ocorrência de crimes contra a relação de consumo (Cap. II da Lei 8.137/1990 e Título II do Código de Defesa do Consumidor – CDC) e a organização do trabalho (Título IV da Parte Especial do CP). Isso sem falar de outros crimes que pressupõem, essencialmente, o contexto de uma empresa: crimes falimentares (Cap. VII da Lei 11.101/2005), crimes contra o sistema financeiro nacional (Lei 7.492/1986), art. 177 do CP (fraudes e abusos na fundação ou administração de sociedade por ações), para nomear alguns.

175. "*Serão garantidores originários aquelas pessoas que tenham uma relação juridicamente fundada de controle sobre a fonte de perigo empresa, que tem de ser confirmada pela assunção fática dessas tarefas. Essa relação dá origem ao dever especial de vigiar pessoas, ou seja, um dever de garantidor. Com isso, estabelece-se o fundamento material e legal da posição de garantidores dos dirigentes de empresas*" (passagem destacada no original) (ESTELLITA, *Responsabilidade penal...*, p. 132).

176. "(...) también forma parte del contexto del dominio sobre una fuente de peligro la llamada *responsabilidad del titular de la empresa*. A este

Sob o aspecto material, o dever de garantia do empresário encontra fundamentação, configurando hipótese de *garante de vigilância*, assistindo-lhe o dever de vigiar a empresa, enquanto fonte de perigo, para que dela não advenham resultados danosos a terceiros.[177]

O dever de garantia do empresário abarca, portanto, os riscos não permitidos que possam advir da empresa em si.[178] Ficam excluídos riscos que, em que pese poderem se verificar no seio da atividade empresarial, não configurarem expressão desta e não estiverem ligados essencialmente à empresa, como já se expôs alhures.

5.1.4.2 O dever de vigilância do empresário e a delegação

No exercício do dever de garantia penal do empresário, incumbe-lhe a adoção de medidas de prevenção, vigilância, fiscalização e contenção de riscos, o que abarca um amplíssimo espectro de medidas, indo desde as adequadas seleção e formação de seus colabo-

respecto, se trata de la cuestión de si – y en caso afirmativo, en qué medida – el titular o director de una empresa puede ser hecho responsable por un delito cometido en esa empresa, cuando, si bien no lo ha promovido activamente, no lo ha fomentado, tampoco lo ha impedido. Los delitos de estas características – teniendo en cuenta las condiciones de una amplia división del trabajo – raramente son ejecutados en forma personal por el 'titular de la empresa'; en muchas ocasiones, no se podrá probar su intervención activa. En estos casos, la responsabilidad penal presupone un deber de garante de aquel que habría podido impedir la comisión del delito mediante un acto de autoridad. (...) El único punto de conexión adecuado para un deber de garante en estos casos podría residir, justamente, en la circunstancia de que los delitos son cometidos desde un ámbito de actividad cerrado al exterior, sobre el que domina en exclusiva el director de la empresa" (destaque no original) (STRATENWERTH, *Derecho Penal...*, p. 395-6).

177. GIMBERNAT ORDEIG, Enrique. Omision impropia e incremento del riesgo en el Derecho penal de empresa. *ADPCP*, v. LIV, 2001, p. 18.

178. Ao que a doutrina se refere como *delitos vinculados ao estabelecimento*, em oposição aos *fatos cometidos com extralimitação* (SILVEIRA, *Direito penal empresarial...*, p. 145-6; DEMETRIO CRESPO, Eduardo. Sobre la posición de garante del empresario por la no evitación de delitos cometidos por sus empleados. *Doutrinas Essenciais de Direito Penal Econômico e da Empresa*, v. 5, 2011, acesso digital). No mesmo sentido, cf. ROBLES PLANAS, Ricardo. O "compliance officer" frente ao Direito penal. Trad. Marília Bassetto. In: ROBLES PLANAS, Ricardo. *Estudos de dogmática jurídico-penal*: fundamentos, teoria do delito e direito penal econômico. 2. ed. Belo Horizonte: D'Plácido, 2016, p. 250.

radores, até o estabelecimento de um eficaz programa de integridade, que orientará os procedimentos a serem adotados pelos primeiros e cuidará de fiscalizar o cumprimento das diretrizes, com vistas à identificação de desvios antes que estes se concretizem, possibilitando, assim, a atuação voltada à sua evitação.

Dada a complexidade dessa responsabilidade, a qual, a depender do porte da sociedade, pode se tornar verdadeiramente impraticável para uma só pessoa ou grupo de pessoas, não raro se recorre à figura da *delegação*.

Assim é que, no contexto empresarial, a delegação de tarefas e funções exsurge como ferramenta imprescindível ao funcionamento das atividades, as quais são muitas (e muito trabalhosas) para ficarem a cargo de uma única pessoa ou um pequeno grupo de pessoas (sócios-administradores, por exemplo).

Diante disso, é comum a repartição de responsabilidades e funções, de modo que cada encarregado seja material e fisicamente capaz de bem gerir o que lhe cabe,[179] procedimento este que não é apenas recomendável, mas, em alguns casos, até mesmo imposto pelo Direito.[180]

A delegação de tarefas e funções configura, assim, a repartição destas em nível vertical, contrapondo-se à mera divisão de funções entre sujeitos hierarquicamente equivalentes, em nível horizontal, portanto,[181] sendo um aspecto fundamental da figura o fato de tal procedimento não desincumbir totalmente o delegante (originariamente responsável) do seu ônus,[182] remanescendo a seu cargo a seleção do delegado, sua formação, informação, dotação material para

179. MONTANER FERNÁNDEZ, Raquel. El criminal compliance desde la perspectiva de la delegación de funciones. *Estudios Penales y Criminológicos*, Universidade de Santiago de Compostela, vol. XXXV, 2015, p. 742. Rodríguez Mesa, no mesmo sentido, ressalta que a delegação de tarefas pode ser exatamente um meio para que se cumpra, de maneira mais efetiva, a obrigação de tutela dos bens jurídicos (RODRÍGUEZ MESA, *La Atribución de Responsabilidad...*, p. 130), e, por certo, também da obrigação de controle da fonte de perigo.

180. ESTELLITA, *Responsabilidade penal...*, p. 145-6.

181. *Ibid.*, p. 161-66.

182. *Ibid.*, p. 154-61; SILVEIRA, *Direito penal empresarial...*, p. 156-64. Em sentido contrário, Rodríguez Mesa entende que a delegação faz surgir

o adequado cumprimento das obrigações e, com especial destaque, o acompanhamento do trabalho desempenhado pelo delegado,[183] sendo-lhe sempre possível a revogação da delegação.[184]

Sendo objeto da delegação funções integrantes do papel de garantidor, há, assim, uma repartição dessa figura e uma multiplicação dos agentes garantidores, cada um respondendo pela parcela da responsabilidade que lhe tiver sido materialmente confiada.[185]

Aplicando essa figura aos deveres inerentes à posição de garantidor do empresário, nos termos e limites expostos na seção anterior, tem-se que é possível (e não é nada raro) que esse plexo de funções de garante seja delegado a diversos membros da empresa, todos sob a supervisão do responsável originário pela sociedade.

novas posições de garante, inclusive com a exoneração do garante primário (RODRÍGUEZ MESA, *La Atribución de Responsabilidad...*, p. 130).

183. "(...) con la delegación el empresario no extingue su posición de garante, sino que la modifica. Así, los que eran deberes de control y eyitación de sucesos lesivos pasan a convertirse en deberes de supervisión y vigilancia de la labor del delegado" (DOPICO GÓMEZ-ALLER, Jacobo. Posición de garante del compliance officer por infracción del "deber de control": una aproximación tópica. In: ARROYO ZAPATERO, Luis; NIETO MARTÍN, Adán. *El derecho penal económico en la era compliance.* Valencia: Tirant lo Blanch, 2013, p. 172-3).

184. "(...) a delegação corretamente efetuada modifica a posição jurídica do delegante, liberando-o dos deveres inerentes ao âmbito de competência de que se trate, pois, do contrário, careceria por completo de sentido que se realizasse a delegação. Agora, o delegante mantém o poder de revogação da delegação, o que significa que de algum modo lhe incumbe aquilo que o delegado organize" (ROBLES PLANAS, O "compliance officer"..., p. 251).

185. "A delegação constitui novo garantidor. É caso clássico de posição de garantidor por assunção, prevista expressamente no art. 13, § 2.º, *b*, do CP. E como em toda assunção, ela só se conforma quando o delegado passa a exercer a atividade assumida, com o que deixa o delegante de praticar pessoalmente as funções e tarefas que delegou. (...) é essa ideia de assumir o feixe de atividades e deveres com o correlato abandono, pelo garantidor originário, das atividades delegadas, que fundamenta a constituição da posição de garantidor no delegado, que recebe, assim, os deveres de proteção e/ou vigilância e controle inerentes às atividades e funções assumidas. Essa transferência de funções e tarefas implica, de um lado, a constituição de um novo garantidor (o delegado/ garantidor secundário), de outro, a exoneração parcial do delegante (garantidor originário). No âmbito das estruturas verticais, pois, o fundamento da constituição de garantidores por excelência é a *assunção*" (destaque no original) (ESTELLITA, *Responsabilidade penal...*, p. 148).

Assim, as corretas seleção e formação dos empregados são confiadas a um setor de Recursos Humanos; o cumprimento às exigências técnicas de segurança laboral, ao setor de segurança de trabalho (ou análogo); a observância a normas administrativas de cunho ambiental, em sociedades com atividades relacionadas a esse campo, à Diretoria Ambiental (ou algo análogo), e assim por diante.

O que se constata na realidade empresarial, portanto, é que, com frequência, devido a uma complexidade da estrutura da sociedade, o responsável originário por esta acaba por se distanciar sobremaneira das atividades desenvolvidas na base, cuja vigilância fica a cargo de agentes intermediários no organograma empresarial, como, por exemplo, os chefes dos setores acima indicados ou, ainda, o *compliance officer.*[186]

Mesmo quando assim não for, ou seja, em hipóteses em que forem inexistentes tais figuras de garantes por delegação, como ocorre em sociedade empresárias de menor porte (ou mesmo em casos de empresas já com um porte mais considerável, porém com uma deficiente estrutura de vigilância, controle e apuração de irregularidades), ainda assim é de se notar que há certo distanciamento entre a posição do responsável pela empresa e as atividades básicas desta, levadas a cabo por empregados ocupantes de diversas posições ao longo da cadeia hierárquica empresarial.

Ocorre que, retomando os conceitos do crime omissivo impróprio alhures trabalhados, tem-se que, no caso do responsável empresarial, a situação típica, ativadora de seu dever de intervenção para evitar um resultado penalmente relevante, consiste, muitas vezes, exatamente nessa atuação pessoal de empregados, seus subordinados, dos mais diversos níveis dentro da sociedade, que gera resultados típicos classificados como riscos da atividade empresarial em si, acobertados, portanto, pelo dever de garantia originário.

É certo que alguma distância entre o garante e a situação típica de perigo é algo ínsito ao crime omissivo impróprio, mesmo nos casos mais simples de posições de garantia penal tanto de *proteção*, como de *vigilância*.

186. *Ibid.*, p. 145 e ss.

Nos casos básicos alhures trazidos, é possível que, enquanto o filho menor se afoga em uma piscina, a mãe ou o pai esteja a alguma distância, dentro de casa, por exemplo. Da mesma forma, no caso do edifício que, por falta de manutenção na estrutura, desaba sobre um pedestre, o responsável pelo imóvel pode nem mesmo estar na cidade quando da ocorrência do fato ou nos dias anteriores, consumando-se, ainda assim, em ambas as hipóteses, o crime omissivo impróprio.

Há, nessa estrutura delitiva, um distanciamento entre o sujeito e a situação típica que, em regra, não se verifica nos crimes comissivos, nos quais, ressalvados os casos de concurso de agentes e autoria mediata, seu autor normalmente se posta em relação de estreita proximidade com a situação típica comissiva.

No caso aqui analisado, contudo, essa distância se mostra de especial magnitude, sendo possível que entre o responsável pela empresa e a situação típica haja uma série de sujeitos posicionados em diferentes níveis hierárquicos dentro da sociedade e, até mesmo, uma distância física peculiarmente significativa.

Para se falar em crime omissivo impróprio em situações tais, entretanto, é necessário que essa distância não impeça objetivamente o garante de agir no sentido da evitação do resultado, pois caso essa atuação não lhe seja factível por qualquer motivo, crime omissivo não haverá, por falta de um dos elementos da omissão penalmente relevante – a capacidade de agir, já alhures trabalhada.

O que justifica o reconhecimento da posição de garantia mesmo nessas situações é a circunstância de, não obstante esse distanciamento físico, deter o responsável empresarial pleno domínio, com exclusividade, sobre a fonte de perigo, por força dos fluxos decisórios no seio da empresa[187]. Assim, exemplificativamente, o dirigente empresarial, ainda que esteja na sede da sociedade, tem plenas condições de, mediante um comando, impedir que se materialize um ilícito ambiental decorrente de conduta de empregados de uma planta industrial situada em outro Estado.

Portanto, necessário que se fixe como premissa que a distância entre o dirigente empresarial (garante) e a situação típica de perigo, tanto objetiva (física), quanto subjetiva (existência de interpostas

187. *Ibid.*, p. 109-17, 131-4.

pessoas na estrutura empresarial), para que caiba falar-se em crime omissivo impróprio, deve ser tal que, diante dos poderes diretivos do sujeito, não lhe torne impossível, do ponto de vista objetivo, a atuação no sentido de evitar o resultado advindo da situação fática de perigo.

O aspecto mostra-se polêmico e renderia pesquisas adicionais, incabíveis nesta sede, pelo que, para se aprofundar o estudo na imputação dolosa do crime omissivo impróprio do dirigente empresarial, tomar-se-á, doravante, como premissa superada o atendimento a todos os requisitos de tipicidade e imputação objetivas da conduta omissiva, sem os quais, por certo, não haveria que se analisar o dolo, dada a ordem de prejudicialidade das questões.

Assim, ao se discutir, a seguir, a imputação por dolo, necessário deixar claro, desde já, que se toma por atendida a imputação *objetiva*, é dizer, não mais se discutem a configuração de uma conduta omissiva, a posição de garantia penal do indivíduo e seu dever (do qual é pressuposto o poder fático e objetivo de atuar, conforme já posto) de agir para impedir um resultado típico configurador de risco não permitido gerado pela empresa.

6.

IMPUTAÇÃO DOLOSA DO CRIME OMISSIVO IMPRÓPRIO

Conforme se expôs no capítulo anterior, em casos de responsabilidade penal do empresário por omissão imprópria, nota-se, frequentemente, uma considerável distância entre sua posição, enquanto agente garantidor, e o fato sobre o qual deve agir, é dizer, a situação típica.

Se, por um lado, isso não pode tornar-lhe objetivamente impossível a atuação, sob pena de desnaturar a figura da omissão penalmente relevante, por outro lado, traz relevantes consequências sobre a imputação dolosa do respectivo crime omissivo impróprio.

6.1 Conteúdo do dolo na omissão imprópria

O crime omissivo impróprio possui características que o diferenciam tanto do crime comissivo, quanto do omissivo próprio, conforme já se buscou aqui demonstrar, levando à conformação de uma tipicidade objetiva peculiar.

A tipificação de um crime comissivo ou de um omissivo próprio se dá, em regra, por meio, apenas, de um tipo penal da Parte Especial (salvo hipóteses de necessária conjugação de um tipo penal com alguma norma da Parte Geral para se chegar à tipificação de uma dada conduta, como nos casos de tentativa ou de concurso de agentes) em que se subsome a conduta concretamente praticada, a qual atenderá, nesses casos, a todos os requisitos do tipo penal e, portanto, violará a norma penal incriminadora (proibitiva ou mandamental) subjacente. A tipificação do crime omissivo impróprio, por outro lado, guarda diferenças estruturais.

Dado que, nessa espécie delitiva, a norma mandamental violada pela conduta omissiva exsurge, em regra, não de um tipo penal, isoladamente considerado, mas da necessária conjugação de um tipo com uma norma da Parte Geral, instituidora da posição de garantia penal, também a tipificação se dá de forma complexa, decorrendo dessa mesma conjugação de dispositivos legais de natureza e posição sistemática na legislação penal diferentes.

Os elementos típico-objetivos do crime omissivo impróprio são, portanto, aqueles do correspondente tipo penal comissivo (situação típica e resultado), somados à posição de garantia penal do sujeito ativo e à omissão da conduta necessária para a evitação do resultado (apesar da capacidade real do sujeito de agir nesse sentido), ao que Estellita agrega, ainda, o nexo de causalidade e imputação objetiva do resultado,[188] exsurgindo, da conjugação dessas categorias, a violação à norma mandamental caracterizadora de tal forma de delito.

Essa diferente estrutura do tipo objetivo do crime omissivo impróprio produz reflexos também sobre o juízo de imputação dolosa, dada a congruência que, em regra, deve haver entre os dois. O dolo nessa espécie delitiva, portanto, não foge à regra geral de dever se referir a todos os elementos do tipo objetivo.[189]

É importante estabelecer, neste ponto, que não se relaciona com o dolo o conhecimento do dever jurídico de agir que assiste ao garante, cujo *locus* adequado, na estrutura analítica do delito, será a culpabilidade, especificamente, a consciência da ilicitude.

Desde a passagem do dolo do âmbito da culpabilidade para o da tipicidade, por obra do Finalismo, e da sua separação da consciência da ilicitude, com o abandono das *teorias do dolo* em prol das *teorias*

188. *Ibid.*, p. 79.

189. COSTA, *Dolo penal...*, p. 236; ZAFFARONI; SLOKAR; ALAGIA, *Derecho Penal...*, p. 583.

da culpabilidade,[190] não mais se trabalha com o *dolus malus*,[191] mas com o *dolus naturalis*: axiologicamente neutro, tendo por objeto, unicamente, fatos, sem abarcar a ilicitude destes.[192]

190. HORTA, Frederico. *Elementos normativos das leis penais e conteúdo intelectual do dolo*: da natureza do erro sobre o dever extrapenal em branco. São Paulo: Marcial Pons, 2016, p. 145-53, 161-73, 201-12; BRODT, Luís Augusto Sanzo. *Da consciência da ilicitude no direito penal brasileiro*. Belo Horizonte: Del Rey, 1996, p. 91-105; TOLEDO, Francisco de Assis. *O Erro no Direito Penal*. São Paulo: Saraiva, 1977, p. 6-14; GOMES, Luiz Flávio. *Erro de tipo e erro de proibição*. 5. ed. São Paulo: RT, 2001, p. 66–75, 97-111; BITENCOURT, Cezar Roberto. *Erro de tipo e erro de proibição*: uma análise comparativa. 3. ed. São Paulo: Saraiva, 2003, p. 89-94; SERRA, Teresa. *Problemática do erro sobre a ilicitude*. Coimbra: Almedina, 1985, p. 26-30; DUARTE, José A. Caetano. *O erro no Código Penal*. Lisboa: Vega Universidade, 1984, p. 32-6; FELIP i SABORIT, David. *Error iuris*: el conocimiento de la antijuricidad y el artículo 14 del Código Penal. Barcelona: Atelier, 2000, p. 28-31, 34-43; MUÑOZ CONDE, Francisco. *El error en derecho penal*. Valencia: Tirant lo Blanch, 1989, p. 25-41; ARIAS EIBE, Manuel José. *El error en Derecho Penal en el Código de 1995*. Madrid: Editorial Dykinson S.L., 2007, p. 43-53; DÍAZ y GARCÍA CONLLEDO, Miguel. *El error sobre elementos normativos del tipo penal*. Madrid: La Ley, 2008, p. 165-73. Para uma análise crítica do atual estado das teorias da culpabilidade no Direito Penal brasileiro, cf. HORTA, Frederico. Da limitada teoria estrita da culpabilidade: crítica ao tratamento das descriminantes putativas no projeto de Código Penal (Projeto de Lei 236/2012). *Revista Brasileira de Ciências Criminais*, vol. 113, 2015, p. 15-39.

191. Assis Toledo traz a origem do termo do latim, em que o *dolus bonus* designaria a astúcia e o *dolus malus* seria o engano a que se seguia um proveito ilícito ou, também, "a intenção perversa que dirige um ato delituoso" (TOLEDO, *O Erro...*, p. 10).

192. Em sentido diverso, Luiz Flávio Gomes: "Se de um lado é certo que o dolo natural refuta a consciência da ilicitude em seu conteúdo, de outro, tampouco parece correto afirmar que o conceito de dolo seja neutro (axiologicamente). Dolo natural, portanto, significa realizar uma conduta (com consciência e vontade) que foi valorada (negativamente) pelo legislador. Dolo, em suma, sempre revela uma carga negativa. Sempre significa realizar algo que não é permitido" (GOMES, *Erro de tipo...*, p. 65). Parece haver alguma confusão na proposição do autor, pois, ao se falar em neutralidade axiológica do dolo, por óbvio não se está a falar que a conduta em si é axiologicamente neutra, sendo certo que ela foi valorada negativamente pelo legislador, inclusive da forma mais extremada que se conhece no Direito, qual seja, a tipificação como crime. A neutralidade axiológica do dolo refere-se, apenas, à sua separação da consciência da ilicitude. O desencontro na passagem está em que a "carga negativa" reside não no dolo em si, mas na conduta criminosa como um todo. Inclusive, não pode passar despercebida a absoluta impropriedade da afirmação

Absolutamente necessário distinguir, portanto, os pressupostos fáticos da posição de garantia e o dever de garante, na medida em que cada um constitui objeto de uma categoria distinta – aqueles, do dolo; este, da consciência da ilicitude.[193]

Nesse sentido, relacionado ao dever de garante, há o *erro de mandamento*, em paralelismo ao *erro de proibição* – neste, o agente erra quanto a uma proibição, entendendo permitida uma conduta, em verdade, proibida; naquele, o omitente erra quanto a um mandamento, entendendo livre uma conduta obrigatória.[194]

Estabelecido que a referência do dolo são os elementos do tipo objetivo, e não incluído, dentre estes, o dever de agir em si, mas apenas seus pressupostos fáticos, conclui-se que, de fato, o dolo não há de se integrar por aquele, mas apenas por estes, sendo um problema de culpabilidade a questão da consciência do dever de *agir* e da ilicitude do *não agir*.

Posto isso, esclareça-se que não constitui objeto de estudo o erro de mandamento, pois a cegueira deliberada que aqui interessa se dá quanto a *fatos*, não quanto ao dever jurídico de agir, pelo que se pode sintetizar, por ora, que a referência do dolo no crime omissivo impróprio é o conjunto dos elementos típico-objetivos, já acima enumerados, sublinhando-se que, quanto à posição de garantia penal, importam, aqui, os fatos que a conformam, não o dever que destes exsurge.[195]

de que o dolo "sempre significa realizar algo que não é permitido", olvidando-se o autor de que condutas típicas (portanto, dolosas), porém acobertadas por alguma causa justificante a afastar sua ilicitude (legítima defesa, por exemplo), são permitidas.

193. JAKOBS, *Derecho penal...*, p. 1015-6.

194. TOLEDO, *O Erro...*, p. 63-5, 105-7; BRODT, *Da consciência da ilicitude...*, p. 77-8; BITENCOURT, *Erro de tipo...*, p. 110-1; BIERRENBACH, *Crimes omissivos impróprios...*, p. 114-5; ZAFFARONI; SLOKAR; ALAGIA, *Derecho Penal...*, p. 584; WESSELS, *Direito Penal...*, p. 166. Diferenciando o *erro de tipo* do que intitula *erro sobre a ilicitude*, cf. SERRA, *Problemática do erro...*, p. 66-8.

195. ESTELLITA, *Responsabilidade penal...*, p. 286; TAVARES, *Teoria...*, p. 393-4.

6.2 O dolo no crime omissivo para o Finalismo

É oportuna uma breve exposição quanto ao dolo nos crimes omissivos para a teoria finalista, visto que, a despeito de todo o mérito do Finalismo em fundamentar o deslocamento do dolo para o âmbito do tipo[196] e sua separação da consciência da ilicitude, no que é digno de reconhecimento pelo salto qualitativo que imprimiu ao debate em comparação às proposições anteriores, tem-se que, especificamente quanto aos crimes omissivos (próprios e impróprios, indistintamente), os finalistas, de uma forma geral, se perderam em meio a dificuldades por eles mesmos criadas, falhando em formular um conceito metodologicamente adequado de dolo nessa espécie delitiva e chegando a conclusões que merecem algumas considerações.

Como se sabe, no Finalismo, em que a ação é tida como o exercício de uma atividade final, a vontade ocupa posição de destaque no juízo de tipicidade, integrando o dolo, ao lado do conhecimento do fato. Essa vontade é vista como o móvel de uma conduta desencadeadora de um processo causal que se desenvolve em direção ao fim visado pelo agente: a vontade de que a vítima morra guiaria, assim, a conduta de matá-la; a vontade de ter, para si, coisa alheia móvel guiaria a conduta de dela se apropriar.[197]

Entretanto, como aqui já se pôde perceber, a conduta omissiva, diferentemente da comissiva, nada cria por si só, não desencadeia um processo causal novo; em verdade, ela apenas permite que cursos causais já em desenvolvimento, alheios ao omitente, prossigam sem sua intervenção.

Assim, estando preso a uma concepção volitiva do dolo, o Finalismo encontrou uma encruzilhada relativa a como reconhecer a vontade, vista como fator de desencadeamento e direcionamento de cursos causais[198] e elemento essencial do dolo, em uma conduta

196. WELZEL, Hans. *El nuevo sistema del derecho penal*: una introducción a la doctrina de la acción finalista. Trad. José Cerezo Mir. Buenos Aires: B de f, 2004, p. 97-105.

197. *Ibid.*, p. 41 e ss.

198. "Este dirigir el acontecer causal externo a un fin, el configurar el proceso causal, es esencial para la voluntad de realización. Tal operar en el proceso causal externo falta desde un principio en el ámbito del omitir" (KAUFMANN, *Dogmática...*, p. 90).

passiva, que não cria ou interfere em um curso causal,[199] sendo que, a se admitir pela inexistência de vontade, a inferência lógica seria, conforme a própria teoria, a ausência de dolo nos crimes omissivos.[200]

Propôs-se então, como saída, a ideia de que o dolo no crime omissivo seria, em verdade, um *quase dolo*, já que desprovido de um de seus elementos essenciais – a vontade.[201]

Trata-se de uma discussão afeta ao campo das teorias volitivas do dolo, pois são elas que criam essa dificuldade, ao incluírem a vontade psicológica como elemento essencial do dolo. Superadas tais teorias, mediante afastamento da vontade psicológica do posto de elemento indispensável ao dolo,[202] o problema não mais subsiste.[203]

199. "(...) desde el momento en que la naturaleza del delito omisivo se caracteriza precisamente por la *no* ejecución de una acción, parece faltar aquí desde un principio la finalidad y, con ella, el punto de partida para el desplazamiento del dolo al ámbito del injusto" (destaque no original) (GALLAS, *La teoría del delito...*, p. 55). Também Bacigalupo, ao pontuar: "El concepto de dolo de los delitos de comisión, entendido como voluntad de realización del tipo, no puede pasar directamente a los delitos de omisión, pues la categoría de la finalidad depende de la causalidad y si falta esta última no habrá 'voluntad de realización de la omisión'" (BACIGALUPO, Enrique. *Delitos impropios de omisión.* Buenos Aires: Ediciones Pannedille, 1970, p. 168).

200. WESSELS, *Direito Penal...*, p. 166; CEREZO MIR, *Derecho penal...*, p. 1130-1.

201. KAUFMANN, *Dogmática...*, p. 127-43, 313-6. Regis Prado propõe a substituição da *vontade*, no dolo do crime omissivo, pela *consciência* da situação de perigo ao bem jurídico e do modo de realização da ação que pode evitá-lo, à qual se resumiria o dolo na omissão, composto apenas por um elemento *intelectual*. Contudo, adotando o entendimento, já criticado em seção anterior deste trabalho (Capítulo 3), de que o art. 18 do CP conceitua dolo, o autor busca reconhecer, também nos crimes omissivos, um elemento *intelectual* e um *volitivo*, identificando este como a *vontade de não realização da ação mandada* (PRADO, *Tratado...*, p. 566-7). Tavares segue o mesmo caminho, sustentando que, pela redação do Código, não se prescinde jamais do elemento volitivo na configuração do dolo, o qual o autor identifica, no crime omissivo, na *decisão pela não execução da ação possível e necessária* (TAVARES, *Teoria...*, p. 393). No mesmo sentido, cf. BIERRENBACH, *Crimes omissivos impróprios...*, p. 95. Note-se, contudo, que aqui o sentido conferido ao termo *vontade* é diferente.

202. O ponto será objeto de exposição em seção posterior deste trabalho.

203. RIGHI, Esteban. *La imputación subjetiva.* Buenos Aires: AdHoc, 2002, p. 85-6.

Em verdade, interessa mesmo à pesquisa não tanto esse aspecto do trato finalista do dolo na omissão, mas um segundo problema criado pelos proponentes da teoria, este sim influente mesmo fora das teorias volitivas do dolo.

É que, com Welzel e Kaufmann, o conhecimento da situação típica foi posto como elemento da capacidade de ação, sendo esta, a seu turno, conforme já visto, um elemento essencial da omissão penalmente relevante.

Entendem os expoentes do Finalismo que somente há de se falar em omissão de uma ação *final*; sendo o conhecimento essencial para a formação da vontade em uma determinada direção, somente conhecendo os fatos que poderiam levar à formação de uma vontade é que a pessoa poderia omitir essa ação final, havendo, apenas então, a materialização de uma omissão penalmente relevante.[204]

A conclusão se mostra, no entanto, altamente problemática, visto que conduz a uma radical e indevida alteração da ordem adequada das coisas: faz a própria existência de uma omissão penalmente relevante depender do conhecimento do sujeito acerca da situação típica, ou seja, faz o objetivo depender do subjetivo.

Há de se deixar bem claro que a capacidade de ação, elemento comum entre a ação e a omissão, efetivada na primeira e deixada em potência na segunda, é objetiva.[205] Se há conhecimento ou não da situação típica é um problema de dolo,[206] jamais de configuração de omissão penalmente relevante.

204. WELZEL, Hans. *Derecho Penal Aleman*: parte general. 11. ed. Santiago: Editorial Juridica de Chile, 1976, p. 277, 282-3, 291-2. Kaufmann sintetiza: "*La capacidad de acción tiene, pues, un aspecto intelectual.* Quien no sabe que delante de su casa ha ocurrido un accidente, no puede socorrer; quien no sabe ni puede llegar a saber que dispone de un teléfono, no está – dado el caso – en condiciones de denunciar a tiempo un crimen. Quien no tiene conocimiento teórico sobre el tratamiento de determinadas lesiones, no puede adoptar una correcta elección de medios. Así pues, a la capacidad de acción pertenecen todos aquellos requisitos intelectuales que precisamente posibilitan tanto plantearse como realizar un acto" (destaques no original) (KAUFMANN, *Dogmática...*, p. 57).

205. SANTOS, *A moderna teoria do fato punível*, p. 132-3.

206. WESSELS, *Direito Penal...*, p. 162.

Kaufmann entende que *quem não sabe que em frente à sua casa ocorreu um acidente, não pode socorrer.*[207] Ora, é possível indagar, então: quem não sabe que, dentro de um recipiente, há droga ilícita, pode transportá-la e, assim, cometer o crime do art. 33 da Lei 11.343/2006, ao menos do ponto de vista da tipicidade objetiva?

Parece óbvio que a resposta é afirmativa. Um agente que, em uma drogaria, adquire um pote de bicarbonato de sódio, acreditando ser realmente este seu conteúdo, tal como anunciado no rótulo, e o transporta até outro local, é, por certo, absolutamente capaz da ação de transportar droga ilícita, caso o pó branco que ali esteja acondicionado não seja o produto imaginado, mas sim cocaína.

Não há dúvidas de que, nesse exemplo, fazem-se presentes a ação de transportar droga ilícita e a tipicidade objetiva da conduta prevista no referido dispositivo legal, estando ausente, apenas, o dolo, dada a configuração, nesse exemplo, do erro de tipo; e, estando presente a ação, por corolário, há a capacidade de ação, já que aquela, conforme dito, é a efetivação desta.

Basta, portanto, trasladar a proposição de Kaufmann ao âmbito dos crimes comissivos para se deixar clara sua impropriedade: se a capacidade de ação é pressuposto comum tanto da ação, quanto da omissão, e se o conhecimento fático é pressuposto daquela, então jamais se caracterizaria o erro de tipo – ou o sujeito teria conhecimento do fato e, portanto, não estaria em erro, ou não o teria, formulando uma representação equivocada da realidade, e, assim, seria incapaz de ação, nem mesmo se chegando ao exame da tipicidade, portanto.

Reafirma-se, assim, a ideia de que a capacidade de ação deve ser entendida de forma *objetiva*, despida de qualquer influência de aspectos subjetivos, como o conhecimento.[208] Um sujeito que não possui porção alguma de substância entorpecente ao seu alcance não é capaz de transportar droga ilícita,[209] por mais que o queira ou que

207. Vide nota 204.

208. Lacruz López entende que a capacidade de ação exige a mera possibilidade de conhecimento do fim da ação, sendo desnecessária a representação efetiva (LACRUZ LÓPEZ, *Comportamiento omisivo...*, p. 429, 454-9).

209. Por óbvio, não se cogita, aqui, de concurso de agentes ou autoria mediata.

pense se tratar de substância tal o material que possui em suas mãos e que, na verdade, droga não é; um sujeito que possui uma porção de droga é capaz da ação de transportar esse objeto, por mais apartado que esteja da ciência acerca de sua real natureza, crendo tratar-se de coisa diversa, que não droga ilícita.

A exigência do conhecimento como pressuposto da capacidade de ação se mostra incompatível não só com a figura do erro de tipo (que pressupõe a prática de uma conduta penalmente relevante e objetivamente típica), mas, também, com a culpa inconsciente, tal como tradicionalmente trabalhada.[210]

Oportuno observar, ademais, que a confusão entre objetivo/ subjetivo nesta seara não está superada ou contida nas proposições teóricas do Finalismo, mas ainda se faz notar hodiernamente, inclusive nos casos de crimes omissivos impróprios no âmbito empresarial, em que, não raro, há o (falso) entendimento de que o dever de agir nasce com o conhecimento da situação fática, ou seja, o garante deveria atuar, apenas, em relação àquelas situações de que ele tivesse conhecimento.[211]

210. "En efecto, *en principio*, un concepto de omisión que exige el conocimiento del fin de la acción no puede abarcar los casos de *culpa inconsciente*. Así, el sujeto que, desconociendo la existencia de una situación de peligro para un bien jurídico pero pudiéndola conocer, no actúa, debería quedar impune. De admitirse esta derivación, un concepto de omisión que dé lugar a ella ha de ser materialmente rechazable. En él pueden advertirse – se señala – los mismos defectos que en el concepto final de acción, que sólo resulta adecuado a los hechos dolosos y no, en cambio, a los imprudentes. Consiguientemente, sólo un concepto que, también en cuanto a la situación típica, exigiera la mera posibilidad de conocer sería el sistemáticamente adecuado, pues únicamente él abarcaría todos los supuestos de omisiones merecedoras de pena" (destaques no original) (SILVA SÁNCHEZ, *El delito de omisión...*, p. 46-7). Se o caso do sujeito que não atua desconhecendo a existência de uma situação de perigo para um bem jurídico (embora podendo conhecê-la) configura hipótese de culpa ou dolo, é questão que se reserva para momento posterior neste trabalho (Capítulo 8). Por ora, o que se busca demonstrar, apenas, é que hipótese de ausência de *omissão* isto não é.

211. Parece seguir essa linha Letícia Burgel, para quem "no momento em que o agente tivesse conhecimento da conduta típica de terceiro ele passaria a figurar como garante" (BURGEL, A teoria da cegueira deliberada... acesso digital).

Nada mais impróprio, na medida em que, assim como a capacidade de ação, o dever de agir, próprio da figura de garantia penal, é objetivo, antecedendo todo e qualquer elemento subjetivo, como o conhecimento.

Não é o fato de conhecer a situação de perigo que torna alguém garante;[212] a pessoa já ocupa essa posição previamente, em virtude da posição de proximidade com o titular do bem jurídico que reclama proteção ou de controle sobre uma fonte de perigo, podendo a questão do conhecimento acerca da situação fática estar afeta, unicamente, ao dolo, jamais à tipicidade objetiva.[213]

Corrigem-se, assim, os dois problemas postos pelo Finalismo quanto ao dolo no crime omissivo: quanto à questão da vontade psicológica, fica ela afastada do conceito de dolo, adotando-se uma teoria normativa que não a põe como elemento essencial da figura; quanto à questão do conhecimento da situação típica, estabelece-se que ela se relaciona ao dolo, jamais à capacidade de ação,[214] que é puramente objetiva.

6.3 A cegueira deliberada do garante

Dentre os elementos típico-objetivos do crime omissivo impróprio no contexto empresarial aos quais deve se referir o dolo, a situação típica de perigo é, por certo, o que pode trazer maiores questionamentos.

Afinal, os pressupostos fáticos da posição de garantia em si são, usualmente, de fácil apreensão pelo agente garantidor: a menos que, em situações peculiares, se cogite de erro quanto à circunstância de se ocupar uma posição de responsabilidade sobre aquela empresa ou aquele setor, ou quanto ao fato de o empregado cuja conduta comissiva está a gerar o risco de produção do resultado lesivo pertencer à

212. Em sentido contrário, WELZEL, *Derecho Penal Aleman...*, p. 301.

213. ESTELLITA, *Responsabilidade penal...*, p. 289.

214. "En definitiva, el concepto de omisión que parece más factible no precisaría del conocimiento de la situación típica, en contra de lo señalado por la tesis finalista" (SILVA SÁNCHEZ, *El delito de omisión...*, p. 52).

sua área de vigilância dentro da estrutura organizacional da sociedade, a referência do dolo, quanto a esse ponto, estará atendida.[215]

Igualmente, quanto aos meios de intervenção, tem-se que, dada a situação típica de perigo inserida em sua área de atuação e tendo por base o poder de mando e gerência dentro da empresa, o garante vislumbrará, sem maiores dificuldades, os meios fáticos para agir no sentido da evitação do resultado (valendo lembrar que caso, diante de uma situação concreta, não haja meios de intervenção factíveis à disposição do agente, seja por que motivo for – e a casuística pode ser pródiga quanto a hipóteses tais –, restará afastada já a tipicidade objetiva do crime omissivo impróprio, ante a ausência do poder de atuação, não havendo que se analisar o dolo).

Já a situação de perigo, conforme dito, reserva maiores complexidades, capazes de gerar situações desafiadoras de respostas dogmaticamente mais elaboradas.

Como já adiantado em seção anterior da pesquisa, é normal que haja uma considerável distância entre o agente garantidor, no contexto de uma grande sociedade empresária, e a situação típica de perigo reclamadora da sua intervenção.

Nesse sentido, pode-se pensar no caso de um diretor da área ambiental com assento na sede da empresa, em uma cidade, e as operações com potencial danoso ao meio ambiente que se desenvolvem na fábrica, em outra localidade: mesmo não estando fisicamente presente *in loco*, é ele o responsável pelo estabelecimento de regras de conduta e procedimentos a serem adotados na sua área de supervisão, bem como pela fiscalização dos empregados da empresa e pela contenção de riscos possivelmente advindos dessa atividade, pelo que, caso se anuncie a produção de um resultado típico (por exemplo, a poluição de que resultem ou possam resultar danos à saúde humana ou que provoque a mortandade de animais ou a destruição significativa da flora – art. 54 da Lei 9.605/1998), advindo seja da conduta de um ou alguns empregados supervisionados, seja da própria atividade

215. A posição de garantia em si, no contexto empresarial, talvez ofereça maiores problemas não em relação aos seus pressupostos fáticos, mas quanto ao dever de agir que dela advém, o que, como aqui já se disse, não se refere ao dolo, mas à consciência da ilicitude, influindo sobre a culpabilidade da conduta omissiva, o que foge ao objeto desta pesquisa.

empresarial vigiada, compete-lhe intervir para evitá-lo, na qualidade de garantidor de vigilância sobre essa fonte de perigo.

Ocorre que, não se tratando de fato direta e fisicamente relacionado ao seu próprio corpo, que se desenrola na sua presença, o conhecimento da situação típica deve, de alguma forma, chegar ao superior hierárquico, o que deve ser por este possibilitado, em conformidade com seus deveres de vigilância e com as regras de *compliance*, que passam pelo estabelecimento de canais internos de comunicação de irregularidades, dentre outros mecanismos.

Tal resultado pode ser obtido mediante o estabelecimento de diferentes práticas: visitas periódicas *in loco*; implantação de agentes intermediários na estrutura hierárquica da empresa, com a função de se postarem mais perto da atividade vigiada e enviarem notícias ao superior; exigência de relatórios periódicos das atividades; criação de canal de comunicação direto, em que possam ser veiculadas ao superior hierárquico denúncias de irregularidades ou mesmo dúvidas suscitadas por empregados sobre como proceder, enfim.

Vindo a situação típica de perigo, por qualquer desses meios de transmissão da informação, a chegar ao agente garantidor,[216] restará seguramente atendido aquele primeiro requisito do dolo do crime omissivo impróprio, conforme doutrina majoritária.

Esse conhecimento, portanto, não se impõe de forma natural ao sujeito, como se dá quanto a fatos fisicamente próximos a si, em que a própria dinâmica fática já deixa pouco espaço ao desconhecimento: dificilmente desconhecerá a situação típica de alguém que necessita de socorro o sujeito, dotado de plenas faculdades físico-sensoriais, que se encontra bem em frente à vítima engasgada, em processo de asfixia e clamando por socorro.

Fatos fisicamente distantes do sujeito, para que possam chegar a ele, devem ser por este buscados ou a este levados, o que não se dá de forma natural e espontânea. No exemplo acima dado, o fato (iminência ou permanência da dispensa de material tóxico, resultante do processo industrial, sem qualquer tratamento, diretamente no leito de um rio próximo à fábrica) está em um ponto geográfico, qual

216. ESTELLITA, *Responsabilidade penal...*, p. 287-9, 291-2.

seja, a fábrica, e o sujeito se encontra em outro, qual seja, a sede da empresa, situada em outra cidade.

Assim, para que dados desse fato cheguem ao sujeito, deverão ser por este buscados ou a ele levados, mediante as práticas acima apontadas; naturalmente, sem qualquer esforço humano nesse sentido, isso não acontecerá, e o garante não virá a ter qualquer dado referente à situação típica.

Ocorre que, tratando-se de pessoas livres, responsáveis pela condução de suas próprias vidas, podem escolher não tomar efetivo conhecimento de um fato que lhes seja apenas acessível (nem imposto, nem inacessível) e não permitir que dados referentes ao ocorrido lhes sejam participados, como já foi aqui tratado (Capítulo 4).

Uma pessoa que esteja no Brasil, com acesso a um dispositivo eletrônico conectado à internet, pode vir a saber como está a movimentação da Bolsa de Valores de Nova York naquele instante, porém, caso não queira saber, basta não procurar a informação; um pai ou uma mãe que deixa seus filhos, crianças, sozinhos em casa, e vai para o trabalho, pode vir a ter conhecimento da situação dos menores, seja telefonando periodicamente para casa, seja deixando seu telefone sempre ligado, pronto para receber qualquer ligação dos filhos, seja instalando câmeras de vigilância na casa e assistindo às imagens em tempo real. Contudo, caso decida não ter tal conhecimento, pode, também, não ir à sua procura e, ademais, bloqueá-lo, não telefonando, desligando seu telefone e não instalando câmeras de vigilância ou, ainda, instalando-as, mas não assistindo às imagens.

O conhecimento (possível, por óbvio) de fatos tais está, portanto, *nas mãos do sujeito*, que pode escolher obtê-lo ou não.

Puppe, comentando o difundido exemplo de *cegueira diante dos fatos* aventado por Jakobs, referente ao caso de um terrorista que lança seu carro sobre um policial que lhe ordena a parada, sem sequer considerar a possibilidade de lesão ou morte – pois a vida de um policial não lhe parece digna de consideração, observa, com propriedade, que a questão se relaciona, em verdade, ao aspecto volitivo do dolo (é dizer, se essa indiferença em relação ao resultado desnaturaria ou não o dolo), não ao cognitivo,[217] pois o fato está escancarado, bem à sua frente.

Assim, em um caso como esse, é certo que, como aqui dito, o conhecimento se impõe de forma natural ao agente, conforme também observado por Puppe. Entretanto, sua conclusão de que "o autor (...) não é senhor a respeito daquilo que ele conhece ou deixa de conhecer"[218] não pode ser geral, como pretende, merecendo uma ressalva: quanto a fatos fisicamente distantes do autor, é possível que ele seja, sim, *senhor do que conhece ou deixa de conhecer*, ou, conforme posto por Gabriel Pérez Barberá, "el autor es soberano para representarse lo que quiera (o lo que pueda)",[219] e fatos dessa natureza são de especial importância para o Direito Penal nos casos de crimes omissivos impróprios.

O estado de cegueira deliberada, que, como aqui já se expôs, pode se manifestar das mais variadas formas e em relação às situações fáticas mais distintas, não necessariamente de conteúdo jurídico-penal, pode, igualmente, ser adotado pelo agente garantidor, ao optar não tomar conhecimento de determinado fato.[220]

A resposta penal adequada a essa situação desafia uma revisitação dos institutos correlatos de Direito Penal, sendo necessário avaliar o grau de conhecimento que requer o dolo e as consequências de diferentes níveis de déficit cognitivo, diferenciando, ainda, aqueles controlados pelo agente dos não controlados.

Com esse intento, algumas premissas sobre a matéria devem ser esclarecidas.

217. PUPPE, Ingeborg. *A distinção entre dolo e culpa*. Trad. Luís Greco. Barueri: Manole, 2004, p. 10-1.

218. *Ibid.*, p. 10.

219. PÉREZ BARBERÁ, *El dolo Eventual...*, p. 675.

220. Heffernan reconhece esse fenômeno, especificamente no âmbito empresarial, e pontua que, apesar de muitos dirigentes empresariais admitirem que um dos maiores desafios ao se comandar uma grande empresa é, exatamente, saber o que se passa dentro dela, muitos adotam estilos de liderança que asseguram que ninguém jamais lhes dirá a verdade. A autora exemplifica suas observações com o caso real de Roger Smith, CEO da *General Motors* durante a década de 1980, que diz ter sido notório por se livrar de qualquer executivo ou *board member* que lhe levasse informações ou pontos de vista difíceis ou dissonantes (HEFFERNAN, *Willful blindness...*, p. 95).

Conforme já posto no Capítulo 4, podem ser classificadas como sendo de cegueira deliberada situações que encerram diferentes níveis de conhecimento, desde a dúvida, a suspeita, fundada em indícios cuja confirmação o agente decide não buscar, até o absoluto desconhecimento, fruto da decisão consciente de não conhecer.

No Direito Penal de tradição continental, as situações de dúvida não suscitam maiores dificuldades (diversamente do que se dá no âmbito do *common law*), vez que já abrangidas, sem maiores esforços, pelo conceito tradicionalmente difundido de dolo eventual.

Assim, aqueles casos em que o garante possui indícios da ocorrência da situação típica de perigo e, ao invés de ir atrás de sua confirmação ou refutação, decide por fechar os olhos e permanecer na suspeita, mesmo configurando, conforme conceituação aqui proposta, situações de cegueira deliberada do garante, não constituem o verdadeiro objeto de estudo, já respondidos que estão pela atual doutrina do dolo.

Prosseguindo no exemplo do diretor de segurança ambiental, pode-se pensar no caso de ele receber (e ler) uma mensagem de um empregado da fábrica, comunicando-lhe dúvida acerca da correção dos procedimentos que vêm sendo adotados quando da dispensa de material tóxico proveniente do processo industrial, pois, a juízo do comunicante, talvez o empregado encarregado da atividade não esteja observando todas as regras técnicas de tratamento do material.

Nesse exemplo, o garante já se omitirá dolosamente, deixando de impedir o resultado lesivo, mesmo na hipótese de decidir nada fazer quanto a essa comunicação recebida, não obtendo, portanto, conhecimento pleno acerca de sua procedência ou não, e permanecendo na mera suspeita, o que já configura, com segurança, dolo eventual.[221]

Diferentes são os casos de cegueira deliberada em que não há nem mesmo essa suspeita, pois o garante, propositadamente, não permite a chegada a si dos indícios que a formariam (no exemplo, a mensagem do empregado).

221. A situação é próxima da retratada na *variação 3* do caso inicialmente proposto.

Prosseguindo no exemplo, é possível pensar em um caso de diretor de segurança ambiental que estabelece aos empregados que qualquer comunicação dirigida a si deve ser feita por escrito, seja por meio físico, seja por meio digital, via um endereço de e-mail profissional, e, deliberadamente, não lê as comunicações recebidas, não chegando, portanto, a ter nem mesmo a suspeita acima apontada, dado que, não obstante a mesma mensagem ter sido encaminhada pelo mesmo empregado e estar sobre a mesa do superior hierárquico, este opta, neste segundo exemplo, por não abrir a correspondência interna,[222] ao passo que, na construção anterior, ele a abriu e leu.

Diferentes, ainda, são os casos de desconhecimento não deliberado, em que o garante não representa a situação típica de perigo, por fatores outros que não sua decisão consciente e livre no sentido do desconhecimento.

Em verdade, são esses os casos mais comuns e fáceis de se configurar, pois o desconhecimento pode ter múltiplas razões, encaixando-se no conceito de cegueira deliberada apenas aquele advindo de uma delas – a deliberação do agente em não obter conhecimento. Destarte, qualquer caso em que o garante não tenha conhecimento da situação típica por outras razões está fora do conceito de cegueira deliberada e, portanto, não constitui objeto desta pesquisa.

Prosseguindo, ainda, no mesmo exemplo do diretor de segurança ambiental, este pode, por hipótese, desconhecer a situação típica ativadora do seu dever de atuação devido a um deficiente programa de *compliance*, em que a informação não chega a si por falta de previsão de canais de comunicação ou de meios de fiscalização; devido a mero esquecimento ou negligência no exercício de suas funções, na hipótese de a informação chegar a si (por comunicação interna ou e-mail, por exemplo) e ele, por lapso ou incompetência, deixar para abri-la logo em seguida a determinada tarefa mais urgente e vir a se esquecer de fazê-lo;[223] ou devido à má fé ou à incompetência de algum empregado que, de posse da informação, a repassa equivocadamente[224] (o *compliance officer*, de posse da informação, decide, por exemplo,

222. Aqui, a situação já é próxima ao caso original proposto.

223. A seu turno, aqui se tem uma situação próxima da retratada na *variação 1* do caso proposto.

224. Por fim, uma situação análoga à *variação 2* do caso proposto.

não a apresentar ao superior ou, então, a interpreta equivocadamente, enviando-lhe relatórios que omitem o dado relevante e dão a imagem de tudo estar regular no setor controlado, quando esta não é, contudo, a verdade dos fatos).

Portanto, de suma importância, neste ponto, a observação feita no Capítulo 4, ao se conceituar cegueira deliberada: ao se tratar da cegueira deliberada do agente garantidor, refere-se, sempre, às hipóteses de desconhecimento *provocado*, *consciente*, produto de uma *decisão* do sujeito no sentido de não obter a informação que lhe é acessível, jamais a casos de desconhecimento fruto de *negligência*, de *incompetência*, da *má-fé* de terceiros, de *caso fortuito* etc., cujas respostas penais hão de ser distintas.

Delimitado está, nesses termos, o que aqui se chama de cegueira deliberada do garante: situações em que o agente garantidor (na hipótese de estudo, o garantidor por vigilância no contexto empresarial) não possui conhecimento da situação típica de perigo apenas porque *decide*, consciente e livremente, não permitir que ele chegue a si, conhecimento este que lhe é acessível e que, não fosse essa *barreira deliberadamente oposta*, chegaria regularmente.

6.3.1 Excurso: a cegueira deliberada do superior hierárquico no Direito Penal Internacional

Ao se tratar da cegueira deliberada de um agente hierarquicamente superior em uma determinada estrutura organizacional, ocupante de uma posição de garantia, na modalidade de vigilância, quanto a condutas de subordinados e aos resultados destas advindos, não se pode deixar de abordar, ainda que brevemente (pois uma profunda imersão no assunto fugiria ao objeto deste estudo), o tratamento da matéria no Direito Penal Internacional.

Afinal, o Estatuto de Roma do Tribunal Penal Internacional (TPI), que cria o Tribunal e prevê os crimes sujeitos à sua jurisdição, dispõe, textual e expressamente, sobre a responsabilidade penal em casos tais, tanto em relação a chefes militares, quanto a superiores hierárquicos civis.[225]

225. O art. 28 do Tratado assim prevê: "Além de outras fontes de responsabilidade criminal previstas no presente Estatuto, por crimes da competência

A previsão delimita os requisitos da responsabilidade penal por omissão de superiores hierárquicos em relação a condutas de seus subordinados com uma precisão tal que a presente pesquisa não encontrou nada similar em ordenamentos jurídicos positivos internos, muito menos, diga-se, no brasileiro, em que os critérios para a punição da omissão imprópria, tal como trazidos pelo art. 13, § 2.º, do CP, não se mostram, de modo algum, tão claros quanto os do referido Tratado internacional.

O referido art. 28, em sua alínea *a*, item "i", traz o requisito subjetivo da responsabilidade penal do chefe militar por crimes cometidos por seus subordinados, qual seja, que tal agente superior tenha conhecimento do fato ou, pelas circunstâncias, deva ter tal conhecimento. É dizer, há a previsão expressa de responsabilização

do Tribunal: a) O chefe militar, ou a pessoa que atue efetivamente como chefe militar, será criminalmente responsável por crimes da competência do Tribunal que tenham sido cometidos por forças sob o seu comando e controle efetivos ou sob a sua autoridade e controle efetivos, conforme o caso, pelo fato de não exercer um controle apropriado sobre essas forças quando: i) Esse chefe militar ou essa pessoa *tinha conhecimento ou, em virtude das circunstâncias do momento, deveria ter tido conhecimento* de que essas forças estavam a cometer ou preparavam-se para cometer esses crimes; e ii) Esse chefe militar ou essa pessoa não tenha adotado todas as medidas necessárias e adequadas ao seu alcance para prevenir ou reprimir a sua prática, ou para levar o assunto ao conhecimento das autoridades competentes, para efeitos de inquérito e procedimento criminal. b) Nas relações entre superiores hierárquicos e subordinados, não referidos na alínea *a)*, o superior hierárquico será criminalmente responsável pelos crimes da competência do Tribunal que tiverem sido cometidos por subordinados sob a sua autoridade e controle efetivos, pelo fato de não ter exercido um controle apropriado sobre esses subordinados, quando: a) O superior hierárquico *teve conhecimento ou deliberadamente não levou em consideração a informação que indicava claramente* que os subordinados estavam a cometer ou se preparavam para cometer esses crimes; b) Esses crimes estavam relacionados com atividades sob a sua responsabilidade e controle efetivos; e c) O superior hierárquico não adotou todas as medidas necessárias e adequadas ao seu alcance para prevenir ou reprimir a sua prática ou para levar o assunto ao conhecimento das autoridades competentes, para efeitos de inquérito e procedimento criminal." (destaques acrescentados) (texto disponível em: http://www.planalto.gov.br/ccivil_03/decreto/2002/d4388.htm. Acesso em 29/07/2018). Para uma análise do dispositivo, cf. AMBOS, Kai. General Principles Of Criminal Law In The Rome Statute. *Criminal Law Forum*, vol. 10, 1999, p. 19 e ss.

por fato desconhecido pelo agente, desde que ele *devesse tê-lo conhecido*, diante das circunstâncias concretas.

Quanto à responsabilidade do superior hierárquico civil, o dispositivo prevê, como requisito subjetivo (alínea *b*, item "a"[226]), o conhecimento do fato por parte de tal agente superior, ou, então, que este *deliberadamente não leve em consideração a informação que indique claramente* o fato (qual seja, *que os subordinados estão a cometer ou se preparam para cometer* os crimes a que se refere o Tratado), estatuindo, uma vez mais, o cabimento da responsabilidade penal daquele a quem incumbe vigiar a conduta de seus subordinados, mesmo se, subjetivamente, não conhecer o fato.

Entende-se que, em relação ao superior hierárquico militar, o Estatuto prevê, nesse dispositivo, a punição a título de *negligência*, em relação a fatos sobre os quais o agente não tinha conhecimento, apenas por ter falhado no exercício de suas funções, não se inteirando de circunstâncias sobre as quais deveria ter se inteirado.

Trata-se, portanto, de uma punição pelo descontrole sobre suas tropas, pela incompetência enquanto superior a quem incumbe vigiar seus subordinados e ordenar suas ações.[227]

Diversamente, entende-se que os requisitos subjetivos para a punição do superior hierárquico civil são mais qualificados, não se satisfazendo com a mera negligência, mas exigindo mais: a doutrina enxerga, na expressão *deliberadamente não levou em consideração a informação que indicava claramente*, exatamente a previsão da cegueira deliberada.[228]

226. A falta de critério na ordenação das alíneas e itens, em que a alínea *a* é especificada em itens "i" e "ii" e a *b* o é em itens "a", "b" e "c", consta do texto oficial do Decreto Legislativo 112, de 6 de junho de 2002, e do Decreto Presidencial 4.388, de 25 de setembro de 2002, que, respectivamente, aprova e promulga o Tratado de Roma no Brasil.

227. VYVER, Johan D. van der. The International Criminal Court And The Concept Of Mens Rea In International Criminal. *U. Miami Int'l & Comp. L. Rev.*, vol. 12, 2004, p. 66.

228. VETTER, Greg R. Command Responsibility of Non-Military Superiors in the International Criminal Court (ICC). *Yale Journal of International Law*, vol. 25, n. 1, 2000, p. 123-4. Kai Ambos entende que "willful blindness and thereby the new standard of article 28(2)(a) stands between knowledge and recklessness. In other words, the provisions require a higher threshold than

Nesse sentido, Marie-Pierre Robert pontua que, em relação ao superior civil, o Tratado não se refere a conhecimentos que o agente teria obtido, se não fosse relapso na coleta de informações (como é o caso do superior militar), mas, sim, a dados que já estavam à sua disposição, aos quais ele, *deliberadamente, fechou os olhos*, o que ocorreria, conforme exemplo trazido pela autora, no caso de relatórios informando claramente a ocorrência do fato (ou seja, *que os subordinados estavam a cometer ou se preparavam para cometer* os crimes sujeitos à jurisdição internacional, nos termos do Tratado) terem sido enviados ao escritório de tal superior, independentemente de ele os ter lido ou não[229] (desde que, é necessário acrescentar, a não leitura do conteúdo do documento seja deliberada, e não fruto de negligência, desatenção, esquecimento ou algo que o valha).

O art. 28 do Estatuto de Roma pode contribuir, portanto, na busca pela diferenciação entre a mera negligência e a cegueira deliberada, precisamente em relação à conduta fiscalizadora de superiores hierárquicos, responsáveis pelas ações de seus subordinados.[230]

A negligência, suficiente à punição do superior militar, relaciona-se a casos em que este falha no seu mister de fiscalização e controle das tropas, não de forma deliberada, mas por lapso ou incompetência, não chegando a ter conhecimento de fatos que, dada sua posição de superior, deveriam ser por ele conhecidos, vez ser essa a sua função: vigiar e coordenar os subordinados.

negligence" (AMBOS, General Principles..., p. 18). Há, por outro lado, o entendimento de a previsão se referir a *recklessness*, figura já abordada em seção anterior deste trabalho (nesse sentido, cf. BADAR, Mohamed. The Mental Element In The Rome Statute Of The International Criminal Court: A Commentary From A Comparative Criminal Law Perspective, *Criminal Law Forum*, vol. 19, 2008, acesso digital).

229. ROBERT, Marie-Pierre. La responsabilité du supérieur hiérarchique basée sur la négligence en droit pénal international. *Les Cahiers de droit*, vol. 49, n. 3, 2008, p. 422-5.

230. Para uma comparação entre as previsões correspondentes à responsabilidade dos superiores militares e civis no Tratado, com análise de precedentes de Cortes Internacionais, cf. VETTER, Command Responsibility..., p. 120-3.

A cegueira deliberada vai além: nela, o superior hierárquico também não tem conhecimento do fato, porém não por lapso, mas, sim, por uma decisão consciente de dele não se inteirar.[231]

A previsão da cegueira deliberada no Tratado, como um estágio intermediário entre a mera negligência e o conhecimento psicológico efetivo (*knowledge*), não foi impensada; pelo contrário, decorreu, exatamente, de uma conciliação entre duas propostas distintas.

Kai Ambos traz o histórico de elaboração do art. 28 do Estatuto e informa que, de início, os primeiros rascunhos não diferenciavam os requisitos subjetivos para a punição do superior hierárquico civil e militar, o que somente foi introduzido por uma sugestão da delegação dos EUA, que propunha que o militar fosse responsabilizado mediante *knowledge* ou *negligence* quanto ao fato, ao passo que o civil respondesse, apenas, por *knowledge*. Uma contraproposta, então, foi apresentada pelas delegações da Alemanha, da Argentina e do Canadá, sustentando a suficiência de *negligence* para ambas as espécies de superiores hierárquicos. O resultado final das tratativas foi o meio-termo entre as duas ideias que se viu materializado na redação aprovada do art. 28.[232]

Essa explicação histórica é bastante interessante e merecedora de atenção, pois evidencia que a cegueira deliberada realmente não se confunde com a negligência, tampouco com o conhecimento psicológico (*knowledge*), estando, em verdade, entre os dois.

Vyver[233] observa, ainda, que o fato de o desconhecimento ser atribuível ao agente lhe impede a alegação, em seu favor, da *defense*

231. "A superior other than a military commander can likewise be held responsible for crimes committed by his or her subordinates if, *inter alia*, he or she did not actually know but 'consciously disregarded' information indicating that the subordinate was committing or was about to commit the crime. Here, negligence will not suffice. Liability can, on the other hand, be based on intent in the form of *dolus directus*, *dolus indirectus* or *dolus eventualis*. The superior who consciously disregarded information (willful blindness) will be liable if the information he disregarded indicated as a certainty or as a possibility that his or her subordinates were up to no good" (VYVER, The International Criminal Court..., p. 66-7).

232. AMBOS, General Principles..., p. 16-8.

233. VYVER, The International Criminal Court..., p. 76.

of mistake de que trata o art. 32 do Estatuto[234] (figura equivalente ao erro, no Direito Penal brasileiro) – questão esta que já foi tangenciada neste trabalho e será ainda objeto de maiores considerações no capítulo seguinte.

Contudo, faz-se o alerta de que o autor parece adotar uma concepção de *willful blindness* diferente da aqui proposta, pois, para ele, a figura seria indicativa de *intent*, nas categorias de *mens rea* do *common law*, configurando-se no caso de o agente saber algo que não queria ter ficado sabendo.[235]

Por essa lógica, obviamente não cabe a *defense*, pois a cegueira deliberada é posta como não mais que uma mentira formulada pelo sujeito, uma tática processual defensiva, o que não é, de forma alguma, a conceituação que se adota neste trabalho, como já se pôde expor.

Portanto, ainda que se concorde com a afirmação de que a ignorância deliberada, por ser imputável ao próprio agente, não pode dar lugar à figura do erro de tipo, chegar-se-á a essa conclusão por fundamentos distintos dos utilizados por Vyver, conforme se exporá a seguir.

Por ora, o que importa é a observação de que, tanto na negligência, quanto na cegueira deliberada, falta o conhecimento subjetivo do fato concreto. Contudo, o porquê desse desconhecimento é essencialmente diferente nas duas situações, na medida em que ele é fruto do *descontrole* do agente sobre o que chega ao seu efetivo conhecimento, no caso da negligência, e, de forma diametralmente oposta, do *controle* do agente sobre o que chega ao seu conhecimento, no caso da cegueira deliberada.

234. "1. O erro de fato só excluirá a responsabilidade criminal se eliminar o dolo requerido pelo crime. 2. O erro de direito sobre se determinado tipo de conduta constitui crime da competência do Tribunal não será considerado fundamento de exclusão de responsabilidade criminal. No entanto, o erro de direito poderá ser considerado fundamento de exclusão de responsabilidade criminal se eliminar o dolo requerido pelo crime ou se decorrer do artigo 33 do presente Estatuto." Referências constantes da nota 225.

235. VYVER, The International Criminal Court..., p. 75, 115.

Quanto à questão, necessário abordar, ainda, a previsão do art. 30 do mesmo Tratado,[236] o qual equivale, no contexto do Estatuto de Roma, sem maiores preocupações com um absoluto rigor técnico na comparação, ao art. 18 do CP no Direito interno brasileiro, arrolando os requisitos subjetivos para a imputação penal e valendo-se, textualmente, dos vocábulos *vontade* e *conhecimento*.

Chama a atenção, contudo, a exceção. O próprio dispositivo prevê que se exigem vontade e conhecimento, *salvo disposição em contrário*, sendo certo que a previsão de punição tanto da negligência do superior hierárquico militar, quanto da cegueira deliberada do superior hierárquico civil, é tida pela doutrina como uma dessas exceções.[237]

Fecha-se, assim, esse brevíssimo excurso no campo do Direito Penal Internacional, cujo objetivo foi apenas pontuar que, nesse campo, já se atentou para a necessidade de se admitir a responsabilização penal do superior hierárquico deliberadamente cego quanto a crimes praticados por seus subordinados, havendo norma que, em casos tais, excepciona a regra dos requisitos subjetivos de imputação.

236. "1. *Salvo disposição em contrário*, nenhuma pessoa poderá ser criminalmente responsável e punida por um crime da competência do Tribunal, a menos que atue com vontade de o cometer e conhecimento dos seus elementos materiais. 2. Para os efeitos do presente artigo, entende-se que atua intencionalmente quem: a) Relativamente a uma conduta, se propuser adotá-la; b) Relativamente a um efeito do crime, se propuser causá-lo ou estiver ciente de que ele terá lugar em uma ordem normal dos acontecimentos. 3. Nos termos do presente artigo, entende-se por 'conhecimento' a consciência de que existe uma circunstância ou de que um efeito irá ter lugar, em uma ordem normal dos acontecimentos. As expressões 'ter conhecimento' e 'com conhecimento' deverão ser entendidas em conformidade" (destaque acrescentado) – Referências constantes da nota 225.

237. BADAR, The Mental Element..., acesso digital; AMBOS, General Principles..., p. 20-1.

7.

O ERRO DE TIPO

Ao se tratar de cegueira deliberada e seus efeitos jurídico-penais, é imprescindível uma tomada de posição quanto ao erro de tipo, figura que se relaciona muito com a temática, como já se pôde notar ao longo do trabalho, dadas as diversas referências ao instituto, cujo exame vinha sendo postergado até o presente capítulo, que se dedica inteiramente ao seu estudo.

O erro de tipo é figura expressamente prevista em Lei, estatuindo o art. 20, *caput*, do CP que *o erro sobre elemento constitutivo do tipo legal de crime exclui o dolo, mas permite a punição por crime culposo, se previsto em lei.*

Trata-se, como se vê, de causa de exclusão do dolo e, consequentemente, da tipicidade do crime doloso, remanescendo viável apenas a punição a título de culpa, se prevista essa modalidade no respectivo tipo penal e desde que o erro derive de culpa, é dizer, não seja invencível, escusável.

Assim como as mais modernas teorias sobre o dolo buscam distingui-lo da culpa de modo a justificar a diferença de tratamento penal entre as duas figuras, há de se fazer o mesmo em relação ao erro de tipo. Impõe-se, portanto, identificar a razão pela qual o Direito não reconhece o crime doloso nas situações de erro de tipo e permite, em seu lugar, a punição por culpa, se atendidos os requisitos mencionados.

Com esse intento, examinando o dispositivo legal em referência, vê-se que não apenas na rubrica do artigo (*erro sobre elementos do tipo*), mas em seu próprio corpo, a Lei brasileira vale-se do vocábulo *erro* sobre elemento do tipo, no que difere, por exemplo, do Código Penal alemão, o qual, em seu §16, fala em *ausência de conhecimento de circunstância do tipo*:

> "(1) Quem, na comissão de um fato, não conhece uma circunstância pertencente ao tipo legal, não atua dolosamente. A punibilidade pela comissão culposa permanece intacta.
>
> (2) Quem, na comissão de um fato, supõe circunstâncias erradas que realizariam o tipo de uma lei mais benigna, só poderá ser castigado por comissão dolosa conforme a lei mais benigna." (Tradução livre.)

O próprio Código Penal brasileiro, já no artigo seguinte ao acima referido, ao tratar do erro sobre a ilicitude do fato, dispõe que *o desconhecimento da lei é inescusável* e que *o erro sobre a ilicitude do fato, se inevitável, isenta de pena; se evitável, poderá diminuí-la de um sexto a um terço*, empregando, portanto, no mesmo artigo, os vocábulos *desconhecimento* e *erro*, quanto a objetos diferentes.

Há de se perquirir, de início, se se trata de mera escolha redacional sem maiores consequências semânticas ou se, em verdade, *erro* e *desconhecimento* designariam duas situações distintas e a redação da Lei teria sido consciente ao selecionar ora o vocábulo *erro*, ora *desconhecimento*.

7.1 A teoria unificadora

Pode parecer um preciosismo despropositado a distinção conceitual entre erro e ignorância (desconhecimento), sendo esta a impressão que, em geral, passa a doutrina penal, ao não dispensar maiores reflexões à questão. A maioria das obras, ao tratar do erro no Direito Penal, simplesmente inclui, sob o conceito, tanto o erro, quanto a ignorância, tomando uma suposta igualdade entre os dois como pressuposto indiscutido.

O entendimento pela equiparação legal das duas figuras pode ser referido como *teoria unificadora*. É uma posição tradicional e bastante difundida, mas que aqui se reputa carente de fundamentação adequada.

Na doutrina nacional, são diversos os trabalhos que reconhecem uma dessemelhança ôntica entre erro e ignorância e, apesar disso, lhes assinalam os mesmos efeitos jurídicos.[238]

Nesse sentido, Munhoz Netto chega a afirmar que se trata de dois estados metafisicamente distintos, impassíveis de equiparação psicológica ou união sob um mesmo conceito, salvo no campo jurídico, em que tal procedimento se mostraria possível em virtude de uma suposta identidade de efeitos que trariam ambas as figuras, consistentes na deturpação do elemento intelectivo, induzindo "o sujeito a querer coisa diversa da que teria querido, se houvesse conhecido a realidade".[239]

238. Aníbal Bruno já entendia que não haveria interesse na distinção, dado que a exclusão do dolo "pode ocorrer na ausência de representação ou na representação não conforme com a realidade, isto é, na ignorância e no êrro pròpriamente dito, duas situações psicologicamente distintas – o não conhecimento ou o conhecimento falso, que no Direito se reúnem para tratamento comum" (BRUNO, Aníbal. *Direito Penal*: parte geral. Tomo 2 – fato punível. 2. ed. Rio de Janeiro: Forense, 1959, p. 109-11, manteve-se a grafia original). O mesmo caminho é trilhado por Juarez Cirino, com o entendimento de que o erro de tipo se manifesta tanto na ausência, quanto na incompletude da representação fática, "sob as formas de *falsa representação* ou de *ausência de representação* das circunstâncias de fato do tipo objetivo" (destaques no original) (SANTOS, *A moderna teoria do fato punível*, p. 80-2), pontuando, ainda, que "defeitos de *conhecimento* por ausência ou insuficiência de representação da realidade excluem, sempre, o dolo, na forma do art. 20, CP (...)" (destaque no original) (*Ibid.*, p. 140). Também José Cirilo de Vargas reconhece a diferença ôntica entre o erro e a ignorância, conceituando aquele como o conhecimento falso, equivocado, e esta como a absoluta falta de conhecimento; entretanto, entende, igualmente, que, "em Direito Penal, qualquer diferença que se queira fazer entre erro e ignorância carece de valor prático" (VARGAS, José Cirilo de. *Instituições de Direito Penal*: parte geral. Tomo I. Belo Horizonte: Del Rey, 1997, p. 302). No mesmo sentido, cf., ainda, HORTA, *Elementos normativos...*, p. 117, nota 1; GOMES, *Erro de tipo...*, p. 25-6; LEITE, Alaor; ASSIS, Augusto. O erro. Especial foco no erro de proibição. In: BUSATO, Paulo César (Org.). *Teoria do delito*. Curitiba: Juruá, 2012, p. 302; SOUZA, Artur de Brito Gueiros; JAPIASSÚ, Carlos Eduardo Adriano. *Direito penal*: volume único. São Paulo: Atlas, 2018, p. 223; PACELLI, Eugênio; CALLEGARI, André. *Manual de direito penal*: parte geral. 4. ed. São Paulo: Atlas, 2018, p.313; BUSATO, Paulo César. *Direito Penal*: parte geral. Vol 1. 3. ed. São Paulo: Atlas, 2017, p. 596; COSTA JR., Paulo José da; COSTA, Fernando José da. *Código Penal comentado*. 10. ed. São Paulo: Saraiva, 2011, p. 121.

239. MUNHOZ NETTO, Alcides. *A ignorância da antijuridicidade em matéria penal*. Rio de Janeiro: Forense, 1978, p. 1-3. No mesmo sentido, cf.

Também Assis Toledo, em sua clássica obra sobre o erro, entende que os dois conceitos não seriam equiparáveis, na medida em que a ignorância seria um fenômeno negativo, caracterizado pela ausência de qualquer noção sobre o objeto, ao passo que o erro seria um fenômeno positivo, verificado pela presença de noção equivocada. O autor destaca, ainda, que o erro é sempre inconsciente, desaparecendo mediante a mera aceitação da possibilidade de se estar equivocado, ao passo que a ignorância pode ser consciente. Não obstante tais argumentos, acaba por equiparar as duas figuras para fins jurídicos, sem deixar claro o porquê de propugnar o mesmo tratamento normativo a figuras que reconhece como tão distintas.[240]

Há, ainda, aqueles que nem mesmo ressaltam qualquer diferença entre as duas figuras e as tratam quase que como sinônimas, limitando-se a afirmar que ambas recebem o mesmo tratamento jurídico.[241]

A doutrina estrangeira também costuma igualar os dois conceitos para fins jurídicos.

Entre os clássicos italianos, Maggiore dizia, de forma um pouco confusa, que "error es el conocimiento deficiente o insuficiente de la

MOTTA, Ivan Martins. *Erro de proibição e bem jurídico-penal*. São Paulo: RT, 2009, p. 62-3.

240. TOLEDO, *O Erro*..., p. 1, 3 e 23. O entendimento se manteve em seus escritos posteriores à reforma de 1984 sobre a Parte Geral do CP (*Id. Princípios básicos de direito penal*: de acordo com a Lei n. 7.209, de 11-7-1984 e com a Constituição Federal de 1988. 5. ed. São Paulo: Saraiva, 1994, p. 279).

241. Nesse sentido, Cezar Roberto Bitencourt, em obra específica sobre o tema, apenas pontua que "*erro de tipo* é o que recai sobre circunstância que constitui elemento essencial do tipo. É a falsa percepção da realidade sobre um elemento do crime. É a ignorância ou a falsa representação de qualquer dos elementos constitutivos do tipo penal" (destaque no original) (BITENCOURT, *Erro de tipo*..., p. 96). Enéias Xavier Gomes também pontua, apenas, que "o artigo 20 do Código Penal brasileiro diz que a ausência de conhecimento exclui o dolo" (GOMES, Enéias Xavier. *Dolo sem vontade psicológica*: perspectivas de aplicação no Brasil. Belo Horizonte: D'Plácido, 2017, p. 173, nota 319), em similar entendimento ao de Lucchesi, para quem, "de acordo com o art. 20 do CP, *conhecimento* é o dado essencial a partir do qual pode-se efetuar o juízo de atribuição de responsabilidade" (destaque no original) (LUCCHESI, *Punindo a culpa como dolo*..., p. 147), e "conhecimento é um requisito indispensável do dolo nos termos do art. 20 do CP" (*Ibid*., p. 159). Considerando que, em verdade, o que a Lei prevê, textualmente, como causa de exclusão do dolo, é o *erro sobre elemento constitutivo do tipo legal de crime*, conclui-se que, para esses autores, *erro* e *desconhecimento* só podem, então, ser sinônimos.

verdad, es decir, una desviación del juicio. Comprende, pues, también la ignorancia, que es un error total, así como el error es una ignorancia parcial".[242]

Para Carnelutti, *erro* designaria, genericamente, uma *anomalia de julgamento*, a qual poderia se manifestar tanto pela *falta* de conhecimento, quanto pelo conhecimento *falso*: naquela, a divergência entre o plano subjetivo do agente a realidade seria *quantitativa*, ao passo que, neste, ela seria *qualitativa*. Não obstante essa distinção, também entende que, para o Direito, ambos se apresentam da mesma forma.[243]

242. MAGGIORE, Giuseppe. *Derecho Penal*. Trad. José J. O. Torres. Vol. I. Bogotá: Editorial Temis, 1954, p. 518.

243. CARNELUTTI, Francesco. *Teoria generale del reato*. Pádua: CEDAM, 1933, p. 166-9, n. 61. Também Carrara: "La *ignorancia* consiste en la *ausencia* de cualquier noción respecto a un objeto; el *error*, en una *falsa* noción acerca de un objeto. La ignorancia es un estado *negativo* del alma; el error un estado *positivo*. Desde el punto de vista metafísico, la ignorancia y el error son muy distintos entre si. Pero como el derecho penal no tiene en cuenta las condiciones del ánimo sino en cuanto fueron *causa de la acción*, y como el estado de *ignorancia*, por ser puramente *negativo*, no puede ser *causa de acción*, por ello el criminalista no tiene ocasión de hacer observaciones sobre la *ignorancia*, sino sólo sobre el error" (destaques no original) (CARRARA, Francesco. *Programa de Derecho Criminal*: parte general, vol I. Trad. José J. O. Torres e Jorge Guerrero. Bogotá: Editorial Temis, 1972, p. 185, §§ 252 e 253). Quanto a essa passagem, observa-se que o argumento trazido pelo autor, no sentido de que a ignorância, por ser um estado negativo, não pode ser causa de ação, parece se aproximar da doutrina de Kaufmann, já aqui analisada, a qual põe o estado mental negativo (ignorância) como óbice ao reconhecimento da própria capacidade de ação, pelo que são replicáveis, aqui, as críticas alhures tecidas a essa construção teórica, para as quais se remete a leitura (seção 6.2). A tais críticas soma-se, também, a necessária consideração de que, ainda que se entendesse que do negativo (ignorância) não pode advir algo positivo (ação) – o que aqui se refuta -, esse raciocínio somente se aplicaria à comissão, não à omissão, que é, por essência, algo negativo (a ausência da ação positiva), não trazendo, portanto, a impossibilidade de se reconhecer a omissão por ignorância. Críticas a esse argumento de Carrara em MUNHOZ NETTO, *A ignorância da antijuridicidade...*, p. 3-4.

Também em Portugal[244] e na Espanha[245] a doutrina parece preferir a teoria unificadora, sendo que, na Argentina, a clássica lição de Jiménez de Asùa já trilhava o mesmo caminho: reconhecia o erro e a ignorância como dois seres distintos, com diferenças de *superlativa transcendência* no campo da Psicologia, porém sem consequências jurídicas, pois, como pontuava, a Lei unificaria as duas figuras, atribuindo-lhes os mesmos efeitos, não havendo razão para se perquirir, diante de um caso concreto, se há erro ou ignorância quanto a um fato.[246]

Da mesma forma, em monografia sobre o erro em Direito Penal, Lucio Eduardo Herrera:

> "(...) si bien psicológicamente en la ignorancia no hay representación y en el error la representación es defectuosa, jurídicamente son plenamente equiparables sus efectos, pues en ambos supuestos se obra sin conocer el significado jurídico-penal de lo que en realidad se hace. Así, no se advierte diferencia en sus efectos en quien dispara un arma creyendo erróneamente que se trata de una pieza de caza el bulto que se mueve en el bosque, y mata a otro, y en quien sólo quiere hacer puntería en un matorral ignorando que detrás de él hay un hombre a quien mata."[247]

Quanto a essa passagem, duas considerações se mostram pertinentes.

Em primeiro lugar, assim como ocorre com a Lei alemã, é necessário ponderar que o Código Penal argentino contém previsão distinta quanto à figura do erro de tipo, se comparada à brasileira, dispondo, no art. 34, § 1.º, que não é punível "el que no haya podido en el momento del hecho, ya sea por insuficiencia de sus facultades, por alteraciones morbosas de las mismas o por su estado de incon-

244. SERRA, *Problemática do erro*..., p. 66; DUARTE, *O erro no Código Penal*, p. 11.

245. ARIAS EIBE, *El error*..., p. 9; DÍAZ y GARCÍA CONLLEDO, *El error*..., p. 140-9; DÍAZ PITA, María del Mar. A presumida inexistência do elemento volitivo no dolo e sua impossibilidade de normativização. Trad. Paulo César Busato. In: BUSATO, Paulo César (Coord.). *Dolo e direito penal*: modernas tendências. 2. ed. São Paulo: Atlas, 2014, p. 4.

246. JIMÉNEZ DE ASÚA, Luis. *Tratado de Derecho Penal*. Tomo VI. Buenos Aires: Editorial Losada, 1962, p. 313.

247. HERRERA, Lucio Eduardo. *El error en materia penal*. 2. ed. Buenos Aires: Abeledo-Perrot, 1991, p. 11-3.

ciencia, error o ignorancia de hecho no imputables, comprender la criminalidad del acto o dirigir sus acciones".

Vê-se, assim, que as causas de impunibilidade por defeitos de compreensão da realidade (fática e normativa) parecem ser muito mais amplas no Direito argentino do que no brasileiro, prevendo a Lei (no que aqui interessa) que tanto o erro, quanto a ignorância, afastam a responsabilidade penal (leia-se, o dolo).

Comentando essa previsão legal, Zaffaroni *et alii* entendem que *o erro de tipo não é mais que a falta de representação requerida pelo dolo*, é a *cara negativa do dolo*,[248] o que se justifica à luz do Direito positivo com base no qual escrevem, dada a amplitude conferida pela Lei argentina às hipóteses de impunidade por ausência de dolo, sem similar na legislação brasileira.

Quanto ao ponto, ainda, interessante lembrar que, se a Lei não possui palavras inúteis, a inclusão dos dois termos na Lei argentina indica, de fato, sua dessemelhança; se fossem sinônimos, seria indevida a menção a ambos – repita-se que a Lei brasileira refere-se, unicamente, a *erro*.

Em segundo lugar, o exemplo trazido por Herrera não parece dos melhores, pois também incorre em *erro*, não em *ignorância*, o agente que efetua um disparo de arma de fogo em direção a um arbusto, em exercício de pontaria, acabando por matar alguém que, sem que o atirador soubesse, estava atrás do arbusto. Nesse caso, o agente representa sua ação como *um disparo de arma de fogo em direção a um arbusto* e se orienta de acordo com essa representação; erra, portanto, ao praticar a conduta de efetuar *um disparo de arma de fogo em direção a uma pessoa, matando-a*, exatamente da mesma forma que erra o outro agente exemplificado, que representa um disparo em direção a um animal, representação esta que se mostra equivocada, por se tratar, em verdade, de um disparo em direção a uma pessoa. Ignorância é algo diverso.

248. ZAFFARONI; SLOKAR; ALAGIA, *Derecho Penal...*, p. 532-3. No mesmo sentido, no Brasil, cf. ESTELLITA, *Responsabilidade penal...*, p. 287, e LEITE, Alaor. *Dúvida e erro sobre a proibição no direito penal*. 2. ed. São Paulo: Atlas, 2014, p. 93.

Curiosamente, o mesmo exemplo, em essência, é trazido por Hernando L. Londoño Berrío, o qual, em obra específica sobre o erro na teoria do delito, à luz do Direito Penal colombiano, reconhece uma clara diferença entre o erro e a ignorância, do ponto de vista da Psicologia e da Filosofia, porém sem efeitos jurídicos, afirmando ser indiferente ao Direito que um sujeito que mata outrem com um disparo de arma de fogo o faça sem tê-lo visto ou tendo-o confundido com um boneco.[249]

Ora, o agente que dispara em direção ao nada, sem saber que ali há uma pessoa, não *simplesmente ignora* a presença da pessoa, mas, em verdade, *erra* quanto ao ponto: ele crê que está disparando em direção ao nada.

Para que o exemplo estivesse correto, poder-se-ia imaginar, então, o caso de uma pessoa que veda seus olhos, dirige-se à janela de sua casa, em uma rua movimentada de um centro urbano, e efetua um disparo. Essa pessoa, sim, ignora a presença de alguém na trajetória do projétil, pois não sabe se há alguém ou não. Veja-se: não é que ela creia estar disparando em direção ao nada, como no exemplo aqui criticado; na verdade, ela não sabe se dispara em direção ao nada ou em direção a alguém, a um animal, a uma árvore, a um carro, a um poste etc.

Feita essa crítica, prosseguindo na exposição da doutrina adepta à teoria unificadora em diferentes ordenamentos jurídicos, tem-se, por fim, que os autores alemães também costumam adotar esse entendimento.[250]

249. LONDOÑO BERRÍO, Hernando León. *El error en la moderna teoría del delito*. Bogotá: Editorial Temis, 1982, p. 11-2.

250. Para Roxin, "el error de tipo no presupone ninguna falsa suposición, sino que basta con la falta de la correcta representación" (ROXIN, Claus. *Derecho Penal*: parte general. Trad. Diego-Manuel Luzón Peña *et alii*. 2. ed. Madrid: Civitas Ediciones, 2008, p. 458-9) – ou seja, o erro seria a *falta da representação correta*, pouco importando se, em seu lugar, há uma falsa suposição ou a ausência de qualquer representação. No mesmo sentido, cf. JESCHECK; WEIGEND, *Tratado...*, p. 329; STRATENWERTH, *Derecho Penal...*, p. 154; WESSELS, *Direito Penal...*, p. 56; HILGENDORF, Eric; VALERIUS, Brian. *Direito penal*: parte geral. Trad. Orlandino Gleizer. São Paulo: Marcial Pons, 2019, p. 204.

Contudo, novamente, é necessário lembrar que a doutrina alemã assim se posiciona diante do § 16 do Código Penal do país, o qual, conforme já aqui posto, realmente diz, pura e simplesmente, que quem *não conhece uma circunstância pertencente ao tipo legal, não atua dolosamente.*[251]

Tendo isso em mente, justifica-se o entendimento da doutrina, na medida em que, de fato, à luz de seu Direito positivo, a questão não guarda maiores complexidades, já que tanto o sujeito que age em erro, quanto aquele que age em ignorância, certamente não conhecem o fato, e, pela Lei alemã, isso já é, sem mais, a causa de exclusão do dolo.

A teoria unificadora se caracteriza, portanto, por defender o mesmo tratamento jurídico aos estados de erro e de ignorância, reconhecendo como o cerne da questão, apenas, a ausência da representação subjetiva correta dos fatos, não conferindo qualquer relevância, para fins jurídicos, à consideração de se, no lugar da representação correta faltante, há um vazio ou uma representação equivocada.

Há, entre os adeptos da teoria unificadora, quem reconheça a diferença entre as duas figuras a nível filosófico ou psicológico e quem as ponha como sinônimas; o que marca o entendimento em comum é, em verdade, a atribuição dos mesmos efeitos jurídicos ao erro e à ignorância.

7.2 A teoria diferenciadora

Contrariamente a essa doutrina majoritária, há outros trabalhos que entendem pela distinção entre erro e ignorância, reconhecendo-lhe eficácia também para fins jurídicos. Esse entendimento pode ser referido, por sua vez, como *teoria diferenciadora.*

A clássica doutrina de Frosali se destaca pelo pioneirismo na adoção do posicionamento. Para o autor italiano, erro e ignorância não poderiam ser unificados nem do ponto de vista psicológico, nem do ponto de vista jurídico-penal, pois o erro, estado positivo e neces-

251. Greco entende que o dispositivo legal "consagra o efeito excludente de dolo do erro sobre um elemento do tipo legal" (GRECO, Algumas observações..., p. XVI), pelo que parece acertada a inclusão do autor dentre os adeptos da teoria unificadora, vez que lê *erro* onde a Lei fala *desconhecimento.*

sariamente inconsciente, sempre implicaria a ignorância da realidade, ao passo que a ignorância, estado negativo caracterizado por uma lacuna de conhecimento que poderia ser consciente e, até mesmo, querido, independeria da existência conjunta do erro. Para o autor, o único erro levado em consideração pelo Direito Penal é aquele resultante da desconformidade entre a coisa como ela é e a coisa como o sujeito é persuadido de que ela seja.[252]

Nelson Hungria, em seus *Comentários ao Código Penal*, embora não adentre, nomeadamente, a questão da diferenciação entre o erro e a ignorância, conceitua o então chamado *erro de fato* em termos que permitem concluir que não incluiria, em tal categoria, a ignorância, vez que entende que o erro deve, sempre, acarretar uma sincera persuasão, a *certeza subjetiva* no sentido contrário ao da realidade.[253]

Fixado nesses termos o conceito de *erro de fato*,[254] vê-se que nele a ignorância não se encaixa: nesta, o agente, por nada supor ou representar, está longe de ter uma *certeza subjetiva em sentido contrário à realidade*; em verdade, ele não tem certeza alguma.

Assim, parece que, pela lição de Hungria, a ignorância pura não estaria abarcada no conceito de *erro de tipo*.

Também no Direito espanhol (cuja previsão legal do erro de tipo, diferentemente da alemã e da argentina, é similar à brasileira[255]) se colhem da doutrina posicionamentos a favor da teoria diferenciadora.

Ragués i Vallès aponta para a diferença, já aqui ressaltada, entre o Direito positivo alemão e o espanhol quanto ao ponto ora tratado e, após registrar que a doutrina alemã não hesita em igualar, para efeitos legais, a ignorância e o erro, ante a previsão do § 16 do Código Penal

252. FROSALI, Raul Alberto. *Sistema penale italiano*. Parte prima: diritto penale sostanziale, vol. II. Turim: UTET, 1958, p. 205-11.

253. HUNGRIA, Nélson. *Comentários ao Código Penal*, vol. I. Tomo II. 6. ed. Rio de Janeiro: Forense, 1983, p. 181-3.

254. Categoria então adotada, que, embora não seja integralmente identificável com o hodierno *erro de tipo*, dele não se afasta em relação ao aspecto aqui estudado, pelo que permanecem atuais, nesse ponto, as lições de Hungria. Para uma distinção entre os dois conceitos, cf. MOTTA, *Erro de proibição...*, p. 53-4.

255. Vida nota 85.

do país, reconhece que a questão há de ser tratada de forma diversa no Direito espanhol, entendendo que, ante a previsão do art. 14 do Código Penal de seu país, não parece descabido afirmar-se que quem não conhece porque não quer conhecer não se encontra propriamente em uma situação de erro[256] (já tratando, portanto, especificamente da ignorância *deliberada*) e, de forma geral, que tal dispositivo da Lei espanhola não traz qualquer impedimento para se diferenciarem ignorância e erro.[257]

No mesmo sentido, para David Felip i Saborit, o conceito de erro pressuporia um mínimo interesse em conhecer, expressado externamente na comissão do fato, entendendo o autor que quem não sabe por carecer de qualquer interesse em conhecer, seja por rejeição, indiferença ou intencional falta de aquisição do conhecimento, não incorreria em erro.[258]

Trata-se, como dito, de doutrina minoritária, possivelmente desestimulada pelo estado da arte na Alemanha, na medida em que, no país de maior influência no Direito Penal continental, a Lei impõe a adoção da teoria unificadora, somente sendo possível uma defesa da diferenciadora a título *de lege ferenda*.

O problema está em se deixar colonizar pela doutrina alemã e replicar suas proposições em ordenamentos jurídicos diferentes, como o brasileiro e o espanhol, em que a previsão normativa é outra: nestes, a Lei não estatui que o dolo se afasta ante o *desconhecimento*, mas, sim, ante o *erro* quanto a uma elementar típica.[259]

256. RAGUÉS i VALLÈS, Ramon. *El dolo y su prueba en el proceso penal.* Barcelona: Jose Maria Bosch Editor, 1999, p. 440.

257. *Id. La ignorancia deliberada...*, p. 198.

258. FELIP i SABORIT, *Error iuris...*, p. 263.

259. A influência do Direito alemão, às vezes, se faz tão forte, que se chega ao ponto de afirmar, na doutrina nacional, que o art. 20 do CP regula o erro de tipo de *forma idêntica* ao que faz o §16 do Código Penal alemão (GLEIZER, Orlandino. Aproximações ao direito brasileiro – § 8. Teoria do erro. In: HILGENDORF, Eric; VALERIUS, Brian. *Direito penal*: parte geral. Trad. Orlandino Gleizer. São Paulo: Marcial Pons, 2019, p. 223); que a conceituação legal de erro de tipo no Código Penal brasileiro "guarda muita semelhança com a do Código Penal alemão, que lhe teria servido de modelo" (GOMES, *Erro de tipo...*, p. 117); ou, ainda, que o §16 do Código Penal alemão é "o dispositivo equivalente ao nosso art. 20" (GRECO, Algumas observações..., p. XVI). Enfrenta-se, aqui, alguma dificuldade em se encontrar a *identidade*, a

Destarte, pesquisas que se dispuserem a propugnar uma equiparação entre erro e ignorância no Direito brasileiro ou no espanhol não podem deixar de fundamentar a postura e, simplesmente, tomar a questão como óbvia e incontroversa, como fazem os textos alemães, dada a inegável distinção entre as correspondentes previsões legais.

O que aqui se critica não é, de forma alguma, a adoção de posicionamento diverso do que à frente se defenderá, o que é sempre bem-vindo e enriquece o debate; a crítica está, apenas, em, exatamente, nada se trazer para o debate, pondo como induvidoso algo que merece maiores reflexões.

7.3 O posicionamento adotado

Expostos os fundamentos trazidos pelas duas correntes, adota-se, aqui, a teoria diferenciadora, encampando-se seus argumentos no sentido da dessemelhança entre os estados subjetivos de erro e de ignorância não apenas a nível metafísico, filosófico ou psicológico, como entendido por parte dos defensores da teoria unificadora, mas, também, com consequências no tratamento jurídico de cada um.

O ponto de partida para o entendimento é a percepção de que, na ignorância, não há representação equivocada da realidade, ou seja, o agente não pensa estar ocorrendo algo que, em verdade, não está, ou vice-versa, e isso parece estar claro, mesmo para a teoria unificadora.

Assim, na situação de ignorância, diga-se, *propriamente dita*,[260] não é que o sujeito pense existir algo inexistente ou pense inexistir algo existente, agindo (ou se omitindo) de acordo com essa representação defeituosa; em verdade, ele age (ou se omite) às cegas, sem qualquer representação subjetiva da realidade, em qualquer sentido. Não há, portanto, *defeito*, mas *falta* de representação.

Por outro lado, no estado de erro, não se verifica esse vazio mental, mas a presença de uma representação pela qual se orienta a

grande semelhança ou a *equivalência* entre as duas previsões. Se é que a Lei alemã serviu de modelo à brasileira, parece, então, que a cópia foi malfeita, resultando em algo distinto.

260. Nas lições de Frosali, *ignorância pura, sem erro* (FROSALI, *Sistema penale italiano...*, p. 209).

conduta do agente, representação esta que não coincide com a realidade.

A ignorância, portanto, é um estado negativo, é a *não representação* subjetiva de alguma realidade. Erro, por outro lado, é um estado positivo, é a *presença de representação* de um fato, diferenciando-se do conhecimento real no que tange à correspondência ou não entre tal representação e a realidade.

Daí a correta afirmativa de Carnelutti[261] no sentido de que, entre a ignorância e a realidade, há uma diferença *quantitativa*: não há, na mente do sujeito ignorante, nada conflitante com a realidade, nada de natureza diversa desta; em verdade, apenas lhe falta a representação, sem, porém, nada de diverso ocupar seu lugar.

Já entre o erro e a realidade, há uma diferença *qualitativa*: há, na mente do sujeito em erro, algo que discrepa da realidade, algo inconciliável com esta. A correta representação da realidade está ausente, certamente, porém não por uma pura e simples falta (aspecto quantitativo), mas por haver, em seu lugar, algo diverso, uma outra representação (aspecto qualitativo).

Seguindo essa linha, vê-se que, em última análise, a ignorância está mais próxima do conhecimento real do que o erro. Afinal, para se sair da ignorância e se atingir o conhecimento real, basta preencher o vazio, indo atrás do conhecimento (desde que este seja possível, por óbvio); a diferença entre os dois é quantitativa. Diversamente, para se sair do erro e se atingir o conhecimento real, o caminho intelectivo é mais extenso, sendo necessária uma alteração qualitativa do aspecto subjetivo do indivíduo, abandonando-se a representação até então formulada, reconhecendo-se o equívoco e, somente então, passando-se ao perfeito conhecimento. Não basta preencher um vazio: antes disso, deve-se desconstruir a imagem equivocadamente construída.[262]

Daí a brilhante frase de autoria controvertida, ora atribuída a Stephen Hawking, que teria dito que *a maior inimiga do conhecimento não é a ignorância, é a ilusão de conhecimento*, ora atribuída

261. Vide nota 243.

262. VARELA, Lorena. *Norma e imputación en el conocimiento del tipo*. 2015. 803 f. Tese (Doutorado em Direito) – Universitat Pompeu Fabra, Barcelona, 2015, p. 161.

a Daniel J. Boorstin, que teria dito que *o maior obstáculo para a descoberta não é a ignorância, é a ilusão de conhecimento.*[263]

Sem se ater aqui à autoria, mas à ideia, é isso que se busca demonstrar: a *ilusão de conhecimento* (ou seja, o *erro*), esta sim, gera um obstáculo ao conhecimento e afasta o sujeito da realidade; a ignorância pura, não. O erro desincentiva a pesquisa pela verdade, pois, se se está seguro de já conhecer, não há mais o que se buscar saber; a ignorância, por outro lado, incentiva a pesquisa, pelo menos para a pessoa que não *queira* nela permanecer.

Não se desconhece que, em muitos casos, a diferença entre os dois estados é tênue, o que pode explicar a não rara formulação de exemplos concretos, pela doutrina, que não se mostram acertados, conforme aqui já se apontou, pondo-se como casos de ignorância situações que, a rigor, encerram erro, não ignorância.

Assim, a pessoa que atira em direção a um arbusto, em uma simples aula de pontaria, e acaba matando alguém que estava escondido atrás do vegetal, não está em ignorância quanto ao fato de haver alguém ali e à conduta de matar alguém: está em verdadeiro erro, pois representa o cenário fático como, simplesmente, um arbusto à sua frente, e representa sua conduta como, simplesmente, um disparo de arma em direção a um arbusto, errando (não ignorando), portanto, ao, em verdade, praticar a conduta de efetuar um disparo em direção a alguém.

A diferença pode ser tênue, mas é inegável.

O indivíduo que está lendo um livro em seu quarto, no Brasil, está em ignorância quanto ao fato de que, naquele dia, a Bolsa de Valores de Nova York opera em forte queda. Ele não possui qualquer representação subjetiva quanto a tal fato, não faz a menor ideia do que ocorre no mercado de capitais naquele dia. Não está, portanto, em erro: não representa o cenário fático como um dia de operações

263. "The greatest enemy of knowledge is not ignorance, it is the illusion of knowledge"; "The greatest obstacle to discovery is not ignorance – it is the illusion of knowledge". O jornal *The New York Times* atribui a primeira frase, de fato, a Stephen Hawking (<https://www.nytimes.com/2018/03/14/world/europe/stephen-hawking-quotes.html≥. Acesso em: 21/02/2019). Uma rápida investigação quanto à autoria pode ser encontrada em: <https://quoteinvestigator.com/2016/07/20/knowledge/≥. Acesso em: 21/02/2019.

em alta na bolsa, enquanto, em verdade, há uma vertiginosa queda. Ele não representa nada quanto a isso e, portanto, admite tudo como possível: é possível que as operações estejam em forte alta, em alta moderada, estáveis, em queda moderada, em forte queda ou, ainda, que, por qualquer motivo, a Bolsa nem mesmo esteja em funcionamento naquele dia.[264]

A situação é absolutamente distinta daquela do agente de segurança que, trabalhando na sede da transportadora de valores, monitora o interior de um carro-forte a serviço da empresa em outra cidade por meio de uma câmera de segurança instalada no veículo e, com base nas imagens que vê, representa o cenário fático como sendo de absoluta normalidade, com os empregados da empresa e os malotes de dinheiro seguindo em direção ao destino programado, quando, em verdade, aquilo a que assiste é uma encenação, inserida na rede de transmissão de imagens por um grupo criminoso que, enquanto as falsas imagens são transmitidas à sede da empresa, está a roubar os valores, mantendo os empregados com as mãos atadas e as bocas vedadas dentro do carro-forte.

Nesse caso, o agente possui uma representação subjetiva dos fatos, a qual, porém, não corresponde à realidade: ele está em erro, e, como tal, não admite como possível (obviamente dentro dos limites da razoabilidade) nada diferente do que representa (até mesmo porque a dúvida afasta o erro, como se verá à frente). Para ele, o que está acontecendo no carro-forte é o que as câmeras estão lhe transmitindo, com certeza.

A ignorância implica a aceitação de qualquer possibilidade de realidade; já o erro, não. O ignorante admite a possibilidade de a realidade possuir múltiplas formas e se apresentar de diferentes maneiras. Quem está em erro, não: para ele, a realidade é, firmemente, aquela que representa, e nenhuma outra (daí, como já dito, Frosali falar em

264. Pelas lições de São Tomás de Aquino, essa situação configuraria hipótese de nesciência, não de ignorância. Para ele, aquela é a simples negação da ciência; esta, a ausência da ciência sobre coisas que naturalmente se deveria saber, dentre as quais há as que se é obrigado a saber, sob pena de não se poder fazer corretamente o que é devido. Neste último grupo, São Tomás inclui, quanto ao âmbito particular de cada um, o que diz respeito ao seu estado e sua função (AQUINO, Tomás de. *Suma teológica*. Vol IV. São Paulo: Edições Loyola, 2005, p. 373).

uma *persuasão* e Hungria em uma *certeza subjetiva*, ambas dissonantes da realidade – efeito absolutamente inexistente no estado de ignorância).

Além dessa substancial diferença entre o erro e a ignorância, outra, igualmente importante, também não pode passar despercebida: o erro é, por essência, inconsciente e involuntário,[265] e desvanece-se já ante a consciência da mera possibilidade de sua existência; a ignorância, por sua vez, pode ser plenamente consciente e, ainda mais do que isso, *deliberada*.

Voltando aos exemplos, o leitor que está tranquilamente em seu quarto tem consciência da sua ignorância quanto ao estado das operações na Bolsa de Valores de Nova York.[266] Já o agente de segurança nem sequer desconfia do seu erro, tem a *certeza subjetiva*, nos dizeres de Hungria, de que a realidade é tal como por ele representada.

Sendo inconsciente, o erro jamais pode ser fruto da vontade do agente ou de qualquer tipo de decisão sua, seja para entrar no estado de erro, seja para dele sair: por não saber, nem mesmo desconfiar que está em erro, o agente não pode querer, não pode decidir obter o conhecimento acertado. O erro não é, portanto, obra pessoal do indivíduo, vez que foge por completo ao seu controle. Não há vínculo subjetivo entre a pessoa que está em erro e o fato; ambos estão *qualitativamente* apartados.

Já a ignorância (obviamente que quanto a fato possível de ser conhecido), sendo consciente, é, por corolário, voluntária: o sujeito que está em ignorância quanto a um fato (possível de ser conhecido) pode sair desse estado e formular uma representação da realidade, ainda que equivocada, bastando que vá atrás desse conhecimento.

265. Assis Toledo pontua que não se pode estar *voluntariamente* em erro (TOLEDO, *O Erro...*, p. 3).

266. Obviamente, essa consciência pode não ser refletida ou objeto dos pensamentos do sujeito, ou seja, não se trata de alguém que lê um livro, enquanto pensa: "não sei como estão as operações na bolsa de valores hoje" (o que seria realmente estranho). O que se quer sublinhar com esse exemplo é apenas que essa pessoa não tem uma visão equivocada da realidade, ela não está lendo um livro com a *certeza subjetiva* de que as operações financeiras estão de uma forma, enquanto, na verdade, estão de outra.

A ignorância do leitor do exemplo quanto à situação da Bolsa de Valores é absolutamente voluntária, estando nas mãos dele sair desse estado e, por exemplo, fazer uma rápida pesquisa na internet e, então, formular uma representação quanto ao fato, atingindo, assim, ou o conhecimento real, se a representação se basear em informações verídicas, ou um eventual erro, se sua representação se lastrear em dados falsos, que o levem a ter uma certeza dissonante da realidade.

A involuntariedade do erro e a voluntariedade da ignorância refletem-se de forma direta nas consequências do que advier de cada estado. Afinal, o que é involuntário não pode gerar o voluntário; o que é voluntário não pode gerar o involuntário.

São Tomás de Aquino, conforme já aludido no Capítulo 4, pontuava que a ignorância, em regra, é causa do involuntário, na medida em que priva o agente do conhecimento exigido para o voluntário. Excepcionalmente, contudo, a *ignorantia affectata* (buscada pelo ato da vontade para, por exemplo, se livrar de uma acusação) e a ignorância voluntária quanto àquilo que se pode e se deve considerar não geram o involuntário, por serem, em si mesmas, voluntárias.[267]

Por todos esses aspectos, parece ser certo que erro e ignorância são dois conceitos distintos, inexistindo relação de sinonímia entre eles, mas, apenas, de conexão. Para Frosali, as duas noções poderiam ser representadas como dois círculos concêntricos, dos quais o erro teria um raio menor.[268] A representação gráfica não parece ser adequada, pois pode passar a imagem de que o erro estaria integralmente inserido na ignorância e não possuiria qualquer característica que esta também não apresentasse, o que não é correto. O que a metáfora quer ilustrar, na verdade, é que *erro* e *ignorância* compartilham de uma mesma base comum: o desconhecimento. A diferença está em que a ignorância é o puro e simples desconhecimento, ao passo que o erro é o estado subjetivo obtido a partir da soma àquela base comum de outro elemento: a falsa representação da realidade.

E isso em qualquer campo do conhecimento humano e científico, sem exclusão do Direito, pelo que se discorda, neste trabalho, das

267. AQUINO, *Suma teológica*, vol. III, p. 132-3.
268. FROSALI, *Sistema penale italiano...*, p. 209.

afirmativas de que erro e ignorância *são* a mesma coisa e, também, de que são a mesma coisa *para o Direito*.

Quando alguns dos textos proponentes da teoria unificadora, aqui analisados, sustentam que ambas as figuras, ainda que diferentes em si, são uma e só coisa *para o Direito*, cometem uma impropriedade de compreensão do fenômeno da regra jurídica.

O Direito trabalha no nível do *dever ser*, imputando consequências normativas aos fatos do mundo natural, verificados no nível do *ser*; o Direito não tem, de forma alguma, o poder ou a capacidade de alterar o *ser*, no máximo, pode ele imputar as mesmas consequências normativas a dois *seres* diferentes, igualando, assim, apenas seus efeitos jurídicos, mas não *os* igualando em si.

Se $A \neq B$, o máximo que o Direito consegue fazer é estabelecer que tanto A, quanto B, *devam ser* C; jamais consegue alterar a realidade, no sentido de transformar um $A \neq B$ em um $A = B$.

Assim, a rigor, o que é possível à teoria unificadora propugnar é, no máximo, uma igualdade de *efeitos* jurídicos entre os dois seres, mas não uma suposta igualdade dos *seres* para o Direito, pois este não pode passar por cima da realidade e estatuir que *são* iguais duas coisas que *são* diferentes.

Nesse sentido, o que o Código Penal argentino faz nessa matéria é adotar uma teoria unificadora metodologicamente correta: reconhece tratar-se de duas coisas distintas (pois, repita-se, se a Lei não contém palavras inúteis e a Lei argentina traz os termos *erro* e *ignorância*, a inferência é de que são ali tidos, de fato, como dois conceitos não ligados entre si por relação de sinonímia), porém lhes confere a mesma consequência normativa.

Atribuir ao erro e à ignorância os mesmos efeitos jurídico-penais é uma escolha de política criminal, encerrando uma decisão acerca de como os dois estados de *ser* hão de ser tratados pelo Direito Penal.

Ocorre que o mesmo não faz o Código Penal brasileiro, o qual, repita-se, refere-se, apenas, ao *erro* como causa de exclusão do dolo, no art. 20.

A corroborar a afirmação de que, pela redação do Código Penal brasileiro, *erro* não se identifica com *ignorância*, basta analisar-se o § 1.º do próprio art. 20, o qual, ao tratar do erro sobre discriminantes putativas, dispõe que "é isento de pena quem, por erro plenamente justificado pelas circunstâncias, supõe situação de fato que, se existisse, tornaria a ação legítima (...)".

Vê-se, portanto, que o art. 20 do CP, em si mesmo, já deixa absolutamente claro que, para o Direito brasileiro, *erro* é a *suposição de fato inexistente*, ou seja, a *representação equivocada da realidade* com base na qual o sujeito age (enganado, portanto); não é, seguramente, a simples ausência de representação.

Nesse sentido, Frederico Horta, ao analisar o dispositivo legal em questão, pontua que "ao atuar, o agente que supõe uma descriminante putativa revela uma decisão subjetiva que, considerados os seus pressupostos imaginários, não é objetivamente injusta".[269] É dizer, o que explica, em um caso tal, a não imputação subjetiva (em que pese a conformação da tipicidade objetiva da conduta), é a presença, no âmbito subjetivo do agente, de uma representação que o leva a entender, de forma plenamente justificada (conforme dicção legal), pela ocorrência de fato que legitimaria sua ação.

Dado que, pela teoria limitada da culpabilidade,[270] tida pela doutrina majoritária como sendo a adotada pela Lei brasileira no dispositivo legal aqui referido,[271] o erro sobre *pressupostos fáticos de uma causa de justificação* tem, para todos os fins, a mesma natureza e o mesmo efeito que o erro sobre *elementos constitutivos do tipo legal*,[272] soa coerente a adoção do mesmo entendimento quanto aos dois, parecendo paradoxal a adoção da teoria unificadora entre ignorância e erro para o *caput* e, simultaneamente, da diferenciadora para o § 1.º, ambos do art. 20 do CP.

Portanto, eis aqui o problema: uma vez assentada a premissa de que, no plano do *ser*, erro e ignorância são distintos, pode-se até admitir que a Lei lhes atribua as mesmas consequências jurídicas (lhes assinale o mesmo *dever ser*), como se dá na Argentina, mas não que a Lei os iguale a nível de *ser*, estabelecendo uma (inexistente)

269. HORTA, Da limitada teoria estrita da culpabilidade..., acesso digital.

270. Vide referências listadas na nota 190.

271. BRODT, *Da consciência da ilicitude...*, p. 98-119; HORTA, Da limitada teoria estrita da culpabilidade..., p. 15-39.

272. Uma análise crítica sobre essa equiparação pode ser encontrada em MOTTA, *Erro de proibição...*, p. 82-93.

relação de sinonímia de modo a, ao mencionar *erro*, se referir, em verdade, tanto a *erro*, quanto a *ignorância*, conforme propugna a teoria unificadora na doutrina brasileira.

Uma saída, em tese, possível, seria não o simplismo trazido pela doutrina aqui analisada, de dizer, *tout court*, que o vocábulo *erro* do *caput* do art. 20 do CP engloba também a ignorância, mas, sim, a fundamentação de uma hermenêutica analógica *in bonam partem* ou, talvez, apenas uma interpretação extensiva, propondo-se que o dispositivo legal, aplicável, por sua literalidade, ao erro, seja analógica ou extensivamente aplicado, também, à ignorância.

Não se encontra, em qualquer das obras aqui referidas, tal esforço hermenêutico, tendo a questão sempre sido um pouco relegada, minimizando-se a discussão mediante a inclusão, infundada, da ignorância no conceito legal de erro, ainda que se reconhecendo serem, na realidade, coisas distintas, o que não parece ser o melhor caminho.

A analogia e a interpretação extensiva se diferenciam, sucintamente, na medida em que a primeira se dá *extra legem*, diante de lacuna legal, permitindo a transferência da "solução prevista para um determinado caso a outro não regulado expressamente pelo ordenamento jurídico, mas que compartilha com o primeiro certos caracteres essenciais ou a mesma ou suficiente razão",[273] ao passo que a segunda se dá *intra legem*, em casos de hipóteses concretas que, não estando previstas na literalidade do texto legal, o estão no seu *espírito*, pelo que, em face da insuficiência verbal da Lei, amplia-se a significação das palavras para se alcançar a *mens legis*.[274]

Para a aplicação de qualquer das duas, entretanto, é necessário se estabelecer uma similitude de fundo entre a hipótese de aplicação literal da Lei e aquela não regulada pelo ordenamento, no caso da analogia, ou aquela abarcada pela *mens legis*, mas não pela textualidade legal, no caso da interpretação extensiva (gênero do qual a interpretação analógica seria uma espécie[275]), reconhecendo-se que

273. PRADO, Luiz Regis. Argumento analógico em matéria penal. *Doutrinas Essenciais de Direito Penal Econômico e da Empresa*, vol. 1, 2011, acesso digital.

274. *Ibid.*, acesso digital.

275. *Ibid.*, acesso digital.

os fundamentos jurídicos do tratamento legal da primeira, extraídos das qualidades do *ser* e da principiologia orientadora do ordenamento jurídico em questão, são juridicamente aplicáveis, também, às segundas. Para tanto, necessário haver, entre os dois *seres*, uma similitude ontológica que justifique a construção de uma identidade deontológica (sendo A ≈ B, tanto A, quanto B, *devem ser* C).

É o que preveem duas antigas regras de hermenêutica jurídica, segundo as quais *onde houver o mesmo fundamento, haverá o mesmo direito* (*ubi eadem ratio ibi idem jus*) e *onde há a mesma razão de ser, deve prevalecer a mesma razão de decidir* (*ubi eadem legis ratio ibi eadem dispositio*).

Nesse sentido, passa-se, na seção seguinte, à análise da figura do erro de tipo no Direito brasileiro, buscando-se identificar a *ratio* do afastamento do dolo nas situações de *erro sobre elemento constitutivo do tipo legal de crime* e, em seguida, analisar se tal racionalidade seria aplicável, também, às hipóteses de ignorância.

7.4 O erro de tipo no Direito Penal brasileiro

Analisando, primeiramente, o *ser* (erro quanto a elemento constitutivo do tipo) ao qual a norma atribuiu o *dever ser* (afastamento do dolo), reitere-se que o erro encerra um engano sobre a realidade, uma representação malformada dos fatos, que não corresponde adequadamente a estes. É, portanto, a representação, pelo agente, de circunstância fática inexistente, havendo, assim, incongruência (a diferença *qualitativa* de que falava Carnelutti) entre a representação subjetiva e a realidade.

O sujeito que age (ação no sentido *lato*, compreendendo ação *stricto sensu* e omissão) em erro quanto a elemento constitutivo do tipo, portanto, não sabe o que faz, pois pensa estar fazendo algo diverso. Essa pessoa é verdadeira *vítima* de sua própria representação defeituosa da realidade, pois se orienta por essa representação, enganada, portanto.

É o caso, por exemplo, do agente que tem conjunção carnal ou pratica outro ato libidinoso com menor de 14 (quatorze) anos de idade (art. 217-A do CP), certo de se tratar de alguém maior dessa idade, ou, também, do agente que transporta um recipiente contendo cocaína (art. 33 da Lei 11.343/2006), certo de se tratar de bicarbonato de sódio.

No erro, há sempre uma representação deformada de algum elemento objetivo do tipo penal que impede o agente de compreender adequadamente o sentido social de sua conduta, na medida em que pensa (e se guia por este pensamento) estar praticando, muitas das vezes, algo inexpressivo, indiferente para o Direito Penal, quando, em verdade, pratica conduta objetivamente típica, perigosa ou lesiva a bem jurídico penalmente tutelado.

Se se está diante de conduta perigosa ou lesiva a bem jurídico penal, que atende a todos os requisitos do respectivo tipo objetivo, há de se encontrar uma fundamentação adequada para a não imposição da pena correspondente ao crime doloso e para a imposição, quando muito, daquela correspondente à modalidade culposa (invariavelmente muitíssimo mais branda), acaso tipificada e decorrente o erro de culpa.

Em termos concretos, o agente que pratica ato libidinoso com menor de 14 (quatorze) anos de idade lesa o bem jurídico tutelado da mesma forma, com a mesma intensidade, faça-o ciente da real idade da vítima ou em erro quanto ao aspecto, pensando tratar-se de alguém com mais de 14 (quatorze) anos; objetivamente, do ponto de vista do titular do bem jurídico ou de um terceiro observador, membro da sociedade, a conduta, nas duas hipóteses, é rigorosamente a mesma.

Apesar disso, o Direito confere uma enorme importância ao dolo, impondo, nesse caso, uma severa pena de 8 (oito) a 15 (quinze) anos de reclusão por crime hediondo ao primeiro agente e garantindo a impunidade, a não incidência da Lei penal, ao segundo (ante a ausência de tipificação da modalidade culposa do crime), em que pese, repita-se, o fato de, objetiva e externamente, ambos praticarem o mesmo ato.

A fundamentação dessa brutal diferença de tratamento penal a situações objetivamente iguais há, necessariamente, de levar em conta o *descontrole* em que age o sujeito em erro, de um lado, contraposto ao *domínio* que tem o agente que age mediante correta representação da realidade, de outro.

A pessoa que conhece a realidade que a circunda e sabe o que faz ou deixa de fazer possui domínio sobre sua conduta comissiva ou omissiva, ou seja, pode guiá-la de modo consciente, sendo senhora do seu proceder. Assim, ciente de se tratar de pessoa menor de 14 (quatorze) anos de idade, o sujeito pode decidir, de maneira informada, se pratica ato libidinoso com menor de 14 (quatorze) anos de idade ou não.[276]

O agente que, nessas condições, decide pela agressão ao bem jurídico, ou seja, decide pela prática da conduta prevista pelo tipo penal, manifesta, por meio de sua conduta, um distanciamento da norma jurídico-penal e um repúdio à sua validade,[277] de modo que esta deve responder de modo proporcional, reafirmando-se.

Nisso consistiria, para aqueles que a admitem (não sendo escopo deste trabalho adentrar em tão polêmico tema, que foge ao objeto delimitado da pesquisa), a função preventiva geral positiva da pena, nos casos dolosos: a reafirmação da norma violada, mediante imposição de sanção à conduta que nega sua validade.[278]

Ademais, ao assim se comportar, o agente comunica aos demais membros da sociedade seu discurso contrário à validade da norma,[279] de modo que deve haver a punição, como forma de incutir nos desti-

276. GRECO, Luís. Dolo sem vontade. In: SILVA DIAS *et alii* (Org.). *Liber Amicorum de José de Sousa e Brito*. Coimbra: Almedina, 2009, p. 891-2.

277. VARELA, *Norma e imputación...*, p. 308-9.

278. FERRARI, Eduardo Reale. *Medidas de segurança e Direito Penal no Estado Democrático de Direito*. São Paulo: RT, 2001, p. 50-1. Roxin identifica três efeitos distintos dentro da finalidade preventiva geral positiva da pena: "En realidad, en la prevención general positiva se pueden distinguir a su vez tres fines y efectos distintos, si bien imbricados entre sí: el efecto de aprendizaje, motivado socialpedagógicamente; el 'ejercicio en la confianza del Derecho' que se origina en la población por la actividad de la justicia penal; el efecto de confianza que surge cuando el ciudadano ve que el Derecho se aplica; y, finalmente, el efecto de pacificación, que se produce cuando la conciencia jurídica general se tranquiliza, en virtud de la sanción, sobre el quebrantamiento de la ley y considera solucionado el conflicto con el autor" (ROXIN, *Derecho Penal...*, p. 91-2). Críticas à teoria da prevenção geral positiva em TEIXEIRA, Adriano. *Teoria da aplicação da pena*: fundamentos de uma determinação judicial da pena proporcional ao fato. São Paulo: Marcial Pons, 2015, p. 86-8.

279. Analisando a diferença entre o dolo e a culpa também por esse viés, Jakobs pontua que "los hechos imprudentes afectan a la validez de la norma menos que los hechos dolosos, ya que la imprudencia pone de manifiesto la incompetencia del autor para el manejo de sus *propios* asuntos" (destaque no original) (JAKOBS, *Derecho penal...*, p. 312).

natários da norma um temor pela sua inobservância, associando-se a pena ao descumprimento do preceito normativo.

Configurada, assim, a função preventiva geral negativa da pena:[280] prevenir novas condutas transgressoras, mediante temor, dentre os destinatários da norma, pelo seu descumprimento, dada a consequência aflitiva a ele associada.[281]

Além desse viés preventivo geral, o agente que toma tal decisão, nessas circunstâncias, ao manifestar aversão à norma, legitima a previsão de que, caso nada seja feito em defesa desta, renitirá na prática. Afinal, se, mesmo ciente da realidade fática, decidiu o sujeito pela prática da conduta típica, certamente o fez por considerar a conduta, de qualquer modo, como vantajosa para si. Assim, esse sujeito indica reconhecer algum proveito que a conduta lhe traz, de modo que é cabível prever-se que, se o fez uma vez, possivelmente o fará novamente, dadas as mesmas circunstâncias. Daí ser necessária, nesse caso, a imposição de pena, de modo que a punição sirva de desestímulo à reiteração da prática delitiva, efetivando-se a prevenção também quanto ao específico agente submetido à sanção.[282]

280. DEMETRIO CRESPO, Eduardo. *Prevención general e individualización judicial de la pena.* Salamanca: Ediciones Universidad de Salamanca, 1999, p. 100-9. O autor assim sintetiza os vieses positivo e negativo da prevenção geral: "Se puede decir con carácter general que la prevención general positiva difiere de la negativa en que mientras que ésta explica la relación pena-inhibición de delitos de una forma lineal según el esquema estímulo-respuesta, aquélla alude a conceptos como 'incidencia en la conciencia jurídica', o 'activación de mecanismos de autocontrol valorativos'. En segundo lugar, la prevención general positiva toma en cuenta aspectos no advertidos por la negativa como la pacificación del sentimiento jurídico o la defensa del ordenamiento jurídico. Por último se diferencian respecto al destinatario porque la prevención general negativa dirige su intimidación a la colectividad en cuanto delincuentes potenciales, y la positiva se proyecta sobre la comunidad social" (*Ibid.*, p. 112-3).

281. FERRARI, *Medidas de segurança...*, p. 49-50. Contundentes críticas à função preventiva geral negativa em STRATENWERTH, *Derecho Penal...*, p. 34-6, para quem a teoria, embora ainda desempenhe um papel relevante na opinião pública e, provavelmente, na jurisprudência, em matéria de dosimetria de penas, já perdeu todo o crédito da ciência. Em sentido oposto, reconhecendo-lhe validade, TEIXEIRA, *Teoria da aplicação da pena...*, p. 88-9.

282. Não se fala, aqui, em prevenção especial, por não se reconhecer sua validade já a nível teórico e, com muito mais razão, a nível prático, beirando a alienação falar-se em ressocialização ou reeducação do submetido ao sistema

Vê-se, portanto, que, no caso de condutas objetivamente típicas sobre as quais o sujeito detém domínio, podendo direcioná-las, encontra lugar a função preventiva da pena em todas as suas facetas (nos moldes em que reconhecidas por seus respectivos defensores, valendo frisar que não constitui objetivo deste trabalho tomar posição em relação às diferentes teorias da pena, tema complexo que reclamaria uma pesquisa inteiramente dedicada a si), além, por certo, da função retributiva, pelo que a sanção penal se mostra fundamentadamente justificada.

Em verdade, a própria noção de prevenção está intimamente ligada à de domínio: o sujeito pode deixar de fazer apenas o que ele domina, sendo o indominável (o incontrolável) dificilmente passível de prevenção, de decisão no sentido da sua evitação (como prevenir o que nem mesmo se controla?).

Greco parece, até aí, concordar, ao pontuar que "condutas (...) dominadas são (...) mais passíveis de virem a ser repensadas e abandonadas pelos agentes que estão a ponto de as praticar. A existência de um domínio sobre a realização do fato gera, portanto, *maior necessidade de prevenção*".[283]

Absolutamente distinta é a situação do sujeito que age em verdadeiro descontrole da situação fática, visto que aquele que faz um juízo equivocado da realidade não possui controle sobre seu comportamento e sobre o potencial lesivo deste, pois não é capaz de direcioná-lo; como já dito, é verdadeira *vítima* de seu equívoco.

Assim, o agente que nem mesmo considera a possibilidade de estar diante de alguém menor de 14 (quatorze) anos de idade, pois tem a *certeza subjetiva* de se tratar de alguém maior dessa idade, não pode direcionar seu comportamento, de modo informado, no sentido da prática de ato libidinoso com menor de 14 (quatorze) anos de idade ou não, é dizer, não pode decidir, de forma livre, pela prática ou pela

prisional brasileiro. Criticando a teoria, cf. ROXIN, *Derecho Penal*..., p. 88-9; DEMETRIO CRESPO, *Prevención general*..., p. 64-5; TEIXEIRA, *Teoria da aplicação da pena*..., p. 49-50, 85-6.

283. GRECO, Dolo sem vontade, p. 892. Destaque no original.

abstenção dessa conduta, já que ela se lhe afigura impossível – para ele, aquela não é uma pessoa menor de 14 (quatorze) anos de idade.[284]

É possível dizer que, nos casos de erro quanto a elemento constitutivo do tipo, o crime que objetivamente se verifica é, para o agente, subjetivamente, um verdadeiro crime impossível por absoluta impropriedade do objeto: para o agente que tem a *certeza subjetiva* de estar praticando ato libidinoso com alguém maior de 14 (quatorze) anos de idade, afigura-se impossível estar, naquele mesmo momento, praticando ato libidinoso com menor dessa idade.

Daí falar-se, com acerto, que o erro quanto a elemento constitutivo do tipo é o inverso da tentativa inidônea (ou que esta é um *erro inverso de tipo*[285]): nesta, a conduta, do ponto de vista objetivo, não atende aos requisitos do tipo penal suposto pelo agente, tratando-se, materialmente, de crime impossível, não obstante o agente ter a *certeza subjetiva* de estar a cometer uma conduta que, tal como representada, atende a tais requisitos.

Falta-lhe, portanto, a tipicidade objetiva, o que já implica, por si só, a irrelevância penal do fato, independentemente de qualquer

284. Interessante mencionar que, em regra, no *common law*, o crime correspondente ao estupro de vulnerável do Direito brasileiro é um exemplo de *impure strict liability crime*, em que se exige do agente *state of mind* (*mens rea*) apenas quanto a alguns elementos do crime (no caso, a prática de ato libidinoso), remanescendo os demais (no caso, a idade da vítima) sob a responsabilidade penal objetiva (*strict liability*) (VARELA, Strict-Liability..., p. 3-6). É dizer, "(...) a mistake as to the age of a female is not a defense to the crime of statutory rape. It has been followed even though the defendant had a reasonable belief, had exercised care to find out her age, or had been told by the female that she was over age. This rule is an exception to the general defense of mistake of fact, which states that if the defendant believed there existed certain facts, which had they been true would have rendered the action lawful, then he was not guilty because he was incapable of entertaining the intent necessary to constitute the crime" (BUMGARDNER III, Rudolph. Mistake of age as a defense to statutory rape. *Washington and Lee Law Review*, vol. 22, n. 1, 1965, p. 119-20). Para uma análise crítica da jurisprudência dos EUA quanto à questão, defendendo a admissibilidade da *mistake of fact defense*, cf. *Ibid.*, p. 119-26, e, em maior profundidade, trazendo precedentes mais recentes e apresentando o tratamento da matéria em cada Estado do País, com base em extenso levantamento jurisprudencial, cf. CARPENTER, Catherine L. On statutory rape, strict liability, and the public welfare offense model. *American University Law Review*, vol. 53, n. 2, 2003, p. 313-391.

285. DÍAZ y GARCÍA CONLLEDO, *El error...*, p. 181-2.

consideração acerca do aspecto subjetivo da conduta. Afinal, o Direito brasileiro não pune a tentativa inidônea, conferindo caráter de absoluta prejudicialidade à tipicidade objetiva sobre a subjetiva, é dizer, ausente a primeira, não se chega, nem mesmo, ao exame da segunda, na teoria analítica do delito.[286]

Em ambos os casos de impossibilidade (real ou representada) de produção de um resultado penalmente típico (erro quanto a elemento constitutivo do tipo – possibilidade real e impossibilidade representada; tentativa inidônea – impossibilidade real e possibilidade representada), percebe-se uma incongruência entre o plano fático e o subjetivo, não correspondendo um ao outro,[287] sendo que, em ambos, o Direito afasta a possibilidade de punição a título de dolo (no caso da tentativa inidônea, afasta a punição peremptoriamente, seja a que título for, conforme dito).

O tratamento penal dispensado aos casos de erro quanto a elemento constitutivo do tipo não poderia mesmo ser diferente. Afinal, diversamente do que se dá quanto ao sujeito que age com domínio sobre sua conduta, aquele que labora em erro não comunica, com seu proceder, um distanciamento da norma jurídico-penal e um repúdio à sua validade tão intensos quanto aqueles comunicados pela conduta do sujeito que age com domínio, pelo que a resposta penal, para ser proporcional, realmente não pode ser da mesma intensidade.

Como não há, no erro quanto a elemento constitutivo do tipo, uma verdadeira decisão de agressão contra o bem jurídico, a qual acaba por ocorrer sem que o agente decida por ela, a norma penal não precisa se reafirmar com o mesmo vigor, inexistindo, assim, a função preventiva geral positiva da pena, ao menos no patamar verificado no caso inverso.

286. Pelo que, ao menos no Direito brasileiro, descabe falar-se, como faz Díaz y García Conlledo (*Ibid.*, p. 181), que na tentativa inidônea há dolo, mas não tipicidade objetiva: ausente esta, não se prossegue no exame das categorias do delito, não havendo sentido em se examinar dolo de conduta tida por objetivamente atípica (assim como não se examinam ilicitude de conduta atípica e culpabilidade de conduta lícita).

287. Analisando essa relação de desencontro entre os planos *objetivo* e *subjetivo* nas hipóteses de tentativa inidônea e erro de tipo, Arias Eibe fala, respectivamente, em *erro por excesso* e *erro por defeito* (ARIAS EIBE, *El error...*, p. 28).

No mesmo sentido, como o agente vítima de erro não comunica aos membros da sociedade um discurso de invalidade da norma, mas, apenas, um discurso de descuido, de equívoco na percepção da realidade, não se perfaz, assim, a função preventiva geral negativa da pena, não sendo necessária a associação desta a um comportamento tal, como modo de incutir temor nos destinatários da norma, já que aquela conduta, que é descuidada, acidental, incontida e descontrolada, não é o que a norma penal incriminadora visa a coibir.

Da mesma forma, como, nesses casos, a conduta objetivamente típica é fruto de um descontrole do agente, e não de uma decisão consciente no sentido de sua prática, não é possível afirmar-se que, com esse comportamento, o sujeito indica uma tendência à sua repetição, pois o fato ocorreu exatamente pelo seu descontrole sobre a situação fática, não possuindo ele, por óbvio, domínio sobre o que descontrola, de modo a poder dirigir os eventos fáticos no sentido de sua repetição.

Por esses fundamentos, justifica-se o tratamento legal dispensado às hipóteses de erro quanto a elemento constitutivo do tipo, demonstrado que está o fato de as condutas assim praticadas não reclamarem a mesma intensidade da resposta penal, sendo-lhes adequada, quando muito, a pena correspondente à modalidade culposa, se tal equívoco subjetivo advier, ele próprio, de culpa, sendo atingível o conhecimento real (erro inescusável, vencível), incidindo, sempre, a restrição de haver a modalidade culposa do respectivo crime tipificada em Lei.

Afinal, assim como a culpa, o que o erro vencível quanto a elemento constitutivo do tipo comunica é, apenas, um descuido na avaliação da realidade, um descontrole do sujeito sobre seu próprio atuar, o que se, por um lado, não se iguala, em níveis de gravidade, à conduta com domínio sobre a realidade (dolosa), por outro lado, não pode ser tido como um indiferente penal. Justifica-se, assim, sua punição na mesma intensidade que a culpa, dada a notável proximidade entre as duas figuras no que tange ao efeito comunicativo das respectivas condutas.

7.5 Dolo eventual e erro de tipo

Anote-se, por necessário ao fechamento do raciocínio, que o Direito brasileiro confere os mesmos efeitos jurídico-penais ao pleno conhecimento da situação fática e à sua mera suspeita: conforme tradicional doutrina já consolidada, aquele equivale ao dolo direto, ao passo que esta é o chamado dolo eventual, ambos, porém, submetidos aos mesmos marcos penais, sem qualquer distinção abstrata feita pelo art. 18 do CP.

A *ratio legis* é de que, havendo dúvida sobre a ocorrência das elementares típicas, ou seja, caso o agente suspeite que sua conduta possa configurar, objetivamente, um tipo penal, incumbe-lhe averiguar e se certificar do contrário antes de proceder, sob pena de, caso não o faça e a suspeita venha a se confirmar após a conduta, responder perante o Direito Penal da mesma forma como faria se efetivamente conhecesse a concorrência das elementares típicas quando da prática da conduta.

Não é dado ao agente agir na suspeita de cometer, objetivamente, uma conduta típica, lesionando ou expondo a perigo, assim, um bem jurídico-penal;[288] nessa hipótese, o Direito reconhece o mesmo desvalor da conduta verificado na hipótese de plena ciência do contexto fático, trazendo como resposta, portanto, a mesma consequência jurídica.[289]

Também não é dado ao agente agir de forma descuidada, perder o controle sobre seu atuar, gerando dano a ou expondo a perigo bem jurídico, hipóteses em que o Direito Penal há de se manifestar; entretanto, reconhecendo um menor desvalor da conduta quando comparada àquela fruto do pleno domínio do agente, o Direito reserva a essa hipótese uma resposta mais branda – a culpa.[290]

288. VARELA, *Norma e imputación...*, p. 689-90.

289. Ragués i Vallès critica tal equiparação, sustentando que, no dolo eventual, não há uma decisão contrária ou um ataque frontal ao bem jurídico, mas apenas uma indiferença em relação a ele (o agente, no dolo eventual, não atuaria *contra* o bem tutelado, mas *apesar* dele), pelo que sua distinção em relação à culpa seria meramente quantitativa, não reclamando a mesma pena do dolo direto de primeiro grau (RAGUÉS i VALLÈS, *La ignorancia deliberada...*, p. 173-82). Em sentido contrário, defendendo a equiparação entre o dolo eventual e o direto quanto ao *conteúdo de culpabilidade* de cada um, cf. JESCHECK; WEIGEND, *Tratado...*, p. 321.

290. Lembre-se que o menor vigor da resposta penal à culpa não se resume à mais esparsa tipificação penal ou às penas quantitativamente inferiores às correspondentes à conduta dolosa, manifestando-se, também, na ampla possibilidade de substituição da pena privativa de liberdade por restritivas de direitos,

O dolo eventual, inclusive, é de grande importância para a conceituação do erro quanto a elemento constitutivo do tipo que aqui se propõe, mediante fundamentação da figura não como um desconhecimento, puro e simples, da realidade fática, mas, sim, como uma representação equivocada dos fatos, fruto do descontrole do agente sobre seu próprio comportamento.

Afinal, à configuração do dolo eventual basta, conforme já aqui dito, a mera suspeita, a dúvida quanto à concorrência das elementares típicas,[291] dúvida esta que Frosali define como uma *ignorância qualificada* resultante de uma cognição ou hipótese específica que se pensa poder, com maior probabilidade que outra, estar conforme a realidade[292] (sem, porém, segurança ou *certeza subjetiva* de tal conformidade), sendo certo que o sujeito que assim agir, acabando por cometer, objetivamente, a conduta típica suspeitada, responderá perante o Direito Penal a título de dolo, não lhe aproveitando a figura do erro de tipo.[293]

independentemente do *quantum* de pena, quando, em relação a condutas dolosas, há um limite de 04 (quatro) anos para tal procedimento (art. 44, I, do CP); na possibilidade de concessão de perdão judicial em determinados casos (art. 121, § 5.º, e art. 129, § 8.º, ambos do CP, por exemplo) etc.

291. "(...) es suficiente para el conocimiento la representación de que el propio actuar conducirá *posiblemente* a la realización de un tipo. El conocimiento sólo falta por tanto cuando quien actúa no ha incluido en absoluto en su representación un elemento del tipo" (destaque no original) (ROXIN, *Derecho Penal*..., p. 458). Em sentido diverso, adotando posicionamento absolutamente minoritário, María Laura Manrique entende que "en los casos del dolo eventual el sujeto sabe exactamente aquello que hace y de hecho quiere hacer lo que está haciendo, pero entiende que de esa acción es probable que se generen determinadas consecuencias dañinas que no desea" (MANRIQUE, Ignorancia deliberada..., p. 176).

292. FROSALI, *Sistema penale italiano*..., p. 212. Cf., também, LEITE, *Dúvida e erro*..., p. 2.

293. "A dúvida também afasta-se do erro, porque a perplexidade ou incerteza entre as várias previsões que a caracterizam é incompatível com a formação de um convencimento em contraste com a realidade, que é da essência do erro. Ademais, ao contrário do que ocorre com o erro, a dúvida, enquanto tal, não vicia a vontade. Se o conflito de imagens é resolvido e o sujeito adquire o convencimento de estar na verdade, não estará mais em dúvida, embora possa incidir em erro; se não adquire tal persuasão, permanece em dúvida, não em erro e agindo nesta situação psicológica, terá querido voluntariamente, ou por culpa, o próprio comportamento" (MUNHOZ NETTO, *A ignorância da antijuridicidade*..., p. 4).

Disso se extrai que o Direito admite a aplicação de pena referente ao dolo a casos de ausência de conhecimento *pleno* dos fatos. Em outros termos, o conhecimento/desconhecimento fático não pode ser o elemento diferenciador entre o dolo e o erro de tipo, já que o dolo eventual desafia essa demarcação, atraindo para a zona do dolo, e não para a do erro de tipo, hipóteses de conhecimento apenas indiciário.

No exemplo a que sempre se retorna, o agente que desconfia que a pessoa com quem está prestes a praticar ato libidinoso é menor de 14 (quatorze) anos, ou seja, tem esse fato como possível, não *sabe* que a pessoa *é* menor de 14 (quatorze) anos. Apesar dessa ausência de conhecimento pleno, é certo que, praticada a conduta objetivamente típica, caberá o juízo de reprovação na modalidade do dolo eventual.

Portanto, a nota diferenciadora entre o dolo e o erro de tipo há de ser, em verdade, na linha do que aqui posto, a presença ou a ausência de *domínio* do sujeito sobre sua conduta: a conduta dominada pelo agente não se encaixa no conceito de erro de tipo, ainda que lhe falte conhecimento perfeito e acabado de todas as elementares típicas; tal conceito engloba, apenas, condutas fruto de *descontrole* por parte do agente sobre a percepção dos fatos que lhe circundam e do próprio sentido social de seu comportamento, descontrole este que somente se manifesta por meio da *equivocada* representação da realidade fática, mas não da *ausência* de representação, ou seja, do desconhecimento.

Nesse sentido, é de se observar que, nos casos de dolo eventual, não obstante faltar conhecimento perfeito ao sujeito, há, inegavelmente, pleno domínio sobre a conduta: esta não se baseia em qualquer equívoco do agente, o qual não pensa estar cometendo algo diferente do que realmente comete; antes disso, se baseia, em verdade, na suspeita do fato, residindo o desvalor da conduta na sua prática mesmo diante dessa dúvida, ou seja, no fato de o sujeito, mesmo suspeitando que, ao assim agir, lesionará ou exporá a perigo bem jurídico digno de tutela pelo Direito Penal, optar pela prática, e não pela investigação prévia ou pela abstenção, em prol do bem jurídico.

Faz-se presente, portanto, o domínio sobre a conduta. Aquele que não sabe se a pessoa com quem está prestes a praticar ato libidinoso é maior ou menor de 14 (quatorze) anos de idade, suspeitando ser menor (ou seja, não laborando com base em errônea representação da realidade, tendo uma *certeza subjetiva* de ser a pessoa maior quando, de fato, ela não o é), tem a capacidade de decidir não praticar ato libidinoso com menor de 14 (quatorze) anos, podendo exercê-la seja averiguando a realidade com afinco, seja se abstendo de praticar a conduta e, assim, não correndo o risco de praticar o previsto pelo tipo penal.

Conclui-se, na linha do que aqui defendido, que, no Direito brasileiro, diferentemente do que pode se dar em outros ordenamentos,[294] o erro não é a *cara negativa do dolo*, como dizem Zaffaroni *et alii*,[295] ou seja, não é um conceito *derivativo*, no sentido de que *dolo é X e o que não for X é erro*. O erro, conforme previsto pelo Código Penal brasileiro, é, em verdade, um conceito *primário*, que existe por si só, e não em função do dolo; não é, simplesmente, o *não dolo*, mas uma figura autônoma com traços próprios, um *ser* cuja consequência normativamente atribuída (*dever ser*) é o afastamento do dolo, mas que não é, em si mesmo, simplesmente o oposto do dolo.

O art. 20 do CP, assim, tal como o correspondente dispositivo legal do Direito espanhol, *não define até onde chega o dolo, mas até onde chega o erro.*[296]

294. No Direito peruano, por exemplo, José Leandro Reaño Peschiera entende que o erro é o perfeito *reverso do dolo*, de modo que afirmar a configuração de um equivaleria a negar a configuração do outro. Esclarece, entretanto, que, *de lege lata*, o único dispositivo capaz de fornecer um conceito legal de dolo seria o art. 14 do Código Penal do país, que conceitua o erro e, assim, permitiria a conceituação do dolo, *a contrario sensu* (REAÑO PESCHIERA, José Leandro. El error de tipo como reverso del dolo. *Ius la revista*, n. 37, 2008, p. 303-9). Essa circunstância do Direito positivo pode justificar tal forma de trabalhar a relação entre o dolo e o erro; contudo, atente-se que a situação é diferente no Direito brasileiro, ante as previsões dos arts. 18 e 20 do CP.

295. Vide nota 248.

296. FELIP i SABORIT, *Error iuris...*, p. 263. Pedro Jorge Costa também entende que "o art. 20 do Código Penal não traz conceito de dolo" (COSTA, *Dolo penal...*, p. 14). Já Lucchesi entende que o conceito legal de dolo, no Direito brasileiro, se dá mediante conjugação do arts. 18 e 20 do CP (LUCCHESI, *Punindo a culpa como dolo...*, p. 136). Greco vai além, defendendo que o conceito de dolo no Direito brasileiro pode começar a se extrair não tanto da conjugação entre os dois dispositivos, mas, sim, do próprio art. 20 (GRECO, Algumas observações..., p. XVII). Semelhante posicionamento adota Díaz Pita, que deduz a definição positiva do dolo no Direito espanhol indiretamente do art. 14 do CP do país, equivalente ao art. 20 do CP brasileiro (DÍAZ PITA, A presumida inexistência do elemento volitivo no dolo..., p. 4).

7.6 Erro de tipo x cegueira deliberada

> *"Tenha-se sempre em mente que a teoria do erro protege a boa-fé; não é uma brecha no sistema penal por onde possam transitar os espertos."*[297]

Estabelecida a distinção essencial entre ignorância e erro e delimitados, nos termos aqui propostos, o conceito de *erro sobre elemento constitutivo do tipo legal de crime* e a *ratio* do seu tratamento legal, ainda pende de exame a questão de se saber se, mesmo não se encaixando na previsão normativa do erro de tipo, mediante interpretação literal, seria possível incluir a ignorância (especificamente a *deliberada*, objeto deste estudo) sob a norma, mediante analogia. É dizer, mesmo sendo coisas distintas, é necessário examinar se a lógica subjacente à disciplina legal do erro de tipo pode ser analogicamente transferida aos casos de *ignorância deliberada* quanto a elemento constitutivo do tipo.

Na linha do que posto nas seções anteriores, parece não haver essa possibilidade hermenêutica.

Já se estabeleceu, como fundamento do afastamento do dolo nos casos previstos pelo art. 20 do CP, o *descontrole* do agente sobre sua própria conduta, sua condição de verdadeira *vítima* de um engano.

Tal fundamento não se faz presente, em grau absolutamente algum, nos casos de cegueira deliberada, já definidos no Capítulo 4: nestes, o sujeito não é vítima de nada, posto que a situação verificada é obra sua (no máximo ele seria, então, vítima de si mesmo); não labora em engano, pois não representa os fatos de forma diversa da realidade; por fim, e este é o ponto mais importante, ele não está em descontrole, mas em absoluto *controle* da situação, dominando-a, tanto que esta é fruto de sua decisão consciente – o domínio é requisito para que se possa decidir sobre algo.

O estado de cegueira deliberada, tal como definido neste trabalho, revela não um descontrole do agente sobre a situação, mas, em verdade, um absoluto domínio, exatamente, sobre seu conhecimento.[298]

297. TOLEDO, *O Erro...*, p. 105.

298. O domínio sobre os fatos, relativo, no crime omissivo impróprio do garante de vigilância, ao poder fático e jurídico de agir para impedir o resultado,

Conforme já aqui dito, o conhecimento sobre sua conduta propicia domínio ao agente, que, assim, pode decidir pela sua prática ou abstenção. Contudo, parece claro que esse conhecimento, em si mesmo, já pode ser objeto de domínio: especialmente quanto a fatos que não ocorrem diretamente diante dos olhos do sujeito, tais como, em regra, são aqueles relacionados à temática da omissão imprópria do dirigente empresarial, a pessoa detém pleno domínio sobre a obtenção ou não de conhecimento, podendo decidir pela sua obtenção, mediante busca de informações, ou pela sua alienação, mediante inércia e, ainda mais efetivamente, construção de barreiras ao fluxo de informações até si.

Diante dessa constatação, mostra-se possível que o domínio sobre a conduta não seja fruto do conhecimento dos fatos, somente nascendo mediante conformação deste, mas, em verdade, o anteceda logicamente, o que ocorre naquelas hipóteses em que o indivíduo pode decidir se o obtém ou se permanece em ignorância.

O descontrole do atuar em erro, justificativa racional do afastamento do dolo, não se faz presente em casos tais, revelando-se contraditória a aplicação da pena referente ao crime culposo a um agente que domina absolutamente a situação e a sua conduta, não havendo, em um cenário tal, nada de *involuntário*.

Nesse sentido, relembrando-se as lições de São Tomás de Aquino, já alhures referidas, *a ignorância causa o involuntário, pois priva do conhecimento que é exigido para o voluntário*; entretanto, como, ainda de acordo com suas lições, *o voluntário não gera o involuntário*, o próprio São Tomás já aponta para uma exceção à primeira assertiva: a *ignorantia affectata*.

Sua obra defende que o que advier de um estado voluntário não pode ser tido como involuntário, ou seja, o agente não pode se furtar das consequências advindas de uma postura voluntariamente adotada, sob o pretexto de involuntariedade daquelas: *a voluntariedade da causa acarreta a voluntariedade das consequências*.

relaciona-se à tipicidade objetiva e, portanto, é tomado como pressuposto neste trabalho.

Assim, se o estado de ignorância é, em si, voluntário, o que dele advier não pode ser afastado da responsabilidade do sujeito, estando abarcado pela sua decisão, expressada pela vontade na causa.[299]

De forma bastante resumida (até porque não é objeto deste estudo a temática das teorias volitivas e cognitivas do dolo), é exatamente nessa linha que se desenvolveram as teorias cognitivas do dolo,[300] reconhecendo-se a irrelevância de vontade psicológica em relação à conduta e ao resultado dela advindo, desde que praticada com conhecimento dos fatos (esse último ponto, sim, é o problema deste estudo).

A lógica subjacente a toda a construção teórica da irrelevância da vontade em sentido psicológico-descritivo para fins de determinação do dolo é, precisamente, a de que o sujeito é responsável pelo que advém de sua conduta conscientemente tomada, com pleno domínio da situação: se o agente pratica A, sabendo o que faz, e, pelas leis naturais e universais, A produz B, então B é imputável ao agente, independentemente de este, a nível psíquico, realmente querer tal resultado.[301]

Adota-se, assim, a concepção normativo-atributiva de vontade, em que esta não é detectada no plano do *ser*, no psiquismo do agente, mas lhe é atribuída, com base em uma racionalidade expressada, em termos bem simples, na construção *quem faz A, com consciência, só pode querer B*.

299. "(...) a ignorância, às vezes, causa o ato involuntário, às vezes não. E como o bem e o mal moral estão no ato voluntário enquanto voluntário, (...) é claro que aquela ignorância que causa o ato involuntário exclui a razão de bem ou de mal moral; não porém, aquela que não causa o ato involuntário. (...) a ignorância que de algum modo é querida, direta ou imediatamente, não causa o ato involuntário. Chamo a ignorância diretamente voluntária a que se dirige ao ato da vontade, e indiretamente voluntária, por negligência, por alguém não querer saber o que deve saber" (AQUINO, *Suma teológica*, vol. III, p. 269).

300. VIANA, *Dolo como compromisso cognitivo*, p. 251-95; GOMES, *Dolo sem vontade psicológica...*, p. 97 e ss.; GRECO, Dolo sem vontade, p. 885-903.

301. Interessante notar que mesmo Kaufmann, no contexto do Finalismo, já deixava transparecer, em sua obra, a polissemia do termo *querer*, ao argumentar que, quando se fala em omissão *querida*, está-se a referir, em verdade, à omissão acompanhada, apenas, do conhecimento do poder fático final, vez não haver *vontade de omissão* (KAUFMANN, *Dogmática...*, p. 90-7).

É a situação bem retratada no já consagrado exemplo trazido por Greco:[302] o aluno que, após ter faltado à maioria das aulas do semestre e tirado notas baixas nas duas primeiras provas, passa a véspera da prova final em festas, bebendo e se divertindo, sem se preocupar com os estudos, pode até não *querer* (e, provavelmente, é verdade que não queira mesmo), a nível psicológico, receber uma nota ruim no exame e ser reprovado na disciplina; porém, para um terceiro observador, é possível dizer que ele *quis*, sim, tal resultado, pois quem, naquela situação, faz o que ele conscientemente fez, só pode querer tal resultado.

A questão está em que, nesse segundo viés, o *querer* não se refere ao ímpeto subjetivo da pessoa, mas à racionalidade que rege a conduta humana e dita que, conforme sempre atuais lições de São Tomás, *o voluntário não gera o involuntário*.

Outro exemplo sempre trazido pela doutrina é o do atirador de *Lacmann*.[303] Nesse caso, conforme variação proposta por Humberto Souza Santos[304] e Greco,[305] dois ricos fazendeiros fazem uma aposta: efetuar um disparo de arma em direção a um chapéu sobre a cabeça de uma criança, vinte metros à frente, sem a ferir; aquele que primeiro errar o chapéu, perderá todo o seu patrimônio em favor do adversário.

Numa situação hipotética tal, é óbvio que, a nível psicológico, nenhum dos dois apostadores quer que seu disparo acerte qualquer outra coisa, que não o chapéu, sem tocar na criança.[306] Afinal, isso implicará a perda de todo seu patrimônio. Entretanto, no caso de o disparo assumir uma trajetória centímetros abaixo da desejada e acabar por atingir a criança na testa, matando-a de pronto, parece claro que não há de se sustentar nada diferente do dolo nessa situação, pois o agente, com total domínio, praticou uma conduta que, conforme leis naturais e universais, era absolutamente apta a gerar o resultado lamentavelmente verificado.

302. GRECO, Dolo sem vontade, p. 887.

303. PUPPE, *A distinção entre dolo e culpa*, p. 45-6.

304. SANTOS, Humberto Souza. Elementos fundamentais de um conceito de dolo político-criminalmente orientado. *Revista Brasileira de Ciências Criminais*, vol. 97, 2012, acesso digital.

305. GRECO, Dolo sem vontade, p. 887-8.

306. GOMES, *Dolo sem vontade psicológica...*, p. 99-100.

Portanto, fica claro que, na verdade, a lógica que fundamenta o abandono das teorias volitivas é aquela já expressada, há muito, por São Tomás: é voluntário o que deriva do voluntário, a vontade não se limita ao seu objeto imediato, mas abarca o que está ligado a este, em relação de causa-consequência necessária ou provável.

Contudo, ao abrir mão da vontade psicológica, por um lado, e manter-se fiel à exigência de um conhecimento psicológico, por outro,[307] para fins de reconhecimento do dolo, a teoria cognitiva parece ter ido só até a metade do caminho proporcionado pela *ratio* em que se funda: requer-se o conhecimento, ao entendimento de que é ele, e somente ele (com independência de qualquer aspecto volitivo), que proporciona ao agente domínio sobre sua conduta, sendo este domínio que permite que se reconheça o dolo; não se atenta, contudo, para a possibilidade de o domínio não advir do conhecimento, mas o anteceder.

A ignorância deliberada há de ter um tratamento diferenciado[308] exatamente por isso: nela, o sujeito não possui qualquer déficit de domínio sobre os fatos, se comparado ao que teria se obtivesse o conhecimento, sendo certo que a este não chega exatamente em virtude desse domínio sobre o contexto fático em que inserido.[309]

307. GRECO, Dolo sem vontade, p. 889-93.

308. É o que defende Reaño Peschiera, ao sustentar o reconhecimento não do erro de tipo, mas do dolo, em casos de falta de conhecimento provocada pelo próprio agente. O autor critica a redação do atual Código Penal peruano, que afasta o dolo em qualquer caso de *erro*, conforme põe, e sustenta o acerto da redação do Código revogado, de 1924, a qual "negaba expressamente efectos atenuantes a las apreciaciones erróneas de los hechos atribuibles a la negligencia del autor, y al error sobre el carácter delictuoso del acto que sea imputable al propio autor (...)" (REAÑO PESCHIERA, El error de tipo..., p. 304).

309. São Tomás de Aquino fundamenta, com absoluta propriedade, a necessidade de se dar à *ignorantia affectata* um tratamento distinto do atribuído ao mero desconhecimento: "Pode acontecer de dois modos que a ignorância não escuse totalmente o pecado. (...) segundo, por parte da própria ignorância, o mesmo pode acontecer, porque a ignorância é voluntária, seja diretamente, quando alguém procura de propósito não saber certas coisas para pecar mais livremente; seja indiretamente, quando se negligencia, por causa de seu trabalho ou de suas outras ocupações, em aprender o que impediria pecar. Uma tal negligência, com efeito, torna a própria ignorância voluntária e um pecado, uma vez que se refere ao que se deve saber ou que se pode saber. É por isso

Refuta-se, assim, o entendimento de que a ignorância *induz o sujeito a querer coisa diversa da que teria querido, se houvesse conhecido a realidade.*[310] Esse induzimento existe, unicamente, no erro, em que, conforme já dito, o agente é vítima de um engano. Não existe, de forma alguma e em qualquer grau, na ignorância, muito menos na deliberada, na *ignorantia affectata* de São Tomás, em que descabe falar-se que o sujeito teria agido de forma diferente, *se houvesse conhecido a realidade*, pois se a realidade tivesse qualquer capacidade de influenciar o direcionamento de sua conduta, ele teria ido em sua busca antes de agir. O fato de ter agido em *cegueira deliberada* demonstra que a realidade lhe é irrelevante.

Ao se atenuar a resposta penal ao agente que está em erro, *pressupõe-se* que a correta percepção da realidade lhe levaria a agir de forma diversa, ou seja, que a ciência da realidade teria tido um efeito persuasivo sobre sua conduta.

É certo que não se pode afirmar, com categórica certeza, que se o agente em erro tivesse a correta representação subjetiva dos fatos,

que esta ignorância não escusa totalmente o pecado. Se se trata, ao contrário, de uma ignorância totalmente involuntária, seja porque é invencível, seja porque se refere a algo que não se está obrigado a saber, ela escusa totalmente o pecado. (...) não é toda ignorância que causa o involuntário. Portanto, não é toda ignorância que escusa o pecado. (...) na medida em que há algo de voluntário no caso do ignorante, também fica alguma coisa de intencional em seu pecado, e por isso o pecado não será acidental. (...) Às vezes acontece que tal ignorância é voluntária diretamente e por si, como quando alguém de propósito ignora algo para pecar mais livremente. Tal ignorância faz crescer, parece, o voluntário e o pecado. Se alguém, com efeito, quer, para dar-se a liberdade de pecar, sofrer o dano da ignorância, isso provém da intensidade da vontade de pecar" (AQUINO, *Suma teológica,* vol. IV, p. 376-8). Concorda-se integralmente, aqui, com a observação de Lorena Varela, no sentido de que o Direito Penal continental tem muito mais a se beneficiar caso recorra à doutrina tomista para lidar com os casos de ignorância deliberada do que à *willful blindness doctrine*, cuja inutilidade, em grande medida, no Direito continental, já foi demonstrada, em seção anterior deste trabalho (Capítulo 3). Assim, "urge relativamente la necesidad de desarrollar la teoría de la ignorancia voluntaria de *Santo Tomás de Aquino* en la doctrina continental, puesto que esta contiene postulados teóricos mucho más compatibles que la de la teoría angloamericana con el resto de las figuras subjetivas de imputación, como el dolo, el error y la temeridad" (VARELA, *Norma e imputación...*, p. 361-2, nota 1376).

310. Vide nota 239.

não teria agido da forma como agiu.[311] Buscar saber o que ele teria feito, mediante correta representação dos fatos, parece uma atividade presuntiva desprovida de embasamento. O que se pode dizer, com segurança, do agente que labora em erro de tipo, é que ele faz A, tendo a *certeza subjetiva* de estar a fazer B, pelo que, considerando que o agente se orienta pela representação fática que tem, é lícito afirmar que, no erro de tipo, a conduta objetivamente verificada decorre da falsa representação. Dessa proposição, contudo, não se pode inferir, pela lógica, que esse agente deixaria de fazer A, se tivesse conhecimento adequado.

Assim, o erro pressupõe um mínimo interesse em conhecer a realidade,[312] não no sentido de uma disposição a pesquisá-la a fundo, mas no de que esse conhecimento seria *de interesse ao sujeito para a conformação de sua conduta*, ou, nos dizeres de Felip i Saborit, interesse entendido não como atitude interna do sujeito, mas como elemento expressado externamente pela comissão do fato.[313]

Nesse sentido, subjacente à lógica do tratamento legal do erro de tipo está a noção de que a realidade teria um efeito motivacional sobre o agente,[314] a presunção (válida, diga-se de passagem, já que

311. Em sentido diverso, entendendo que o agente que age em erro *seguramente alteraria seu comportamento, se o percebesse de antemão, ao passo que o indiferente seguiria seu caminho*, cf. REAÑO PESCHIERA, El error..., p. 305. Igualmente, Hungria, ao afirmar que *o erro cria representação que determina conduta diversa da que o agente teria seguido, se tivesse conhecido a realidade* (HUNGRIA, *Comentários*..., p. 181-3).

312. "(...) nada parece oponerse a que (...) se excluyan del concepto de error los casos de desconocimiento provocado o ignorancia deliberada justificando esta conclusión en la idea de que *no puede errar aquél que no tiene interés en conocer*. En otras palabras, quien no tiene la más mínima intención de saber no se equivoca con su desconocimiento, o no emite ningún juicio falso sobre la realidad, precisamente porque lo que busca es no tener que emitir juicio alguno" (destaque no original) (RAGUÉS i VALLÈS, *La ignorancia deliberada*..., p. 197).

313. Vide nota 258.

314. FELIP i SABORIT, *Error iuris*..., p. 263. Para Pacelli e Callegari, "o tipo penal realiza uma função de apelo e advertência, de maneira a pretender que o agente não realize a conduta proibida ou que atue positivamente, de acordo com a ação cominada. Havendo o desconhecimento de circunstância elementar do tipo, o agente não é atingido por essa função de apelo e advertência do tipo, motivo pelo qual não se lhe pode exigir o estrito respeito ao disposto no tipo, porquanto sequer a prévia advertência houve" (PACELLI; CALLEGARI,

em favor do indivíduo) de que este apenas fez o que fez por estar enganado, por ter a certeza subjetiva de que fazia coisa diversa.

Ora, a pessoa que age em cegueira deliberada demonstra, a mais não poder, que a realidade não tem efeito motivacional sobre si, ou seja, que sua conduta não se deveu a uma falsa representação ou mesmo ao desconhecimento da realidade: se se comporta de determinada maneira, ciente de estar em ignorância quanto a fatos relevantes em sua conduta, é porque, quaisquer que sejam estes, sua conduta será aquela.

No caso de um agente garantidor em cegueira deliberada, portanto, não se mostra adequado o entendimento de que, caso ele soubesse da situação típica de perigo, teria podido decidir, com domínio e consciência, omitir-se ou intervir: o fato de ter se mantido inerte *em estado de cegueira deliberada* demonstra que, qualquer que fosse o cenário fático (dentro de um critério de razoabilidade, que será trabalhado no capítulo seguinte), seria aquela a sua postura; se seu comportamento dependesse dos fatos, ou seja, se estes desempenhassem qualquer papel de convencimento sobre seu procedimento, ele não teria se posto em estado de ignorância deliberada, ele teria ido atrás da informação.

Manual..., p. 314). Concorda-se, aqui, com o início do raciocínio, mas não com a conclusão. O que obsta a que o sujeito seja atingido pela função de apelo e advertência do tipo é o *erro*, não, simplesmente, a ignorância. Se o agente está convicto de que o pó branco que transporta é bicarbonato de sódio quando, na verdade, é cocaína, a norma proibitiva subjacente ao tipo penal do art. 33 da Lei 11.343/2006 não consegue o atingir, pois, para ele, trata-se de algo totalmente distinto, não fazendo qualquer sentido cogitar-se de tráfico de drogas diante do transporte de bicarbonato de sódio (como está seguro de ser o que faz). Por outro lado, aquele que transporta um recipiente em absoluta e deliberada ignorância quanto ao seu conteúdo pode sim, preenchidos determinados requisitos, ser atingido pela função de apelo e advertência do mencionado tipo penal, já que, para ele, faz sentido cogitar que está a transportar drogas ilícitas, assim como faz sentido, em tese, cogitar que está a transportar bens roubados, armas ou órgãos humanos (repita-se que, para o ignorante, tudo é possível, obviamente que dentro de parâmetros de razoabilidade, enquanto que, para o agente em erro, só há uma única possibilidade de conformação dos fatos: aquela que ele representa, com *certeza subjetiva*, como verdadeira). Quais seriam os requisitos para se reconhecer, em um caso tal, a prática dos respectivos crimes dolosos, é questão que se reserva para o capítulo seguinte.

É de se ter em mente, ainda, que o agente que está em *erro* jamais se planejou para tanto; sua representação errônea da realidade deve-se a defeito de percepção, não a uma decisão de errar, a qual, em verdade, seria inconcebível. Já o agente que está em cegueira deliberada decidiu ocupar essa posição e adotou técnicas voltadas, especificamente, à blindagem da informação, seja não indo em busca desta, quando tal empreendimento lhe era plenamente factível, seja obstando a chegada desta a si. Trata-se, portanto, de uma situação sobre a qual ele detém absoluto domínio, tanto que como tal a conformou, de acordo com a sua deliberação, e, frequentemente, a mantém dominada ao longo do tempo, sendo-lhe possível, caso assim decida, passar a agir em sentido contrário e adquirir o conhecimento que até então vinha bloqueando.[315]

Por essas diferenças entre as duas situações, também no *common law* se busca estabelecer-lhes tratamento distinto, havendo doutrina já centenária que, com base em precedentes, pontua que o *mistake of fact* somente se configura mediante a presença de uma *crença sincera* (algo próximo da *certeza subjetiva* de que falava Hungria) que tornaria a ação lícita, se os fatos fossem tais como razoavelmente supostos, devendo, sempre, ser *honesto e real*, não *forjado* pelo sujeito.[316]

Fixado o *descontrole* como elemento essencial do erro de tipo, a partir da oposição entre *domínio* e *descontrole*, ressai clara a distinção entre tal figura e o estado de cegueira deliberada, não podendo este ser encaixado dentro daquele: trata-se de situações distintas, causadas por eventos também distintos.

Afirmou-se, aqui, que, nos casos de erro de tipo, não se faz presente a função preventiva geral da pena (ao menos não com a

315. "A ignorância é criada e, portanto, a deliberação por si só parece ter em si inerente a característica da evitabilidade" (SYDOW, *A teoria da cegueira deliberada*, p. 190).

316. KEEDY, Edwin Roulett. Ignorance and Mistake in the Criminal Law. *Harvard Law Review*, vol. XXII, n. 2, 1908, p. 84; PERKINS, Rollin M. Ignorance And Mistake In Criminal Law. *University Of Pennsylvania Law Review*, v. 88, 1939, p. 55. Perkins pontua, especificamente, que o conceito de *knowledge*, em Direito Penal, incluiria não apenas o conhecimento efetivo, mas também a *evitação culpável de conhecimento*, manifestada em casos em que os fatos teriam sido conhecidos, se não tivesse o sujeito *deliberadamente fechado os olhos* para evitar conhecê-los (*Ibid.*, p. 57-8).

intensidade própria dos casos dolosos), já que a conduta não comunica aos membros da sociedade um discurso de invalidade da norma jurídico-penal e, portanto, não reclama a pena como reafirmação da norma (prevenção positiva) ou temor difundido pela inobservância desta, posta a pena como consequência (prevenção negativa).[317]

Nos casos de cegueira deliberada, por outro lado, não se pode dizer o mesmo. Afinal, a conduta daquele que decide se postar em situação proposital de desconhecimento e age ou se omite sem se importar se há, em tal conduta, lesão ou exposição a perigo de bem jurídico-penal, comunica aos demais um discurso de invalidade da norma de proteção do bem vulnerado, devendo esta, a princípio, se reafirmar por meio da pena (desde que, por óbvio, atendidos todos os requisitos do respectivo tipo objetivo), efetivando-se, assim, as duas referidas facetas da prevenção geral.[318]

Esse aspecto se faz presente com especial vigor em casos de crimes omissivos impróprios, objeto específico deste estudo.

Por meio de tal figura dogmática, o Direito Penal impõe ao sujeito, conforme já visto, um plexo de obrigações de proteção ou de vigilância, o que, muitas vezes, pode, de fato, representar um pesado fardo para a pessoa, a qual se vê obrigada a agir no sentido da neutralização de cursos causais externos que se mostrem perigosos a bens jurídicos alheios.

Não obstante esse ônus, o Direito, diante dos fundamentos que legitimam o reconhecimento de uma posição de garantia, reputa adequada a imposição desse conjunto de deveres de atuação, por meio de uma norma mandamental que impõe o agir a seu destinatário – o garante.

317. "(...) el comportamiento realizado por un sujeto inmerso en una situación de defecto cognitivo absoluto e *inevitable*, no puede interpretarse como defraudador de las expectativas garantizadas en las normas penales. Quien no sabe lo que hace no puede cuestionar la pretensión de vigencia normativa que posee el ordenamiento jurídico, *a menos que el Derecho le exija alcanzar el conocimiento ausente*" (destaques acrescentados) (REAÑO PESCHIERA, El error de tipo..., p. 306).

318. "(...) difícilmente puede afirmarse que quien no conoce porque no quiere conocer fracase en su planificación individual y que no niegue con su desconocimiento deliberado la norma penal que venga al caso" (RAGUÉS i VALLÈS, *El dolo y su prueba...*, p. 439).

O estado de cegueira deliberada, portanto, comunica um discurso de invalidade dessa precisa norma mandamental, na medida em que, por ele, o sujeito se decide pelo desconhecimento, pelo não acompanhamento da atividade que lhe incumbia vigiar.

A princípio, então, a função preventiva geral da pena (novamente, nos moldes em que reconhecida por seus defensores) se faz presente nos casos de cegueira deliberada, sendo necessária a reafirmação da norma mandamental que o discurso transmitido pela conduta deliberada do garante pinta como inválida, determinando-se o fracasso dessa conduta atentatória aos bens jurídicos dignos de proteção pelo Direito, bem como o estabelecimento de temor à norma, por meio da sanção aplicada, sob pena de se passar aos membros da sociedade uma mensagem de tolerabilidade da conduta, ou seja, de admissibilidade do não cumprimento deliberado dos deveres inerentes à posição de garantia.

Igualmente do ponto de vista da prevenção especial a pena, em casos tais, se justificaria, a princípio.

Assim como dito que o sujeito que, contando com representação adequada da realidade, decide pela agressão ao bem jurídico, o faz por ver alguma vantagem a si na conduta, permitindo a conclusão pela possibilidade de reiteração, caso não haja intervenção estatal, exatamente o mesmo pode ser dito quanto ao agente deliberadamente cego.

Se o sujeito decidiu por esse estado, o qual frequentemente requer, além da decisão pela sua manutenção, a adoção de medidas efetivas para a blindagem à informação, conforme já dito, por certo o fez em seu próprio interesse, ou seja, reconhecendo alguma vantagem a si no procedimento.

Assim sendo, caso não haja qualquer reprimenda e o Estado, instituidor do dever inobservado, nada faça para reafirmar ao sujeito a obrigatoriedade de observância deste, é cabível entender-se pela possibilidade de reiteração da conduta, não havendo motivos para o agente não repetir o que julga ser de seu interesse e que não lhe trouxe qualquer prejuízo, mediante punição.

Em conclusão, parece que nada que fundamenta o afastamento do dolo nos casos de erro sobre elemento constitutivo do tipo legal de crime encontra similar nos casos de cegueira deliberada, os quais, assim, não poderiam se encaixar na previsão do art. 20 do CP, seja por analogia, seja por interpretação extensiva.

Na síntese de Felip i Saborit, "quien no sabe por carecer de interés alguno en conocer, por rechazo o indiferencia o, incluso, por falta intencional de adquisición del conocimiento no incurre en error".[319]

319. FELIP i SABORIT, *Error iuris...*, p. 263.

8.

DA FUNDAMENTAÇÃO DE UMA PROPOSTA DE IMPUTAÇÃO DOLOSA NA CEGUEIRA DELIBERADA DO GARANTE

> *"Parece que el Derecho penal económico-empresarial está llamado a constituir un espacio especialmente relevante para el debate del alcance del dolo típico."*[320]

O capítulo anterior foi dedicado ao erro de tipo e seu cotejo com a cegueira deliberada, tendo chegado à conclusão pela essencial diferença entre as duas figuras e, por corolário, pela inaplicabilidade, ainda que mediante analogia, da regra do art. 20 do CP aos casos de cegueira deliberada.

Contudo, reconhecer que não se trata de hipótese de erro de tipo não implica, diretamente, admitir o dolo, na medida em que, conforme aqui posto, um não é, pura e simplesmente, o reverso do outro, senão duas figuras que, embora sejam mutuamente excludentes, não exaurem as possibilidades de conformação de um indivíduo ante um fato penalmente relevante.

Para que este trabalho atinja o objetivo a que se propôs, ainda pende de resposta a indagação quanto à possibilidade de imputação dolosa em casos de ignorância deliberada.

320. SILVA SÁNCHEZ, Jesús María. *Fundamentos del derecho penal de la empresa.* Buenos Aires: B de f, 2013, p. 27.

Para tanto, propõe-se, a seguir, uma breve justificação do princípio da culpabilidade no Direito Penal, com o limitado escopo de se identificarem as razões pelas quais a responsabilidade nesse campo do Direito há de ser *subjetiva* e o que, exatamente, isso significa, para, em seguida, se fundamentar o tratamento penal que aqui se defende, quanto à possibilidade de imputação dolosa do crime omissivo impróprio ao agente garantidor, no contexto empresarial, deliberadamente cego quanto à situação típica de perigo.

8.1 O princípio da culpabilidade

Há de se indagar, primeiramente, a razão de ser da própria responsabilidade penal subjetiva, expressada no princípio da culpabilidade (*nullum crimen sine culpa*).

A figura é, atualmente, quase um dogma (no sentido religioso do termo) do Direito Penal: repete-se, incessantemente, que a responsabilidade penal é sempre subjetiva, e qualquer enunciação que se entenda contrária a isso é logo taxada de inconstitucional.

Contudo, faz-se sempre necessário ter em mente o verdadeiro porquê dessa construção, a qual não é aqui contestada, de forma alguma, mas apenas examinada, pois se entende que o manuseio de um conceito teórico com finalidades às quais ele não se presta ou em situações em que ele não se encaixa lhe é tão maléfico e afrontoso quanto a sua própria negação.

Nessa linha, pontua-se que a exigência do aspecto subjetivo da responsabilidade penal tem por fim, basicamente, o não reconhecimento do caráter criminoso do fato com fulcro, pura e simplesmente, no mal causado, com independência de qualquer ligação subjetiva do indivíduo com o acontecido.

Assim é que, de acordo com Ferrajoli, pelo princípio da culpabilidade, "nenhum fato ou comportamento humano é valorado como ação se não é fruto de uma decisão; consequentemente, não pode ser castigado, nem sequer proibido, se não é intencional, isto é, realizado com consciência e vontade por uma pessoa capaz de compreender e de querer".[321]

321. FERRAJOLI, *Direito e razão...*, p. 447.

A responsabilidade objetiva, admitida em outros ramos do Direito (e, conforme visto em seção anterior deste trabalho, também no próprio Direito Penal, no âmbito do *common law*, por meio dos *strict liability crimes*), não se coaduna com o Direito Penal de origem romano-germânica e com as finalidades da pena, já aqui brevemente apontadas, na medida em que legitima o estabelecimento de responsabilidade por situações não controladas e, mais ainda, não controláveis, pessoalmente, pelo indivíduo.

Em hipóteses tais, como já se expôs acima, ao se tratar do erro de tipo, a pena não se justifica, sob qualquer viés que se a analise. Se o mal causado era absolutamente incontrolável por parte do agente, a função retributiva da pena não passaria de crueldade e desumanidade, já que se estaria a retribuir um mal que a pessoa não podia impedir.

O Direito Penal não cobra de ninguém que evite o inevitável e não pune ninguém por não ter feito o impossível. O dever jurídico-penal imposto a cada um circunscreve-se ao seu domínio pessoal, é dizer, o indivíduo só pode responder penalmente por aquilo que puder dominar.

Nesse sentido, Gabriel Pérez Barberá, comentando os princípios *nullum crimen sine culpa* e *nullum crimen sine lege*, os condensa ao enunciar que "no son reprochables acciones no evitables, ni tampoco acciones evitables, pero no expressamente prohibidas",[322] deixando claro, assim, que a garantia da culpabilidade relaciona-se com a evitabilidade do fato, valendo repetir que o domínio sobre algo é pressuposto para que se possa evitá-lo.

Ressai claro o porquê, então, de não se admitir a responsabilidade penal nos casos de erro de tipo invencível, pois se trata de verdadeira impossibilidade de compreensão, pelo agente, do conteúdo de sua conduta, não podendo ele, portanto, ser responsabilizado por algo que lhe era absolutamente inacessível e, por isso mesmo, incontrolável.

Daí Hungria ponderar, com o usual acerto, que "não pode ser reconhecido culpado o agente quando lhe era impossível cuidar que estava incorrendo no juízo de reprovação que informa o preceito

322. PÉREZ BARBERÁ, *El dolo Eventual...*, p. 666.

incriminador":[323] a punição pela *incursão no juízo de reprovação* configuraria, no erro de tipo invencível, responsabilização pelo incontrolável.

Por óbvio, o domínio sobre algo não acarreta, necessariamente, o dever jurídico-penal sobre a situação: ainda que um agente, diante de um ferido que necessita de socorro imediato, tenha, dentro de sua esfera de domínio, a possibilidade de evitar o resultado *morte*, seja lá por que meio for, não tem, pelo Direito Penal, o dever de assim agir, se não for garante de proteção dessa pessoa ou garante de vigilância da fonte de perigo que a atingiu – tem o dever geral de assistência e solidariedade de, em um caso tal, prestar socorro, mas não de evitar o resultado, ainda que este lhe seja dominável.

Assim, necessário esclarecer: o domínio do sujeito sobre o fato é condição necessária, mas não suficiente, ao estabelecimento de um dever jurídico (ao menos na seara penal). Ao domínio, devem se somar outros elementos que conformem o dever, tais como a relação de proximidade e de proteção entre o sujeito e o titular do bem jurídico periclitado ou a relação de vigilância entre aquele e uma fonte determinada de perigo, que justificam o estabelecimento de um dever jurídico a esse sujeito diferente do imposto à coletividade em geral.

Na síntese de Barberá, acima referida, o domínio subjaz ao princípio da culpabilidade, ao qual ainda se soma o estabelecimento desse dever jurídico, necessariamente previsto por Lei, conforme o princípio da legalidade, sendo cabível a atuação do Direito Penal apenas mediante atendimento a esses dois requisitos.

Além da função retributiva, também o viés preventivo da pena falha por completo diante de situações indomináveis pelo agente: o que é indominável, por essência, foge ao controle da pessoa e, uma vez repetidas, no futuro, as causas que, no passado, o originaram, voltará a ocorrer, independentemente de qualquer postura do sujeito. Não há o que se prevenir diante de situações incontroláveis.

Ferrajoli vê aí um dos fundamentos externos da garantia da culpabilidade, constituído pelo viés utilitarista da prevenção geral da pena, reconhecendo que a cominação de pena somente tem função de intimidação sobre condutas culpáveis, não sendo possível prevenir-se

323. HUNGRIA, *Comentários*..., p. 181-3.

penalmente fatos não culpáveis, em relação aos quais, por serem inexigíveis, a pena seria supérflua.[324]

O primado da responsabilidade penal subjetiva radica suas raízes nesse preciso ponto: o sujeito só é responsável por aquilo que pode dominar;[325] o que foge ao seu domínio não pode lhe ser imputado, sob pena de quebra de toda a lógica do Direito Penal.

É a noção de *domínio* que subjaz à ideia de responsabilidade subjetiva, e não meramente a de *conhecimento*, a de *vontade* ou qualquer outra metonímia daquela.[326] Sustentar que a responsabilidade penal é subjetiva implica dizer que a pessoa pode ser penalmente responsabilizada pelo que lhe for possível dominar, sem maiores especificações.

O domínio pessoal como nota fundamental da responsabilidade penal subjetiva se manifesta por meio de diferentes institutos da teoria do delito, relacionados tanto ao juízo de tipicidade, quanto ao de culpabilidade. Exemplo disso é o não reconhecimento do caráter criminoso de ato cometido por pessoa inimputável por sofrimento mental (art. 26 do CP) ou, também, por embriaguez completa, proveniente de caso fortuito ou força maior (art. 28, § 1.º, do CP).

Nesses casos, o ilícito cometido era incontrolável pelo agente, dado que fugia, em absoluto, do seu domínio. A imposição de pena por um fato tal, da mesma forma que por fato cometido em erro de tipo invencível, não se justifica sob qualquer viés que se a analise: a retribuição reduzir-se-ia a uma maldade e a prevenção seria inócua, conforme já aqui visto.

324. FERRAJOLI, *Direito e razão...*, p. 451.

325. Poder-se-ia objetar a essa frase a questão dos crimes culposos. Entretanto, é necessário ponderar que estes podem se configurar pelo não exercício ou pela perda de domínio sobre um fato, sempre, porém, em um contexto em que o domínio era possível ao agente. Não há crime, mesmo que culposo, em uma situação indominável. A concepção de culpa *stricto sensu* que este trabalho adota será tratada no item seguinte.

326. COSTA, *Dolo penal...*, p. 213-9. O autor conclui que "não há nenhuma ofensa ao princípio da culpabilidade entendido como vedação à responsabilidade objetiva pela tese do dolo consistente em juízo de reprovação e que tem por conteúdo inclusive elementos mentais constituídos ou significados pela conduta e seu contexto" (*Ibid.*, p. 218). Tal abordagem ao dolo, a que se refere o autor, será trabalhada na seção seguinte.

Em verdade, a noção de domínio já se faz presente, ao longo das categorias da teoria do delito, antes mesmo de se ingressar no juízo de tipicidade, permeando indissociavelmente o próprio conceito de ação, já abordado em seção anterior deste trabalho (Capítulo 5), o qual pode, sem grandes complicações, ser tido como sinônimo de *conduta dominada pelo sujeito.*[327]

Daí, por exemplo, o não reconhecimento de *ação* nos casos de sonambulismo, ato reflexo ou coação física irresistível.[328] O que todas essas hipóteses têm de semelhante é a ausência de domínio do sujeito sobre o ato, sendo seu corpo instrumentalizado, seja por terceiros, seja por forças naturais ou fisiológicas, e levado a dar causa a resultados que, portanto, fugiam do seu controle.

No âmbito da tipicidade, a observância ao critério do domínio se faz notar não apenas na imputação *subjetiva*, mas também já na *objetiva*, o que se constata, com especial relevância, nos crimes omissivos impróprios.[329] Afinal, como já visto, a evitabilidade do resultado, dadas as circunstâncias pessoais e concretas do agente, é elemento da própria tipicidade objetiva da conduta, não podendo o

327. A ideia de domínio é bastante trabalhada por Schünemann: "Como todo individuo domina su propio comportamiento en tanto que no presente defectos de conducción, es entonces el dominio sobre el propio movimiento corporal como fundamento del resultado lo que funda la posición de autor en la estructura más simple del delito. Este dominio sobre el propio comportamiento es el punto de partida llevado al concepto de la autoría directa o inmediata en todos los códigos penales modernos" (SCHÜNEMANN, Bernd. El dominio sobre el fundamento del resultado: base lógico-objetiva común para todas las formas de autoría. Trad. Mariana Sacher. *Derecho Penal y Criminología,* vol. 25, n. 75 (1), 2004, p. 19).

328. BUSATO, Ação e omissão..., p. 27-38.

329. Schünemann entende que a razão para a equiparação entre a ação e a omissão, nos crimes omissivos impróprios, reside exatamente no domínio sobre o fato, domínio este que, na omissão imprópria, não se manifestaria mediante uma ação, como nos crimes comissivos, mas pela efetiva assunção da custódia sobre o bem jurídico a ser protegido ou sobre a fonte de perigo a ser controlada: "(...) en los delitos impropios de omisión se trata, en realidad, también de una forma de dominio, es decir, como la he denominado, de un dominio sobre el fundamento del resultado, consistiendo el fundamento del resultado en los delitos de omisión no en el propio movimiento corporal, sino en una fuente de peligro dominada por el autor, o bien en la situación de desamparo del bien jurídico dominada por el autor (SCHÜNEMANN, El dominio..., p. 21).

garante ser responsabilizado por um resultado que ele não podia, no caso concreto, impedir.

Nesse sentido, o *poder de agir* a que se refere o art. 13, § 2.º, do CP, pode ser visto como mais uma manifestação do princípio da culpabilidade, por afastar a responsabilidade penal em relação a fatos incontroláveis pelo agente, ainda que se trate de lesão a um bem jurídico que lhe competia proteger ou advinda de uma fonte de perigo que lhe competia vigiar.

Em conclusão, o princípio da culpabilidade, ao estabelecer que a responsabilidade penal é subjetiva (ou, em outros termos, depende de culpa *lato sensu*), a nada mais alude, que não o domínio pessoal do sujeito sobre um fato. Dizer que a responsabilidade penal é subjetiva é dizer que a pessoa só pode ser responsabilizada, no âmbito do Direito Penal, pelo que ela pode dominar, sem mais.

8.2 Fundamentação da imputação dolosa na cegueira deliberada: normativização do dolo

Seria absurdamente ambiciosa a construção de uma teoria própria de dolo, o que este trabalho não objetiva, de forma alguma (e nem mesmo poderia fazê-lo). O que se pretende, nesta última seção, é, tão somente, partir-se de teorias já estabelecidas para se buscar uma resposta aos casos de cegueira deliberada do dirigente empresarial quanto à situação típica de perigo reclamadora da sua intervenção, como agente garantidor.

A definição de dolo é, certamente, um dos temas mais conturbados do Direito Penal, permanecendo o debate em aberto. O longo embate entre as diversas teorias volitivas e as cognitivas demonstra que os elementos integrantes do conceito são amplamente discutidos, ao que se soma, ainda, a moderna tendência de objetivação do dolo, que introduz restrições normativas à vontade e ao conhecimento enquanto puros estados mentais ou, em abordagens mais extremadas, chega a deles prescindir, trazendo, assim, propostas de solução ao irresoluto *non liquet* entre as teorias clássicas.[330]

330. RAGUÉS i VALLÈS, Ramon. De nuevo, el dolo eventual: un enfoque revolucionario para un tema clásico. *InDret*: Revista para el Análisis del Derecho, vol. 3, 2012, p. 1.

A esse movimento, José Carlos Porciúncula se refere como intersubjetivação, exteriorização ou, simplesmente, objetivação do dolo, consistente na paulatina substituição de seu antigo entendimento como uma entidade psicologicamente real, situada no âmbito interno do sujeito, pela sua noção enquanto componente de um sentido exteriorizado; abandona-se, assim, o que se designa pela metáfora de uma *caça ao fantasma na máquina* (ou seja, uma busca por alguma entidade metafísica subjacente à exteriorização da conduta e que supostamente a guie), redirecionando-se o exame à conduta exteriorizada, analisada dentro de parâmetros normativos.[331]

Para o autor, "dolo es conocimiento por parte del autor del significado típico de su acción",[332] independentemente de sua vontade, em sentido psicológico. Esse *conhecimento*, ademais, há de ser verificado a partir do comportamento do agente e de suas circunstâncias, e não como um suposto *estado mental interno e secreto*: o *externo* não é um efeito do *interno* (hipótese em que seria de se examinar este), mas um *critério* seu; o dolo, assim, seria um *dolus in actio ipsa*, é dizer, inerente àquela ação, dentro de um contexto social constitutivo de seu significado, empregado como critério para a atribuição do conhecimento requerido pelo dolo.[333]

Também no sentido de uma intersubjetivação do dolo e do abandono de sua abordagem como um estado mental interno ao agente, embora chegando a conclusões distintas das de Porciúncula, merece destaque a teoria de Gabriel Pérez Barberá, o qual chama a atenção para o fato de que, há muito, a culpa *stricto sensu* já é tida como conceito normativo sem maiores dificuldades, referindo-se, tradicionalmente, à violação de um dever objetivo de cuidado e importando um reproche objetivo à conduta do agente, não se compreendendo (conforme perplexidade externada pelo autor e aqui compartilhada) a relutância da doutrina em fazer o mesmo quanto ao dolo, o qual, majoritariamente, permanece sendo tratado como um conceito empírico, a saber, um estado mental. Barberá vê aí um erro categorial,

331. PORCIÚNCULA, José Carlos. *Lo "objetivo" y lo "subjetivo" en el tipo penal*: hacia la "exteriorización de lo interno". Barcelona: Atelier, 2014, p. 301-2.

332. *Ibid.*, p. 308.

333. *Ibid.*, p. 309-10.

na medida em que, dado que uma ação só é típica se for dolosa ou culposa, *dolo* e *culpa* devem, portanto, pertencer ao mesmo âmbito – o normativo.[334]

Nesse sentido, tratando o dolo como um conceito normativo, o autor aponta para outro erro categorial, consistente na identificação do conceito com elementos empíricos, tais como o conhecimento. Para Barberá, o que se tem são dados empíricos eventualmente relevantes para se conformar a conduta concretamente praticada ao conceito normativo de dolo, não podendo, por outro lado, este ser reduzido àqueles.[335]

Pedro Jorge Costa também assim se posiciona, defendendo ser o dolo um conceito *jurídico*, que "não corresponde por si só a qualquer estado mental ou emocional previamente dado ao legislador ou ao operador do direito. Por outras palavras, inexiste no mundo empírico algum fato, ainda que mental, designado como dolo".[336]

Pela teoria de Barberá (no que se afasta da de Porciúncula, acima sintetizada), o dolo, em uma aproximação *sintática*, é uma propriedade que define casos genéricos, é uma qualidade do tipo penal doloso, não algo presente no caso concreto, a ser subsumido à moldura abstrata: não integra a premissa menor, mas a maior do silogismo prático.[337]

334. PÉREZ BARBERÁ, *El dolo eventual...*, p. 46-7. Referindo-se à classificação de ambos como conceitos normativos, pondera: "Posiblemente (...) esto sea más sencillo de aceptar justamente para la imprudencia, a la que se está más acostumbrado a observar como un constructo normativo. Pero la cuestión no tiene por qué ser diferente para el dolo. No hay ninguna razón dogmática, ni normativa, ni epistémica ni ontológica que justifique tal diferenciación entre ambas categorías. Ni, mucho menos, para justificar cierta equiparación ontologizante: igualmente injustificada es la tendencia de los últimos años, conforme a la cual se retoman las ideas de la segunda posguerra y de algunos autores del período clásico en orden a, por así decirlo, 'psicologizar' la imprudencia, equiparándola a desconocimiento o error, esto es, identificando también a ella con un determinado indicador empírico de índole psíquica" (*Ibid.*, p. 668).

335. *Ibid.*, p. 48-9.

336. COSTA, *Dolo penal...*, p. 201.

337. PÉREZ BARBERÁ, *El dolo Eventual...*, p. 644. Em similar sentido, Pedro Jorge Costa, também se afastando do posicionamento de Porciúncula, entende que "sintaticamente, o dolo é condição para aplicação de determinadas sanções penais. Metodologicamente, isso implica que o dolo não é fato empírico a ser subsumido em um conceito: é parte dos conceitos que subsomem um caso

Em termos simples, o que o autor sustenta com essa proposição é que a Lei penal, ao tipificar uma conduta, agrega à sua descrição abstrata a qualidade de *dolosa* (ou, excepcionalmente, de *culposa*), ou seja, o dolo está no caso genérico, no tipo penal.

A conduta concretamente praticada, por sua vez, deve ser subsumida à moldura abstrata trazida pela Lei, para que se configure o crime, sendo que, nesse exercício lógico, elementos empíricos vêm a atender aos elementos normativos do tipo.

Exemplificativamente, o art. 121, *caput*, do CP, ao tipificar a conduta de *matar alguém*, prevê, pela teoria de Barberá, um *matar alguém dolosamente*. Assim como *matar* e *alguém* são elementos abstratos e, em última análise, normativos,[338] também *dolosamente* o é, devendo todos encontrar correspondentes empíricos no caso concreto submetido à atividade de subsunção, sem, contudo, a estes se resumirem.[339]

Em um caso concreto, o que se tem é a pessoa A, com conhecimento do que faz, que efetua disparos de arma de fogo à curta distância

individual. Logo, ao contrário do que defende a doutrina dominante, o dolo não se cuida de fato, nem psicológico, nem físico, nem institucional. (...) O dolo, conceito normativo, jurídico, não é propriedade empírica a se atribuir ao agente. Não há propriamente dolo *in re ipsa* nem *in actio ipsa*" (COSTA, *Dolo penal...*, p. 202).

338. "(...) a diferenciação entre elementos descritivos e normativos vem sendo relativizada pela doutrina, uma vez que tem-se identificado que inúmeros elementos típicos podem ser considerados em parte descritivos e em parte normativos – se é que isso não ocorre em todos os elementos do tipo penal. Tome-se como exemplo a palavra *pessoa*, utilizada na maioria dos códigos penais para identificar o sujeito passivo nos crimes contra a vida. No homicídio, é um claro exemplo de elemento descritivo do tipo e, no entanto, em suas 'zonas limite', quais sejam, o início e o fim da vida humana, o elemento passaria a ser normativo, pois a mera apreensão sensorial não nos indicará se estamos diante de uma pessoa, mas deverá ser realizada uma valoração apoiada em normas jurídicas" (GOMES, Mariângela Gama de Magalhães. *Teoria geral da parte especial do direito penal.* São Paulo: Atlas, 2014, p. 105-6).

339. "(...) tanto el dolo como la imprudencia *se aplican* a casos individuales conformados por una serie de datos, pero ni el dolo ni la imprudencia *son* ninguno de esos datos. (...) el dolo es algo distinto, que no coincide con el conocimiento, la voluntad, etcétera; estos datos, llegado el caso, pueden conformar un supuesto de hecho subsumible en el concepto de dolo, pero el dolo no se identifica con ellos" (destaques no original) (PÉREZ BARBERÁ, *El dolo Eventual...*, p. 749-50).

contra o peito da pessoa B, levando-a a óbito. Nesse fato, o elemento típico *matar* encontra-se preenchido pelos *disparos de arma de fogo contra o peito, com geração de óbito*; o elemento *alguém* encontra-se preenchido por *pessoa B*; e *dolosamente* está preenchido pelo *conhecimento do que se faz*, aliado às circunstâncias objetivas do caso.

O ponto para o qual Barberá chama a atenção é que, assim como *matar* não é *efetuar disparos de arma de fogo contra o peito* e *alguém* não é *a pessoa B*, *dolosamente* não é *conhecimento do que se faz*: os disparos, a pessoa B e o conhecimento são dados empíricos que fazem com que aquele caso concreto se conforme à moldura legal; não são, porém, *os elementos* do caso genérico.

Sintetizando esse ponto da teoria em exame, o que o autor propugna é que, no exemplo dado, da mesma forma que o elemento do caso genérico *matar* poderia ser atendido por outro elemento empírico que não *os disparos de arma de fogo* (golpes de arma branca, por exemplo) e o elemento *alguém* poderia ser atendido por outro ser, que não a *pessoa B*, também o elemento *dolosamente* poderia se configurar mediante outras circunstâncias concretas, que não, necessariamente, o *conhecimento do que se faz*.[340]

O autor chega, assim, à definição de dolo como "*reproche objetivo a la acción que se aparta de una regla jurídico-penal, mediando* ex ante *una posibilidad objetivamente privilegiada de que su autor prevea ese apartamiento*",[341] diferenciando-se da culpa apenas quanto ao grau dessa possibilidade de que o agente preveja, *ex ante*, seu afastamento da norma, o qual, na culpa, seria *objetivamente atenuado*.

340. "El dolo, entonces, no puede ser un hecho (ni psíquico, ni físico, ni institucional) (…). Pues 'dolo' no es una propiedad empírica que se atribuye a una persona, sino una propiedad (normativa) que caracteriza al presupuesto abstracto previsto en una norma genérica como condición para la aplicación de una solución determinada. Lo que se atribuye a una persona, en todo caso, es la posesión de determinados datos psíquicos al momento de la acción, como, v.gr., conocimiento, intención, etcétera. Pero ninguno de esos datos (...) es el dolo. Ellos, simplemente, contribuirán a conformar el caso individual a subsumir en un caso genérico doloso, siempre y cuando el concepto que dé contenido semántico al dolo como propiedad definitoria de ese caso genérico permita considerar a tales datos como relevantes: *per se*, la presencia o ausencia de conocimiento y otros datos empíricos no dice nada acerca de la presencia o ausencia de dolo" (*Ibid.*, p. 644).

341. *Ibid.*, p. 648. Trecho em itálico no original.

Aclarando-se os termos dessa definição, tem-se que o juízo de valor negativo (reproche) é *objetivo* por se fundar em padrões gerais do Direito (e não em um parecer subjetivo-individual) e, também, por ser referir à ação praticada, não à pessoa (reservando-se o reproche individual ao juízo de culpabilidade).[342]

A esse singular aspecto ainda se retornará com maior atenção, importando, aqui, apenas destacar que, por essa ponderação do autor, o que se sublinha, em termos bastante simples, é que cabe ao Direito, e não ao indivíduo, decidir se determinada conduta praticada por este se encaixa ou não em um caso genérico (tipo penal) doloso. É um juízo *objetivo*, trazido pelo Direito, não *subjetivo*, ditado pelo indivíduo.

Quanto ao grau de possibilidade objetiva de previsão de afastamento da norma, nota distintiva, na teoria de Barberá, entre dolo e culpa, esclarece-se que ele determina o nível de evitabilidade da conduta e do resultado por ela produzido, o que explica a diferença quantitativa entre a punição a título de dolo e de culpa, posta a evitabilidade como medida da culpabilidade.[343]

Ademais, o autor pontua que essa possibilidade é *objetiva*, determinada por padrões racionais, e não aquela que o autor representa subjetivamente. Esta, em verdade, "no se la toma 'como viene'; ella es sometida a un juicio objetivo de relevancia, igual que todo otro dato empírico, psíquico o físico".[344]

Quanto a este ponto, discorda-se, no presente trabalho, da leitura que Jorge de la Rúa faz da teoria de Barberá: para o orientador da tese de Doutorado que resultou na obra aqui tão referida, a previsibilidade objetiva de afastamento da norma penal, para seu orientando, traria uma *exigibilidade de saber*, um *dever de conhecimento*, sendo que a intensidade desse dever é que definiria o cabimento do juízo de reproche *doloso* ou *culposo*.[345]

342. *Ibid.*, p. 663-4.
343. *Ibid.*, p. 667-8.
344. *Ibid.*, p. 674.
345. DE LA RÚA, Jorge. Prólogo. In: PÉREZ BARBERÁ, Gabriel. *El dolo eventual*: hacia el abandono de la idea de dolo como estado mental. Buenos Aires: Hammurabi, 2011, p. 36.

A interpretação parece incorreta porque a teoria de Barberá, em absoluto, não institui um *dever de saber* e filia o juízo de reproche à sua inobservância, como se, em termos simples, o dolo coubesse nos casos em que o agente *soubesse ou devesse saber*. Essa linha de entendimento soa inconciliável com a teoria do autor, na medida em que se centra, ainda, na relevância do *conhecimento*, fundando o dolo ou na sua presença, ou, em caso de ausência, no dever de que ele se fizesse presente.

O que Barberá ressalta é que, conforme se exporá em detalhes à frente, o conhecimento *per se* não *é* o dolo e não é condição *necessária* ao dolo. Ora, se não é condição necessária, descabe, por lógica, atribuir consequências a um suposto dever de sua presença, pois apenas há de estar presente (possibilitando-se a atribuição de efeitos à sua ausência), para a conformação do resultado, uma condição que seja necessária.

Parecem coisas distintas, portanto, fundar o dolo, como reproche, baseando-o na *possibilidade objetiva privilegiada de previsão do afastamento da norma* ou em um *forte dever de conhecer*, diante da elevada possibilidade objetiva de previsão. Pela primeira via, que é a defendida por Barberá, o fundamento é puramente objetivo. Pela segunda, extraída por de la Rúa, ainda há algo de subjetivo.

Esclareça-se, também, que, pela teoria de dolo de Barberá, o *objeto* do dolo não é, por definição, aquilo que pode ser objeto de conhecimento ou de vontade, mas de juízo de reproche objetivo, já que nisto, precisamente, consiste o próprio dolo. Seu objeto é, portanto, o conjunto de todas as circunstâncias empíricas (psíquicas, físicas, institucionais etc.) que conformam a ação, e o dolo não é, em si, objeto de reproche (ou seja, o Direito não valora negativamente uma dada situação fática, por nela identificar o dolo), sendo, em verdade, o próprio juízo de reproche.[346]

Posto isso, está ainda em aberto, nessa teoria, a questão sobre quais são essas circunstâncias empíricas que constituem objeto do dolo. Seriam todos os elementos fáticos de um caso concreto, desde o conhecimento, a vontade, a intenção, a indiferença, até o nome

346. PÉREZ BARBERÁ, *El dolo Eventual...*, p. 669-70.

do agente e a temperatura do ambiente em que ocorrido o fato, por exemplo?

Barberá cuida de delimitar esse objeto de exame por meio da enunciação de duas *regras de relevância* que constituem filtros pelos quais um elemento empírico deve passar, para que possa informar o juízo objetivo de reproche.

A primeira dessas regras[347] estatui que, para que um dado empírico (psíquico ou físico) possa ser relevante para os fins em questão, deve ser idôneo para influir no grau de possibilidade objetiva de previsão de afastamento da norma penal. Elementos como a qualidade do perigo criado e sua iminência, bem como estados mentais (conhecimento, confiança, vontade...), podem, eventualmente, assim, se mostrar relevantes, não por si mesmos, mas na medida em que influírem (para mais ou para menos) no grau de possibilidade objetiva de previsão.

A segunda regra de relevância,[348] certamente mais interessante para o problema da presente pesquisa, é fundada em critérios objetivos de racionalidade epistêmica e se aplica apenas a *estados mentais*, prevendo que, para que estes possam ser considerados relevantes para fins de informar o juízo de reproche objetivo, devem ser *racionais*.

Seu fundamento é o de que, sendo o dolo um juízo de reproche objetivo e, portanto, racional, deve se basear em dados também racionais, pois o vício de alguma das premissas contaminaria todo o silogismo e conduziria a uma conclusão, em alguma medida, também viciada pela irracionalidade, que não se conciliaria com os padrões normativos regentes do ordenamento jurídico.

Como consequência da aplicação dessa regra, pode-se ter um caso de determinado estado mental (como, por exemplo, um conhecimento ou uma representação, ou, igualmente, *um desconhecimento* ou *uma falta de representação*) que, por irracional, não deva ser levado em conta para a formação do juízo de reproche. Assim sendo, "una acción puede ser considerada dolosa aunque el autor no se haya representado ni siquiera los datos constitutivos del riesgo o peligro

347. *Ibid.*, p. 752-4.
348. *Ibid.*, p. 754-5.

creado por su acción u omisión",[349] da mesma forma que se revela admissível, em tese, a culpa em um caso em que a intenção do agente se dirigia no sentido da produção do resultado realmente verificado.

A proposição pode parecer, *prima facie*, conduzir a uma normativização exacerbada do conceito de dolo, porém, se bem se a analisa e se compreende seu real significado, vê-se que talvez ela não seja tão extremada e inovadora quanto parece, apenas sistematizando teoricamente e assumindo, abertamente, o que há muito já se faz tanto na doutrina, quanto, em especial, na jurisprudência.

A *ratio* por trás dessa regra é simples: o Direito, enquanto conjunto normativo-objetivo que regula *racionalmente* as relações intersubjetivas e busca manter as condições adequadas para um desenvolvimento normal da vida em sociedade, não pode sucumbir diante de irracionalidades, caprichos, idiossincrasias inaceitáveis ou qualquer postura subjetiva absurda sustentada pelo indivíduo, devendo manter um padrão normativo coletivamente aceito e estabelecido, sob pena de não cumprir seu papel, ao deixar em aberto, a cada um, a possibilidade de, arvorando-se em um comportamento pessoal afrontoso às normas jurídicas, conseguir escapar da incidência destas.

Assim, se um determinado estado mental formulado pelo agente de forma irracional[350] influir no juízo de reproche, a irracionalidade contaminará também este, o qual, por corolário, perderá seu caráter de *objetivo* e passará a funcionar como uma reprovação pessoal, dosada para aquela pessoa específica, levando-se em conta suas vicissitudes e circunstâncias concretas, o que, conforme já dito, se reserva ao juízo de culpabilidade, não ao de tipicidade, em que inserido o dolo.

349. *Ibid.*, p. 755. O autor entende, nesse sentido, que "quien irracionalmente no prevé, axiológicamente actúa (siempre desde un punto de vista objetivo) de manera no menos reprochable – al menos no en una medida relevante – que quien prevé racionalmente. (...) a mayor intensidad comunicativa del apartamiento de la regla, mayor reproche objetivo. 'Reprochabilidad objetiva', aquí, significa únicamente capacidad comunicativa objetivamente suficiente contra la regla. (...) tanto quien actúa conociendo racionalmente como quien lo hace no conociendo irracionalmente se encuentran, objetivamente, en mejores condiciones (= con mejores posibilidades) de poder prever el apartamiento de la regla que quien actúa no conociendo racionalmente o quien lo hace conociendo irracionalmente" (*Ibid.*, p. 650).

350. O sentido com que este termo é aqui empregado, na linha da teoria de Barberá, será explanado à frente.

Essa racionalidade subjaz, em alguma medida, à formulação da teoria de dolo de Puppe, especificamente no que tange ao critério da qualidade do perigo representado, pelo qual se analisa, *objetivamente*, a representação do autor, tal como por ele formulada, para, então, se qualificar o perigo por ele conhecido como doloso ou culposo, a depender de sua aptidão objetiva à produção do resultado proibido pela norma penal.[351]

Afinal, por essa lógica, eventual representação irracional do indivíduo é desconsiderada e não afeta a imputação: é o caso, por exemplo, do agente que, ciente do que faz, esconde uma bomba de alto poder de destruição em baixo da cama do melhor amigo e a detona quando este se deita, representando subjetivamente, como resultado dessa conduta, nada mais do que uma brincadeira, tendo a intenção de, apenas, dar um susto no amigo, o qual, de forma *objetivamente* óbvia e previsível, morre com a explosão.[352]

Em um exemplo tal, parece que o que a teoria de Puppe faria, *mutatis mutandis*, ainda que não se valendo desses específicos termos, é desconsiderar essa valoração subjetiva *irracional* que o indivíduo formulou de sua própria conduta e, com base no seu conhecimento sobre os fatos, reconhecer, ali, a criação consciente de um perigo *objetivamente* doloso.

Até aí, a teoria da autora parece se aproximar da de Barberá, ao também tratar normativamente os fatos, em alguma extensão. A distinção entre as duas construções reside em que, em Puppe, somente se chega a essa normativização a partir do que conhecido *subjetiva e empiricamente* pelo sujeito,[353] ao passo que, em Barberá, a

351. Nesse sentido, a autora pontua que o agente não tem "competência de decidir de modo irrecorrível sobre a relevância de um risco por ele conhecido" (PUPPE, *A distinção entre dolo e culpa*, p. 102).

352. Pela teoria de Barberá, "una ausencia de intención de realizar un peligro resulta epistémicamente irracional – y por tanto irrelevante para la formulación de la pertinente hipótesis de probabilidad – si la magnitud de aquél es tal que la falta de intención de ninguna manera podría contribuir a modificarla" (PÉREZ BARBERÁ, *El dolo Eventual*..., p. 774).

353. "O autor deve *conhecer tantos fatores* integrantes do risco de realização do tipo por ele criado quantos sejam necessários para qualificar esse risco como um *risco doloso*. Ele não precisa, contudo, valorar o perigo como um método idôneo para a realização do tipo, pois se trata de uma questão de direito, e não de fato. Ele deve, todavia, saber da existência de um perigo de

normativização já engloba esse prévio estágio, sendo possível, como dito, desconsiderar-se até mesmo um desconhecimento ou uma falta de representação do fato, se irracionais.[354]

Também a jurisprudência brasileira, ainda que sem o assumir, já encampa essa *regra de relevância* enunciada por Barberá sem maiores dificuldades. Basta pensar, por exemplo, nos inúmeros casos de receptação que, diariamente, passam pelos Tribunais, nos quais, a pretexto de se reconhecer que o agente sabia que o bem que adquiriu era produto de crime (art. 180 do CP), o que se faz, a bem da verdade, é afastar eventual desconhecimento (falta de representação) tido por irracional ou inaceitável.

Pense-se no caso, por exemplo, de uma pessoa que é abordada na rua, no centro de uma grande cidade brasileira, por um transeunte que aparenta nervosismo e pressa e não traz qualquer identificação comercial ou algo que o valha, vindo a adquirir desse transeunte, após segundos de conversa superficial, o produto que ele lhe oferece de

realização do tipo. Se lhe falta, por qualquer razão que seja, essa consciência, então pode-se-lhe formular o reproche da cegueira diante dos fatos, mas não do dolo de realização do tipo" (destaques no original) (PUPPE, *A distinção entre dolo e culpa*, p. 87-8), e, também, "o conhecimento tem função constitutiva para o injusto, o que se pode verificar na constituição dos deveres de cuidado, que dependem de que se parta de determinados conhecimentos do autor" (*Ibid.*, p. 105).

354. Em crítica ao que considera o ponto mais questionável da teoria de Puppe, Barberá sustenta, com propriedade, que: "(...) la conceptualización del dolo como *conocimiento* de las circunstancias que permitan afirmar, objetivamente, la existencia de un peligro de dolo, como Puppe de hecho propone, importa identificar el concepto (supuestamente normativo) de dolo con un dato empírico: el conocimiento, entendido por Puppe como dato óntico (psíquico). Y ello es, en definitiva, lo más cuestionable de la tesis de esta autora: pese a todo el esfuerzo invertido en demonstrar que su tesis importa un cambio de paradigma, conforme al cual se deja de lado la situación fáctico-psicológica del autor para poner en primer plano el valor expresivo de su comportamiento dentro de un proceso de comunicación entre seres racionales, etcétera, se insiste no obstante con la idea de que dolo es conocimiento, *i.e.*, un estado mental, un fenómeno empírico" (destaque no original) (PÉREZ BARBERÁ, *El dolo Eventual...*, p. 495-6). Não obstante essa crítica, com a qual aqui se concorda, Barberá reconhece o valor da teoria de Puppe, dizendo ter sido a mais estimulante construção teórica para o desenvolvimento de sua própria concepção de dolo (*Ibid.*, p. 489). Para as críticas daquele à teoria desta, cf. *Ibid.*, p. 489-99.

forma absolutamente furtiva, retirando-o sorrateiramente de dentro de sua calça, onde o trazia escondido, junto à cintura (após tê-lo furtado de outro pedestre, minutos antes): um *smartphone* de última geração, desacompanhado de qualquer acessório (carregador, fones de ouvido etc.), estojo ou nota fiscal, pagando pelo bem o que tinha em sua carteira naquele momento (R$ 80,00, R$ 100,00, que seja), quando, em verdade, o valor de mercado do aparelho gira em torno de R$ 4.000,00.

Pode-se afirmar, com segurança, que, em um caso tal, a jurisprudência brasileira, em regra, não hesitaria em placitar uma condenação nos termos do *caput* do art. 180 do CP, e não no § 3.º do dispositivo,[355]

355. Como dito, são numerosíssimos os casos em que isso se dá na jurisprudência brasileira, não sendo esta a sede adequada para um exaustivo levantamento jurisprudencial. Apenas para se comprovar o que dito no texto, vejam-se, a título exemplificativo, os seguintes julgados, todos trazidos apenas dos Tribunais de Justiça de Minas Gerais e de São Paulo, referentes a apelações julgadas em 2018 e a casos concretos muitíssimo próximos do aventado no texto (compra de telefone celular produto de furto/roubo nas mãos de pessoa descredenciada para tanto, normalmente na rua, sendo a tese defensiva, rejeitada em todos os julgados, a ausência de dolo), do que já se pode ter uma dimensão da frequência das ocorrências:

TJMG: Apelação Criminal 1.0183.17.008734-4/001, relator(a): Des.(a) Flávio Leite, 1ª Câmara Criminal, j. 17/07/2018, p. 25/07/2018; Apelação Criminal 1.0114.15.007845-8/001, relator(a): Des.(a) Wanderley Paiva, 1ª Câmara Criminal, j. 10/07/2018, p. 18/07/2018; Apelação Criminal 1.0024.17.070884-6/001, relator(a): Des.(a) Júlio Cezar Guttierrez, 4ª Câmara Criminal, j. 04/07/2018, p. 11/07/2018; Apelação Criminal 1.0145.16.015165-3/001, relator(a): Des.(a) Catta Preta, 2ª Câmara Criminal, j. 03/05/2018, p. 14/05/2018.

TJSP: Apelação 0020679-14.2016.8.26.0114, relator(a): Des.(a) Otávio de Almeida Toledo, 16ª Câmara de Direito Criminal, j. 24/07/2018, r. 25/07/2018; Apelação 0001167-91.2016.8.26.0616, relator(a): Des.(a) Juvenal Duarte, 5ª Câmara de Direito Criminal, j. 05/07/2018, r. 05/07/2018; Apelação 0000271-54.2017.8.26.0635, relator(a): Des.(a) Márcio Eid Sammarco, 9ª Câmara de Direito Criminal, j. 28/06/2018, r. 29/06/2018; Apelação 0043902-33.2012.8.26.0050, relator(a): Des.(a) Alexandre Almeida, 11ª Câmara de Direito Criminal, j. 20/06/2018, r. 22/06/2018; Apelação 0009292-45.2016.8.26.0229, relator(a): Des.(a) Silmar Fernandes, 9ª Câmara de Direito Criminal, j. 14/06/2018, r. 15/06/2018; Apelação 0000719-25.2017.8.26.0571, relator(a): Des.(a) Sérgio Coelho, 9ª Câmara de Direito Criminal, j. 24/05/2018, r. 15/06/2018.

A metodologia de pesquisa consistiu em, simplesmente, inserir os termos *apelação*, *receptação*, *celular* e *dolo* nas ferramentas de pesquisa de jurisprudência dos *sites* dos referidos Tribunais, não havendo qualquer outro direcio-

ainda que, genuinamente, o agente não tivesse representado a origem criminosa do bem.[356]

Os Tribunais o fazem, contudo, sem o assumir abertamente, fundamentando as decisões condenatórias, usualmente, sob o pretexto de que a questão se resolve em discussão probatória[357] e que, dadas aquelas circunstâncias fáticas, era impossível que o agente não tivesse a referida representação subjetiva, estando ele, assim, mentindo ao dizer que não sabia ser o celular produto de crime ("sabia sim!", diria o Judiciário).

Ocorre que, raramente ou não (a frequência das ocorrências não é o relevante aqui), o réu, em casos assim, tal como no exemplo aqui aventado, não está mentindo: ele realmente não formulou a representação da origem criminosa do bem que adquiriu.

O que, honestamente, subjaz a uma condenação por receptação dolosa em um caso tal é, exatamente, a ideia de que o Direito não pode aceitar uma ingenuidade tão absurda, ou seja, um estado mental tão apartado dos padrões normais da sociedade, uma ausência de representação de circunstância fática tão irracional ("pouco importa se, de fato, sabia ou não: naquelas circunstâncias, a aquisição do celular configura uma receptação dolosa!", pensaria o Judiciário).

Nesse sentido, da leitura do inteiro teor dos acórdãos referidos na nota 355, constata-se, inegavelmente, que *todas* as condenações não se preocuparam com o *conhecimento* dos réus quanto à origem criminosa dos celulares, mas sim com as circunstâncias fáticas de

namento quanto aos termos pesquisados, pelo que se pode afirmar ser esse o padrão de decisões nessa matéria.

356. "En casos difíciles, en donde no es del todo claro si debe condenarse por dolo o por imprudencia, o si debe absolverse en el supuesto de que no esté previsto el correspondiente delito imprudente, lo cierto es que los jueces sólo condenan por dolo cuando la argumentación a favor de la imprudencia o de la irrelevancia jurídico-penal les resulta irracional o directamente inatendible" (PÉREZ BARBERÁ, *El dolo Eventual...*, p. 812).

357. Exatamente por isso, a matéria dificilmente chega aos Tribunais Superiores, incidindo o enunciado n. 7 da súmula do Superior Tribunal de Justiça (nesse sentido, cf. AgRg no AREsp 1232360/GO, relator(a): Min. (a) Jorge Mussi, 5ª Turma, j. 22/05/2018, publ. 01/06/2018), o que explica o recorte do breve levantamento jurisprudencial constante da nota 355 à Instância ordinária.

cada caso, a demonstrarem a alta possibilidade de configuração da elementar típica (ao que Barberá se refere, exatamente, como *possibilidade objetiva privilegiada de previsão* ex ante *do afastamento da norma penal*). Comprovadas tais circunstâncias, vê-se que os Tribunais realmente não se importam com o conhecimento psicológico, chegando a afirmar, no último julgado do TJMG listado na nota, que "este Tribunal de Justiça entende que a simples negativa de ciência de que a coisa apoderada não é produto de crime não afasta o dolo da receptação".[358]

Já no segundo julgado listado do mesmo Tribunal, assim fundamentou a Turma Julgadora:

> "Para se caracterizar o crime de receptação, é necessária a presença do dolo. Todavia, o ilícito em tela é de difícil comprovação, tornando-se imprescindível a análise das circunstâncias em que foi perpetrado, tais como: a natureza da res furtiva, a disparidade entre o valor pago e o de mercado, bem como a condição de quem oferece. (...)
>
> De mais a mais, o valor que o réu assumiu ter pagado pelo celular, qual seja, R$100,00 (cem reais) é muito discrepante com o valor de mercado do aparelho.
>
> Considerando que atualmente todos têm fácil acesso aos meios de comunicação, computadores e internet, nos parece pouco crível que o réu, antes de adquirir o aparelho, não procurasse saber o valor de mercado ou exigisse a comprovação da procedência do bem, mediante apresentação de nota fiscal ou outro documento."[359]

Percebe-se que o que orienta a decisão condenatória pelo crime doloso não é nenhum dado psicológico subjetivo daquele réu em específico, mas, sim, padrões normativos socialmente estabelecidos, de acordo com os quais se entende que, dado um determinado cenário fático, a possibilidade *objetiva* de previsão do afastamento da norma penal era *privilegiada*.

358. Acórdão disponível em: <http://www5.tjmg.jus.br/jurisprudencia/>. Acesso em 29/07/2018.

359. Acórdão disponível em: <http://www5.tjmg.jus.br/jurisprudencia/>. Acesso em 29/07/2018.

Veja-se que, ao assim se proceder, não se incorre, de forma alguma, em responsabilidade penal objetiva, vez que há, aí, respeito ao poder de domínio do agente e a parâmetros normativos racionais.

Apenas para se permanecer no exemplo e completar o raciocínio, responsabilidade penal objetiva haveria no caso de se condenar por receptação dolosa aquele que se dirige a uma loja regularmente constituída e instalada em um *shopping center* e lá adquire um celular seminovo, em bom estado de conservação, acompanhado de documentação fiscal sem vícios formais ou materiais aparentes, estojo e acessórios, pagando o equivalente a cerca de 50% (cinquenta por cento) do que custaria o mesmo bem novo, sendo tal aparelho, contudo, produto de crime, uma vez que, posteriormente, veio à tona a descoberta de o proprietário do estabelecimento integrar organização criminosa cuja atividade consistia na comercialização, sob fachadas de legalidade, de produtos eletrônicos furtados/roubados, tendo aquele específico celular sido roubado de um pedestre, poucos dias antes.

Nesse caso, o aspecto subjetivo da conduta, tal como conformado pelo agente, é absolutamente racional e objetivamente justificável, pelo que a *segunda regra de relevância* de Barberá impõe sua consideração para fins de imputação penal, sendo certo que, nesse exemplo, a teoria de dolo do autor conduziria, como qualquer outra, à impossibilidade de imputação da conduta, tanto por dolo, quanto por culpa, diante do inegável erro de tipo invencível,[360] não havendo, na situação fática, qualquer grau considerável de previsibilidade objetiva do afastamento da norma penal.[361]

Fez-se esse brevíssimo excurso jurisprudencial apenas para se demonstrar que esse ponto da teoria de dolo aqui exposta apenas oficializa o que já é a *praxis* jurisprudencial em muitos grupos de casos,[362] trazendo-lhe fundamentos teóricos honestos que, exata-

360. Frise-se que o agente não simplesmente *ignorava* a origem criminosa do bem, ele *representava* sua origem lícita, já que adquirido em estabelecimento regular, com documentação fiscal sem vícios aparentes.

361. Esclareça-se que, por *afastamento da norma penal*, Barberá alude, simplesmente, à *ocorrência da conduta penalmente tipificada*; a prática do tipo penal é o afastamento, a negação da norma penal a ele subjacente.

362. Barberá também tem a mesma percepção quanto à jurisprudência alemã e argentina, pontuando que "(...) en todos los casos lo que ha hecho

mente por isso, podem causar alguma estranheza à primeira vista, reação esta que parece não resistir a um exame mais aprofundado das questões trazidas.

Prosseguindo, tem-se que uma hipótese de estado mental irracional expressamente reconhecida por Barberá configura-se nos casos em que dito estado se mostra "objetivamente incompatible con las normas de conducta elementales características de la generalidad o de la actividad específica de que se trate, que garanticen un desarrollo de *esa* actividad acorde a estándares mínimos".[363]

Essa colocação se mostra de interesse para o problema da presente pesquisa, na medida em que, conforme já se expôs em capítulo anterior (Capítulo 5), aquele que ocupa uma posição de garantia penal se vê sujeito a todo um plexo de deveres próprios dessa posição específica, sendo que, no caso de garantes de vigilância, incumbe-lhes o dever de efetivamente fiscalizar a fonte de perigo a eles submetida, de modo a manter a atividade desta dentro de padrões mínimos de

realmente los tribunales al momento de decidir los casos reales es evaluar pautas de racionalidade respecto a la alegación real o posible de la concurrencia de determinados estados mentales. (...) De allí nuestra conclusión en el sentido de que la presente investigación no sólo intenta reconstruir qué es el dolo, sino que de hecho importa *también* una reconstrucción de lo que los tribunales implícitamente hacen en la práctica. Nuestra concepción, de hecho, permitiría a los jueces fundamentar adecuadamente sus conclusiones sin tener que caer en burdas hipocresías o ficciones, como cuando, por ejemplo, para poder afirmar el dolo sostienen que el autor se representó la posibilidad del peligro aun cuando es evidente que ello no ha sido así (...). Mucho más honesto intelectualmente y adecuado científicamente es admitir que también es posible condenar por dolo aun cuando no exista representación efectiva, y dar las razones de por qué ello es así" (destaques no original) (PÉREZ BARBERÁ, *El dolo Eventual...*, p.797-8). Entende o autor, ainda, que sua teoria "constituye una reconstrucción analítica de lo que realmente sucede en la práctica, aunque ella no lo asuma explícitamente" (*Ibid.*, p. 812). Veja-se que a jurisprudência é aqui trazida apenas para se afastar a crítica (frequentemente formulada à teoria ora sustentada) de que tal abordagem ao dolo romperia com toda a tradição romano-germânica de imputação subjetiva, ao se demonstrar que, na verdade, ela não contradiz, senão oficializa e fundamenta adequadamente o que já é a prática reiterada dos Tribunais. Não se está a utilizar a jurisprudência para legitimar a teoria, como se se dissesse que *porque é feito assim, deve ser feito assim.* A defesa da teoria em si é apresentada em outro ponto do texto.

363. *Ibid.*, p. 767. Destaque no original.

segurança e evitar possíveis resultados advindos do desrespeito a tais estandartes.

O estado mental de ignorância dominado pelo autor é essencialmente incompatível com tais normas, na medida em que estas determinam ao agente exatamente o oposto: que vigie a fonte de perigo, sendo impossível vigiar algo sem saber como este algo está.[364]

Seguindo essa linha, os casos de cegueira deliberada quanto à situação típica de perigo, por parte do garante, encontram resposta fundamentada na teoria de Barberá,[365] posto que, sendo este um estado mental *irracional*, vez que *objetivamente incompatível com as normas elementares da atividade específica*, deve ele, conforme a segunda regra de relevância enunciada, ser desconsiderado para fins de formação do juízo de reproche objetivo.

Após essa desconsideração, o juízo deve se formar, então, a partir dos demais elementos do caso concreto, de modo a identificar se este se subsome a um tipo penal doloso, a um culposo ou, ainda, se é atípico, sendo estes elementos que demonstrarão se, naquele caso, cabe o reproche objetivo, diante de uma possibilidade, também obje-

364. "(...) el directivo de una empresa que organiza su estructura de subalternos de forma a asegurarse no saber lo que éstos hagan para no enterarse de eventuales conductas delictivas que aquellos cometan y de esa forma escapar de posibles incriminaciones a él (ejemplo de Ragués i Vallès (...)), actúa en contra de las normas elementales que permiten caracterizar a su actividad como la propia de un directivo de empresa (es decir, las que definen su posición de garante como tal): un directivo que obrara así no sería, en verdad, un directivo, que debe estar informado de lo que hacen sus subalternos para poder ejercer ese cargo (...)" (*Ibid.*, p. 798, nota 387). Vide, contudo, observação na nota seguinte.

365. Registre-se que essa resposta é aqui extraída dos enunciados da teoria do autor como um todo, vez que seu texto não trata, especificamente, do caso da ignorância deliberada, abordando-o apenas *en passant* na nota de rodapé referida na nota anterior e, ainda, de forma um pouco confusa e até mesmo contraditória. Afinal, após o trecho citado na nota anterior, o autor dá a entender, de forma infundada, que não caberia o juízo de reproche doloso no caso de representação subjetiva de não mais do que condutas típicas indeterminadas. Tal afirmação colide com toda a racionalidade da sua teoria, conforme reconhecido em crítica de Ragués i Vallès à referida nota de rodapé de Barberá (RAGUÉS i VALLÈS, De nuevo, el dolo eventual..., p. 9, nota 20), reclamando ulteriores esclarecimentos por parte do autor, não apresentados na obra aqui referida.

tiva, de o autor prever, *ex ante*, o afastamento da norma penal, e, em caso afirmativo, se esta possibilidade era objetivamente privilegiada (dolo) ou atenuada (culpa).

Portanto, tratando-se os casos objeto deste estudo pela ótica da teoria de Barberá, vê-se que não será todo e qualquer caso de cegueira deliberada do garante que comportará o juízo de reproche doloso,[366] mas apenas aqueles em que, em que pese a ausência de conhecimento e, portanto, de possibilidade *subjetiva* de previsão do ilícito, se constate uma possibilidade *objetivamente* privilegiada[367] de tal previsão.

Não se trata, destarte, de fundar a imputação, simplesmente, naquilo que o agente poderia vir a conhecer, como se vê em algumas críticas à teoria da cegueira deliberada,[368] mas de trazer à formação do juízo de imputação aquilo que o agente *decidiu* não conhecer.

Pense-se, por exemplo, em um crime cometido por um empregado no contexto empresarial, crime este que se insere na zona de vigilância do dirigente da empresa que o supervisiona (o qual, portanto, deveria, enquanto garante, ter evitado o resultado advindo do ilícito), sendo que a empresa em questão instalou e mantém em funcionamento um rigorosíssimo programa de integridade, em que as atividades dos supervisionados são acompanhadas de perto e se guiam por códigos de conduta estabelecidos pela direção empresarial. Não obstante tudo isso, dito empregado chegou a cometer o crime, escapando ao rígido controle de seus supervisores, somente tendo o fato vindo à tona após consumado.

Em um caso tal, verifica-se a tipicidade objetiva do crime omissivo impróprio, já que atendidos todos seus requisitos. Não se verifica, contudo, o dolo, ante a ausência de uma possibilidade objetivamente privilegiada de previsão *ex ante* do fato típico.

366. PÉREZ BARBERÁ, *El dolo Eventual...*, p. 791.

367. Note-se que Barberá usa o termo *privilegiada* em sentido oposto ao que ele usualmente tem no Direito Penal: quer dizer algo como *favorecida, especial*, e não *atenuada, de menor gravidade ou desvalor*, como se faz ao se falar, por exemplo, em um tipo penal privilegiado. Em verdade, *atenuada* é o adjetivo com que o autor qualifica a possibilidade objetiva de previsão caracterizadora da *culpa*.

368. LAUFER, Christian; SILVA, Robson A. Galvão da. A teoria da cegueira deliberada e o direito penal brasileiro. *Boletim IBCCRIM*, vol. 204, 2009, p. 11.

E isso, vale frisar, se dá com independência da disposição subjetiva do garante – ou seja, esteja ele em cegueira deliberada ou não –, pois, repita-se, o juízo de possibilidade de previsão é *objetivo*.

Adotando-se os parâmetros trazidos pela teoria de dolo desenvolvida por Barberá, como aqui se propõe, chega-se, portanto, à conclusão de que a imputação dolosa do crime omissivo impróprio ao garante em cegueira deliberada não é irrestrita, como se a decisão pela ignorância fosse uma espécie de *carta branca* a permitir com que tudo pudesse ser imputado ao agente. Afinal, se, em uma análise objetiva, a possibilidade de previsão, pelo garante, do afastamento em relação ao comando da norma penal, é inexistente ou desprezível, a conduta será atípica, e, se for atenuada, dará lugar ao reproche culposo. Somente caberá o reproche doloso se tal possibilidade for *objetivamente privilegiada*,[369] quando, então, a ausência de previsão

369. É necessário pontuar que essa possibilidade objetivamente privilegiada de ocorrência do fato penalmente relevante (que, na linha da teoria aqui defendida, fundamenta o juízo de reproche doloso) somente há de ser aferida após o preenchimento dos requisitos da tipicidade e da imputação objetivas do crime. Afinal, ausente um tipo objetivo já configurado, não há que se analisar a questão do dolo, dada a ordem de prejudicialidade entre os dois pontos. A observação é importante para que fique claro que aqui não se defende um dolo *antecedente* ou *subsequente* ao fato, mas sempre e necessariamente *concomitante*. Dado que o tipo objetivo do crime omissivo impróprio somente surge quando da conjugação dos elementos já referidos em seção anterior do trabalho (item 6.1), é apenas quando houver a *situação típica de perigo* e a *possibilidade de intervenção por parte do garante* que caberá a aferição dessa possibilidade objetiva de previsão de ocorrência do fato. Não se está aqui a defender a admissão do dolo mediante a simples *incursão* do agente em cegueira deliberada, como se, a partir de então, ele já estivesse em um estado análogo à *tentativa inidônea* do crime omissivo impróprio, caso a situação típica não venha a se configurar. Ausente uma situação objetivamente típica, não há sentido em se analisar dolo (art. 17 do CP, já alhures referido). É somente quando (e *enquanto*) houver a conformação do tipo objetivo que se passará a formular o juízo de reproche doloso, oportunidade em que se examinará o conhecimento, o desconhecimento e tantos outros elementos empíricos, *sempre contemporâneos ao tipo objetivo*, aplicadas as duas regras de relevância já trabalhadas no texto, sendo um indiferente penal a cegueira deliberada anterior ou posterior a esse intervalo temporal da tipicidade objetiva (ESTELLITA, *Responsabilidade penal...*, p. 290-1). Portanto, ao se postar em cegueira deliberada absoluta e de forma genérica, o garante, no contexto empresarial, *não está iniciando a execução de crime algum*. Crime só poderá haver quando se tiver presente a tipicidade objetiva. Não há, portanto, deslocamento do dolo para momento

a nível subjetivo, por irracional (como no estado de cegueira deliberada), deve ser desconsiderada.

Descobre-se, assim, uma resposta ao problema da pesquisa, mediante formulação de uma proposta de tratamento penal que se reputa adequada para casos de cegueira deliberada do garante quanto à situação típica de perigo, em um contexto empresarial.

Na síntese de Barberá, aqui incorporada, tem-se que:

> "Dolo no es ni voluntad ni conocimiento. Imprudencia, por su parte, no es ni ausencia de voluntad ni ausencia de conocimiento. Ello, sin embargo, no significa que voluntad y conocimiento, así como sus ausencias correspondientes, no jueguen papel alguno respecto del dolo y de la imprudencia. Tales datos psíquicos o estados mentales, empíricos, pueden, llegado el caso y junto con otros, ser relevantes para la conformación de los supuestos de hecho individuales que realicen el dolo o la imprudencia. Pero en lo que respecta a los *conceptos* de ambas categorías nada tienen que aportar."[370]

A ausência de conhecimento psicológico por parte do sujeito relativamente ao fato, portanto, não impede, por si só, a conformação de um caso concreto a um tipo penal doloso,[371] pois dolo é *juízo objetivo*, conceito *normativo* que, como tal, há de se pautar pela *racionalidade*, inadmitindo-se premissas irracionais no silogismo, sob pena de se chegar a uma conclusão também irracional.

Este trabalho defende que é uma conclusão irracional negar-se o dolo diante do desconhecimento fático de forma peremptória e açodada, independentemente de se analisar mais nada, entregando-se, assim, na mão do indivíduo decidir se sua conduta, objetivamente típica, será ou não criminosa.

Um dos argumentos que os textos que sustentam teorias cognitivas do dolo recorrentemente erigem contra as teorias volitivas é, exatamente, de estas atribuírem ao sujeito, e não ao Direito, a compe-

anterior ao crime. O juízo doloso exerce-se com base nos elementos empíricos concomitantes à situação típica.

370. PÉREZ BARBERÁ, *El dolo Eventual*..., p. 43. Destaque no original.

371. Em sentido contrário, Estellita entende que, à luz do art. 20 do CP, o conhecimento das elementares do tipo objetivo é componente *sine qua non* do dolo (ESTELLITA, *Responsabilidade penal*..., p. 288).

tência para decidir o que é dolo, ao que fatalmente se chega, se se entender dolo como *conhecimento e vontade*, esta última em sentido psicológico-descritivo. Empregam, assim, as teorias cognitivas, em regra, uma concepção normativo-atributiva de vontade, o que, supostamente, resolve o problema.

Contudo, ao se manterem firmes na exigência de um conhecimento psicológico para fins de conformação do dolo, restringindo a abordagem normativa do conceito apenas ao aspecto volitivo, tais teorias, *ainda que digam o contrário*,[372] continuam deixando nas mãos do indivíduo, e não do Direito, decidir o que é dolo,[373] pelo que se pode dizer que resolvem o referido problema *pela metade*.

Conforme já se expôs ao longo de todo este trabalho, há situações em que o conhecimento do fato é dominado pelo sujeito. A afirmação de Puppe de que o indivíduo não é senhor do que conhece ou deixa de conhecer[374] não é universal; aplica-se a hipóteses em que o segmento de reta formado pelos pontos *fato* e *sujeito* é relativamente curto e ininterrupto, ou seja, sem barreiras.

É necessário reconhecer que, na enorme maioria dos fatos penalmente relevantes, a situação é precisamente essa, estando o fato e o sujeito fisicamente próximos, normalmente sendo aquele causado diretamente pelo próprio corpo deste. Porém, a partir do momento em que o Direito Penal passa a reconhecer relevância em uma conduta omissiva consistente na não evitação de um resultado que *pode* se

372. GRECO, Dolo sem vontade, p. 896.

373. Em crítica, especificamente, à teoria de Puppe, Barberá pondera: "Según esta postura doctrinaria, em tanto el autor sea consciente de uma determinada situación fáctica, ella será valorada conforme a los parâmetros objetivos del derecho, no según los parámetros subjetivos del autor. Pero si el autor no se representa algo, entonces queda excluida ya toda posibilidad de imputar dolo a partir de lo no representado. La no representación no se enjuicia, sólo se enjuicia la representación. Aquí, en cambio, (...) lo que resulta es que también la *ausencia* de representación debe enjuiciarse conforme a parámetros objetivos" (destaque no original) (PÉREZ BARBERÁ, *El dolo Eventual...*, p. 674-5). Pedro Jorge Costa observa, com acerto, que Barberá, em verdade, nada mais faz, senão levar a teoria de Puppe às últimas consequências (COSTA, *Dolo penal...*, p. 206).

374. Vide nota 218.

materializar em local distante do omitente, esse entendimento tem de ser revisto.[375]

A impressão que se tem é que as teorias cognitivas de dolo, ao se manterem atadas a um conhecimento psicológico do fato e sustentarem que, pela adoção de uma concepção normativo-atributiva de *vontade*, retiram do indivíduo a competência para definir o que é dolo e passam-na ao Direito, não se dão conta da exceção e tratam o conhecimento como algo de que o sujeito não é senhor, o que, embora seja correto na maioria dos casos, não o é em todos, definitivamente não na omissão imprópria.

Sustentar que, na omissão do diretor de segurança ambiental que está em cegueira deliberada em sua sala, enquanto as máquinas da fábrica (configuradas e dispostas pelos empregados da empresa, tudo sob sua supervisão) vertem ininterruptamente grande fluxo de material tóxico altamente poluidor em um curso natural d'água, há tipicidade objetiva, porém não dolo, é deixar nas mãos desse diretor decidir livremente, como se fosse um verdadeiro direito potestativo seu, o que é dolo; decidir quando ele agirá dolosamente ou não; decidir, em última análise, se o Direito Penal pode alcançá-lo ou não. É tornar o Direito refém do indivíduo.[376]

375. De fato, os crimes omissivos possuem peculiaridades que reclamam uma adaptação dos institutos construídos com base nos crimes comissivos. Nesse sentido, Stratenwerth pontua: "Ambas formas de conducta son esencialmente diferentes en su estructura: en el delito de omisión, el autor, en lugar de actuar, precisamente *no* lleva a cabo una acción (mandada). De allí que los principios de la imputación jurídico-penal tengan que ser, en el delito de omisión, esencialmente distintos a los del delito de acción. Sin embargo, la dogmática penal se ha orientado durante mucho tiempo, predominantemente, según el modelo del delito de acción, de manera que los presupuestos y las formas de la responsabilidad penal en el delito de omisión son aún extremadamente dudosas en muchos aspectos" (STRATENWERTH, *Derecho Penal...*, p. 379).

376. "(...) não é demais pontuar que as figuras da ignorância deliberada e da *actio libera in causa*, prevista no art. 28, II, do Código Penal, ecoam uma mesma *ratio*: a regra de que *ninguém pode desfrutar de uma causa de exclusão de responsabilidade penal provocada em benefício próprio*" (destaques no original) (PRADO, Dos crimes..., p. 300). A cegueira deliberada do garante talvez possa ser tratada, também, pela via da *actio libera in causa* ou da *omissio libera in causa*. Este trabalho, contudo, não se propõe a entrar nessa temática, por duas razões: conceituada a figura do erro de tipo, nos moldes propostos, e adotada a teoria de dolo ora defendida, já se chega a uma solução

A se seguir esse entendimento, aqui tido por inadequado, pode-se dizer que tudo que o Direito Penal busca fazer por meio da tipicidade objetiva do crime omissivo impróprio de um garante de vigilância se esvaece pela tipicidade subjetiva que costuma se exigir para o delito. Pelo tipo objetivo, o garante é incumbido de uma série de deveres cujo estabelecimento não se dá em vão, mas em decor-

ao problema que aqui se reputa satisfatória, pelo que esse outro caminho teórico pode até ser possível, mas não se faz necessário, diante da suficiência daquele trilhado pelo trabalho. Além disso, a título de reflexões preliminares, parece que as figuras da *actio libera in causa* e da *omissio libera in causa* não seriam aplicáveis à hipótese de estudo, na medida em que o traço marcante das situações a que dizem respeito é, muito brevemente, a falta de controle do agente sobre o fato, quando da ocorrência deste, acarretada por uma conduta anterior sua (esta sim, praticada livremente e com domínio) que o conduz à falta posterior de domínio. Nesse sentido, Tavares pontua que a *omissio libera in causa* se daria em situações nas quais o garante eliminasse, por ato comissivo, a possibilidade de sua posterior atuação, faltando-lhe capacidade de ação quando da ocorrência do fato que reclamaria sua intervenção, como no exemplo do responsável por um barco salva-vidas que o destrói logo antes de ocorrer um afogamento no qual o barco deveria ser empregado (TAVARES, *Teoria...*, p. 299-301). Ocorre que, conforme já dito, o garante em cegueira deliberada não está em descontrole da situação quando da ocorrência do fato sobre o qual lhe cabe agir e muito menos em incapacidade de ação. Pelo contrário, ele permanece no controle do fato e pode perfeitamente agir. Prova disso é que, como já ressaltado, ele consegue tranquilamente sair do estado de cegueira deliberada quando quiser, bastando ir atrás do conhecimento que vinha evitando ou retirar as barreiras que impusera à chegada do conhecimento a si. *Ficar em* ou *sair do* estado de cegueira deliberada está em suas mãos não apenas quando da conduta anterior, de adoção de tal estado, mas também quando da ocorrência da própria situação típica. Esse quadro parece ser bem diferente do caso clássico de *actio libera in causa*, referente à embriaguez voluntária ou culposa: nesta, o agente tem domínio sobre a causa (o ato de se embriagar); porém, uma vez atingido o estado fisiológico de embriaguez absoluta, a circunstância (embriaguez) já não está mais sob seu controle, ele não consegue simplesmente *deixar de estar embriagado* na hora que quiser, como o garante deliberadamente ignorante consegue *deixar de estar ignorante*, bastando querer. Para uma completa exposição da *actio libera in causa* nos casos de embriaguez, cf. QUANDT, Gustavo de Oliveira. *A teoria da* actio libera in causa *e a inimputabilidade por embriaguez*: limites e possibilidades no direito penal brasileiro. 2016. 126 f. Dissertação (Mestrado em Direito) – Universidade Federal do Paraná, Curitiba, 2016, *passim*. Repita-se, porém, que se trata de reflexões preliminares sobre matéria que foge ao objeto de pesquisa, merecedora de estudos à parte. Sobre o assunto, cf. VARELA, *Norma e imputación...*, p. 662-4, e SYDOW, *A teoria da cegueira deliberada*, p. 245-54.

rência de o Direito reconhecer que há, ali, uma fonte de perigo que essa pessoa domina, com exclusão das demais, pelo que é ela responsável pela sua vigilância e contenção, de modo a que sua liberdade de conformação de uma fonte de perigo não afete a liberdade e o direito de terceiros de não se verem lesados por essa fonte. Pelo tipo subjetivo, tal como desenhado pela doutrina majoritária, tudo isso cai por terra e se entrega exatamente a essa pessoa, onerada com os referidos deveres, decidir se tais ônus poderão ou não lhe ser exigidos, se poderá ser punida ou não pela sua inobservância.

A prevalecer isso, ingênuo é o empresário que *sabe*, que *fiscaliza* sua empresa, que estabelece canais efetivos de denúncia interna de irregularidades, que faz tudo de natureza preventiva que lhe cabe, na qualidade de garante. Esse empresário, se, em meio às suas atividades de vigilância, tomar conhecimento de uma situação típica de perigo, deverá agir para evitar o resultado, sob pena de ser penalmente responsabilizado.

Já o empresário esperto cuidará, sem dúvida alguma, de se pôr em estado de ignorância e, assim, poder permanecer inerte e, confortavelmente, intocável pelo Direito Penal, ainda que não tenha cumprido qualquer parcela de seus deveres, enquanto agente garantidor, violando frontalmente, assim, a norma penal incriminadora.

É necessário ter-se em conta que, quando se fala em *agir para evitar o resultado*, não se está, muitas das vezes, a se referir a algo simples ou economicamente indiferente, como um telefonema que o dirigente possa dar a um empregado, ordenando isto ou aquilo, e pronto. Frequentemente, no contexto de grandes empresas, essa ação de evitação de resultados típicos é algo bastante trabalhoso e economicamente desinteressante. Pode-se estar falando, por exemplo, em alterar o funcionamento de uma fábrica poluidora mediante instalação de equipamentos de tratamento de resíduos, filtros em chaminés, máquinas menos poluidoras, emprego de matérias-primas limpas, contratação de outras empresas especializadas na prevenção de poluição e coleta de resíduos tóxicos, tudo com custo elevado e possível redução da produtividade da fábrica. Pode-se, também, estar falando no desmantelamento de todo um *setor de propina* estruturado e voltado a práticas corruptas das mais variadas formas, no seio de uma empreiteira cujo bilionário faturamento depende, em grande parte, de contratos com a Administração Pública.

Tudo isso para se demonstrar que o cumprimento dos deveres de garante penal no contexto empresarial é onerosíssimo e, assim sendo, qualquer alternativa para se escapar dessa carga que o Direito Penal criou para os ocupantes de posições de garantia dentro de empresas se mostra interessantíssima tanto do ponto de vista pessoal, quanto institucional e econômico.

A exigência de conhecimento subjetivo, sob pena de inflexível descabimento do juízo doloso, é um verdadeiro oásis para o garante que, após se assustar (com razão) ao se dar conta do que o Direito lhe cobra, encontra uma luz salvadora no fim do túnel: basta *não saber*, e tudo estará resolvido.

Sydow chama a atenção para esse ponto, destacando as vantagens econômicas que o sistema de imputação subjetiva clássico, ao exigir a presença de estados psicológicos (conhecimento real e efetivo, vontade, intenção...), acaba por atribuir ao estado de ignorância. O autor observa que uma alternativa interessante ao sujeito racional seria, exatamente, seu distanciamento físico em relação à consequência material da conduta, de modo que ele possa colher os proveitos econômicos, sem *saber* o que se passa na outra ponta da operação.[377]

O aspecto também é trabalhado em profundidade por Hamdani, que, escrevendo no contexto do *common law*, classifica como ponto negativo do conceito de *mens rea* o potencial efeito de desincentivo que este tem em relação à obtenção de conhecimento sobre aspectos penalmente relevantes da conduta, na medida em que, tendo conhecimento, o agente se expõe à responsabilidade penal pelo ato que cometer, ao passo que a ignorância lhe asseguraria os benefícios da conduta, sem riscos de responsabilização penal, sendo, portanto, a

377. SYDOW, *A teoria da cegueira deliberada*, p. 101-4.

melhor estratégia a ser adotada pelo sujeito racional,[378] em um sistema que exija a presença de conhecimento subjetivo.[379]

O autor observa que mesmo a formulação da *willful blindness doctrine*, mediante os requisitos postos pela jurisprudência americana, já examinados em capítulo anterior deste trabalho (Capítulo 2), não chega a oferecer uma solução satisfatória para o que considera o *defeito fundamental* da noção de *mens rea*. Para Hamdani, a exigência de suspeitas e consciência subjetiva da alta probabilidade de ocorrência do fato torna a teoria ineficiente em relação ao sujeito que, estrategicamente, se distancia da informação, não chegando a formular subjetivamente a representação nem mesmo dessa *alta probabilidade*, pelo que conclui que a teoria formulada no seio do *common law*, por seu limitado escopo, traz poucos incentivos ao indivíduo, para que este supere a ignorância e atinja o conhecimento.[380]

Neste trabalho, defende-se, na linha do que apontado por Hamdani, que a admissão da ignorância como alternativa segura e intocável à responsabilização penal por dolo gera um sistema penal irracional,[381] sendo exatamente isto o que Barberá denuncia e busca evitar com sua teorização do dolo – e consegue: a irracionalidade de uma premissa (desconhecimento) a contaminar todo o silogismo e conduzir a uma conclusão também irracional (inflexível ausência de dolo).

378. Veja-se que o termo *racional*, aqui, não tem o mesmo significado com que Barberá o emprega, já explanado acima. A racionalidade a que aqui se refere é aquela própria da Teoria dos Jogos, "que consiste em se admitir que cada jogador, em sua decisão, escolherá a alternativa mais adequada aos seus objetivos, isto é, buscará o melhor para si considerando as restrições existentes" (CARVALHO, José Augusto Moreira de. Introdução à teoria dos jogos no direito. *Doutrinas Essenciais de Direito Empresarial*, vol. 6, 2010, acesso digital). Importante registrar que essa racionalidade a que se alude na Teoria dos Jogos não diz respeito ao fim em si, sobre o qual não se deve emitir juízo de valor, mas à escolha dos meios para se atingi-lo. Assim, estabelecida a não responsabilização penal como objetivo do indivíduo, a escolha racional deste, em um sistema jurídico que exija seu conhecimento efetivo quanto ao fato, será se manter em ignorância, dado ser um meio idôneo para se atingir o fim almejado, descabendo considerações quanto à racionalidade deste.

379. HAMDANI, Assaf. Mens Rea and the Cost of Ignorance. *Virginia Law Review*, vol. 93, 2007, p. 425-6.

380. *Ibid.*, p. 452-3.

381. Aqui já empregado o termo, novamente, na acepção que lhe confere Barberá.

Defende-se, portanto, que o indivíduo pode ser senhor do seu conhecimento e realmente o *é*, quanto a fatos fisicamente distantes de si, objeto de conhecimento possível, mas não naturalmente necessário; que o dolo não *é* conhecimento; que o desconhecimento na cegueira deliberada do garante é irracional, vez que objetivamente incompatível com as regras elementares da atividade específica de garante penal no contexto empresarial; e que estados mentais irracionais não podem informar o juízo de reproche objetivo, sob pena de este se contaminar pela irracionalidade.

Portanto, há de se exercer o juízo objetivo de reproche doloso sobre a conduta omissiva do garante no contexto empresarial que nada faz para impedir um resultado típico que acaba por se verificar, quando se constatar uma possibilidade objetiva privilegiada de previsão *ex ante*, pelo garante, de tal resultado, independentemente de ele ter ou não conhecimento psicológico da situação típica, faltando-lhe competência para decidir se sua conduta objetivamente típica é dolosa ou não.

As teorias cognitivas retiraram do sujeito grande parte da competência que as teorias volitivas lhe asseguravam, para decidir o que é dolo. Aqui se propõe, com embasamento na teoria de Barberá, a retirada do que ainda ficou. Dolo é um conceito normativo que cabe ao Direito, de forma racional, definir e aplicar. Na síntese de Ragués i Vallès, "no existe un 'dolo' ajeno al Derecho penal, sino que todo concepto de dolo es *per se* normativo".[382]

Encerra-se a exposição com a perfeita metáfora de Roxin: "el dolo no se forma en la cabeza del autor, sino en la cabeza del juez".[383]

382. RAGUÉS i VALLÈS, De nuevo, el dolo eventual..., p. 2-3.

383. ROXIN, Claus. Prólogo. Trad. José Milton Peralta e Gabriel Pérez Barberá. In: PÉREZ BARBERÁ, Gabriel. *El dolo eventual*: hacia el abandono de la idea de dolo como estado mental. Buenos Aires: Hammurabi, 2011, p. 33.

9.

RESOLUÇÃO DO CASO PROPOSTO

Antes de se partir para a resolução do caso à luz de toda a exposição aqui feita, relembre-se de que, ao se discutir, neste trabalho, a imputação dolosa do crime omissivo impróprio, tomam-se como dados inquestionados e superados a tipicidade e a imputação objetiva do crime, é dizer, parte-se do pressuposto de que, em todas as situações examinadas, encontra-se conformada a tipicidade objetiva do crime omissivo impróprio do garante de vigilância, cingindo-se a análise à imputação por dolo.[384]

Feito esse registro, passa-se à resolução proposta.

384. Dessa forma, a solução do caso focará no dolo, não abarcando as diversas discussões quanto ao tipo objetivo que, tratando-se do polêmico art. 4.º, *caput*, da Lei 7.492/1986, sempre se levantam. Para uma análise geral do crime de gestão fraudulenta de instituição financeira, cf. FELDENS, Luciano; CARRION, Thiago Zucchetti. A estrutura material dos delitos de gestão fraudulenta e temerária de instituição financeira. *Doutrinas Essenciais de Direito Penal Econômico e da Empresa*, vol. 2, 2011, p. 465-93; MATANZAZ, Sara Carvalho. A relevância criminal da gestão fraudulenta de instituição financeira. *Revista Brasileira de Ciências Criminais*, vol. 112, 2015, p. 297-328.

9.1 Caso original: cabimento do juízo de reproche doloso na cegueira deliberada

No âmbito de uma instituição financeira (Banco A), criou-se um produto, similar a uma conta remunerada, por meio do qual os valores ociosos depositados por clientes em suas contas-correntes poderiam ser transferidos para outra instituição financeira do mesmo grupo (Corretora de câmbio B), na qual viriam a ser aplicados em opções flexíveis de ouro e dólar, mediante emissão de notas de negociação de título.

O diretor do Banco responsável por aquela específica área de atuação, em exercício efetivo de suas atividades, esteve presente à reunião do comitê gestor em que foi aprovada a criação desse produto, o qual foi, naquela ocasião, apresentado e aprovado sem qualquer aparência de irregularidade, tendo sido previsto que, como qualquer outra aplicação desse tipo, seria colhida prévia autorização do correntista e a movimentação seria feita no seu interesse.

Passado algum tempo, durante o qual o diretor não acompanhou efetivamente as operações do produto, o setor de *compliance* do Banco detectou um desvio no seu manuseio por parte de ocupantes de níveis hierárquicos inferiores na estrutura operacional. Na prática, ele vinha sendo manipulado como forma de fraude à base de cálculo do depósito compulsório do Banco junto ao Bacen, consistindo em uma simulação destinada a possibilitar que recursos depositados pelos clientes deixassem de estar sujeitos ao recolhimento compulsório, elevando indevidamente, assim, o *funding* da instituição e pondo em risco a estabilidade do Sistema Financeiro Nacional.

Apurou-se que, no último dia útil de cada mês, antes do fechamento do balancete mensal da instituição financeira (o qual determina a base de cálculo para o depósito compulsório do mês seguinte), expressivas somas de dinheiro depositadas nas contas-correntes eram transferidas para a Corretora de câmbio, supostamente para aplicação em opções flexíveis de ouro e dólar (não sujeitas ao depósito compulsório), sendo que, já no primeiro dia útil subsequente, todos os valores retornavam ao Banco, repetindo-se novamente a operação ao final de cada mês, sempre sem qualquer autorização ou mesmo ciência dos clientes.

O setor de *compliance* do Banco elaborou minucioso relatório do que vinha ocorrendo, com pedido de orientações a serem seguidas, e prontamente o encaminhou à diretoria competente, em uma segunda-feira, dia 27 daquele mês, juntamente com um e-mail enviado ao endereço eletrônico profissional do diretor, participando-lhe o fato. Contudo, naquela semana e também na seguinte, o diretor estava preocupado com a recepção de uma delegação de investidores estrangeiros que viriam conhecer a instituição e, também, com uma assembleia-geral que estava agendada. Por isso, focou suas atenções na apresentação que faria do Banco aos investidores, nas visitas às diversas instalações, nas várias reuniões e negociações que integraria, na programação de entretenimento dos visitantes nos horários vagos e, também, na preparação para a assembleia. Assim, na sexta-feira anterior à comunicação do setor de *compliance* (dia 24 daquele mês), determinou a um assistente pessoal seu que, durante as duas semanas seguintes, cuidasse de todos os expedientes ordinários do Banco (já que ele não queria gastar tempo com assuntos do cotidiano durante aqueles importantes dias) e os gerisse na medida do possível, dando andamento ao que pudesse e separando o que reclamasse sua atuação pessoal, para após os eventos que o ocupavam. Para tanto, o assistente foi autorizado a abrir as correspondências e os documentos que chegassem e a acompanhar a caixa de entrada do e-mail profissional do diretor. Ao dar a ordem ao assistente, o diretor ainda disse: "Você sabe o quão importantes são essa visita e a assembleia-geral que está programada. Vou focar nisso pelos próximos dias e você, por favor, não me incomode com nada referente a outros assuntos! Tenho certeza de que você conseguirá gerir bem os expedientes daqui e, havendo qualquer coisa especial, deixe-a separada e, após passado tudo isso, você me atualiza".

O relatório foi encaminhado na segunda-feira, dia 27, juntamente com o e-mail de alerta. O assistente (graduado em Administração de Empresas há alguns anos e iniciando um curso de Pós-Graduação na área, empregado do Banco há cerca de um ano) leu o e-mail e conferiu o relatório e, seguindo as ordens recebidas do chefe, não o importunou, deixando o relatório separado para lhe apresentar, quando possível.

A fraude nas operações do referido produto se manteve, tendo havido mais um recolhimento do depósito compulsório sobre base de cálculo fraudada, obtida a partir do balancete fechado no dia 30 daquele mês (quinta-feira), até que uma fiscalização ordinária do Bacen a detectou, no início da semana seguinte, e determinou a imediata suspensão das operações do produto.

Esse diretor cometeu gestão fraudulenta dolosa de instituição financeira,[385] em omissão imprópria? (art. 4.º, *caput*, da Lei 7.492/1986, c/c o art. 13, § 2.º, do CP)

X

Como premissa inicial, é de se notar que o agente não tem conhecimento do fato penalmente relevante, nem mesmo qualquer suspeita sobre a matéria (seja em sentido correto, seja em sentido equivocado), uma vez que, deliberadamente, afastou de seu conhecimento tudo que se relacionasse às atividades cotidianas do Banco, durante aquelas semanas. Ele está, portanto, em verdadeira ignorância quanto ao estado da operação daquele produto, do qual ele já não recebe notícias há algum tempo.

Contudo, vê-se que esse desconhecimento tem por origem sua decisão por se manter ignorante em relação aos assuntos do Banco que, na qualidade de garante, lhe cumpria fiscalizar, tendo ele procedido a uma *delegação* absolutamente deficiente, tendo em vista a ausência de qualificação adequada do delegado e, em especial, a ausência de dotação material e jurídica para o correto exercício da função por sua parte (é dizer, o assistente pessoal, além de despreparado, não tinha qualquer poder fático ou jurídico sobre a situação). O delegante, assim, não cumpriu seus deveres essenciais para a efetividade da delegação (vide seção 5.1.4.2), o que obsta que ele se desincumba

385. Lembre-se de que, no crime de gestão fraudulenta de instituição financeira, o que é ou não *fraudulento* cabe ao Direito definir, não à pessoa. Trata-se de elemento valorativo global do fato, sobre o qual é irrelevante qualquer juízo axiológico por parte do indivíduo. O juízo de reproche doloso deve levar em consideração os fatos, não se importando com eventual opinião pessoal do sujeito sobre o que configura, tecnicamente, fraude. Sobre esse aspecto no crime de gestão *temerária* de instituição financeira (art. 4.º, parágrafo único, da Lei 7.492/1986), porém com fundamentos perfeitamente trasladáveis ao crime em questão, cf. GRECO, Luís. Dolo e gestão temerária (art. 4.º, parágrafo único, Lei 7.492/1986). *Boletim IBCCRIM*, vol. 229, 2011, p. 7-8.

em qualquer medida das suas funções, que, portanto, permaneceram a cargo do diretor.

Essa conduta é *objetivamente incompatível com as normas elementares de sua atividade específica, que asseguram o desenvolvimento de tal atividade em atenção a padrões mínimos*, conforme posto na obra de Barberá, abordada no Capítulo 8. Afinal, enquanto diretor de uma instituição financeira responsável pela área daquele tipo de produto, ocupante de uma posição de garantia penal na modalidade de vigilância sobre tal fonte de perigo, o Direito entende que, para que aquela atividade seja admissível, faz-se necessário que esse agente cumpra seu papel de fiscalização.

A decisão pela violação frontal de tal comando normativo, mediante opção deliberada pelo desconhecimento quanto a tudo que dissesse respeito, exatamente, à área que o agente devia vigiar, dá lugar a um estado mental objetivamente incompatível com esse plexo de normas e, portanto, *irracional*, não podendo, assim, integrar o juízo de imputação.

Hão de se considerar, portanto, os demais elementos empíricos do caso concreto, sobressaindo-se, aqui, a qualidade do perigo decorrente da não atuação do garante; o prenúncio da verificação do resultado em caso de não intervenção (pois este já vinha ocorrendo reiteradamente e se estava, então, na última semana do mês, quando certamente o fato se repetiria, tal como já vinha acontecendo); e, com destaque, a circunstância de ter um relatório sido recebido no escritório do agente, um diretor de instituição financeira para quem o documento fora pessoalmente redigido, relatório este que narrava, com clareza, todo o ilícito que vinha sendo cometido, acompanhado, ainda, de um e-mail enviado ao endereço pessoal do agente na empresa, chamando a atenção para o documento físico remetido.

Nota-se, portanto, uma elevada possibilidade *objetiva* de previsão do afastamento da norma penal durante a materialização da situação típica e da possibilidade de intervenção do garante (tipo objetivo do crime omissivo impróprio), na medida em que, analisada *objetivamente* a situação específica em que se encontrava o agente, era probabilíssimo que se previsse o fato típico, o qual estava narrado em um documento remetido ao seu escritório e no e-mail também enviado.

Percebe-se, ainda, um absoluto *domínio* do sujeito: a situação em que ele está inserido acabou por transcorrer exatamente da forma como foi por ele encaminhada, dado que ele *decidiu* que fosse assim, ou seja, que ele não fosse incomodado durante aquelas semanas, em função de qualquer assunto relativo ao cotidiano do Banco. *Nada* fugiu ao seu controle, *nada* aconteceu de forma diversa do que ele havia planejado, do que ele havia *querido* (na acepção normativo-atributiva do termo).

Conclui-se, assim, pelo *cabimento do reproche objetivo doloso*, diante da elevada possibilidade objetiva de previsão da inobservância da norma penal.

9.2 Variação 1: não cabimento do juízo de reproche doloso

No mesmo cenário de fraude, o relatório do setor de *compliance* foi enviado à diretoria, juntamente com o e-mail de alerta. O diretor, contudo, assoberbado que estava com outros afazeres importantes, se atrapalhou em meio a todos os documentos que chegavam e acabou por não dar atenção àquele específico, que ficou sobre sua mesa, em meio a tantos outros expedientes. Quanto ao e-mail, também por lapso, ele não se deu conta de seu recebimento, uma vez que, tendo ficado sem abrir a caixa de entrada por um dia, quando o fez, já havia mais de trinta mensagens mais recentes que aquela, às quais ainda se somavam novas mensagens que chegavam a todo tempo, não tendo ele tido a diligência de ir lendo uma a uma, em ordem crescente de antiguidade, até chegar à enviada pelo setor de *compliance*, a qual, a esta altura, já estava até mesmo na segunda página da caixa de entrada, não mais na primeira.

A fraude se manteve até a semana seguinte, quando a fiscalização ordinária do BACEN a detectou, após já ter havido mais um recolhimento do depósito compulsório sobre base de cálculo fraudada.

Repete-se a pergunta: nesse novo cenário, o diretor cometeu gestão fraudulenta dolosa de instituição financeira, em omissão imprópria? (art. 4.º, *caput*, da Lei 7.492/1986, c/c o art. 13, § 2.º, do CP)

X

Como premissa inicial, tem-se que, tal como no caso original, o agente, nessa situação, não tem conhecimento do fato penalmente relevante, nem mesmo qualquer suspeita, estando em ignorância quanto ao estado da operação daquele produto, do qual ele já não recebe notícias há algum tempo. Esse desconhecimento, contudo, advém de um *descontrole* sobre seus afazeres e de uma negligência no atendimento a todas as suas obrigações profissionais, pelo que acabou por não atingir o conhecimento quanto ao que noticiado pelo documento contido naquele envelope e alertado pelo e-mail.

Essa conduta do garante, de buscar atender às suas obrigações perante a empresa, procurando, na medida do possível, se inteirar dos expedientes que o aguardam, é, não obstante a falha não intencional em cumprir com o que se propunha, *objetivamente compatível com as normas elementares de sua atividade específica,* sendo exatamente isso o que o Direito lhe cobra.

A conduta desse sujeito deu lugar, assim, a um estado mental em relação ao fato em questão que se mostra *racional*, pelo que deve ser considerado para a formação do juízo de reproche.

Considerado, portanto, todo o conjunto de elementos empíricos que devem informar esse juízo no caso, vê-se que há um documento, recebido pelo agente, que informava claramente a ocorrência do fato, além de um e-mail, chamando a atenção ao documento impresso. Por outro lado, o relatório se encontrava em meio a diversos outros expedientes que chegavam a seu escritório, aparentemente tão importantes quanto, tendo o agente, cumprindo seu papel, buscado se inteirar do conteúdo de todos, sem se dar conta, por lapso (ou seja, em *descontrole*, não por deliberação, em *controle*), de não ter aberto e dado a devida atenção àquele documento específico e também de não ter lido um daqueles tantos e-mails que carregavam sua caixa de entrada.

Nota-se, assim, que não havia uma elevada possibilidade *objetiva* de previsão do afastamento da norma penal, já que, analisada *objetivamente* a situação específica em que se encontrava o agente, era pouco provável que se previsse o fato, dada a situação de descontrole em que se encontrava.

Nessa variação, vê-se que, diferentemente do que se dá no caso original, a situação saiu do controle do agente. Ele não conseguiu acompanhar tudo que lhe cabia vigiar, não por deliberação nesse sentido, mas por excesso de trabalho ou, talvez, incompetência para gerir seus afazeres. Em momento algum ele *planejou não se inteirar* do que se passava na instituição. O desconhecimento adveio, assim, da perda de controle sobre a situação.

Conclui-se, portanto, pelo *descabimento do reproche objetivo doloso*, diante de um baixo grau de previsibilidade objetiva do fato penalmente relevante.

9.3 Variação 2: não cabimento do juízo de reproche doloso – erro de tipo

No mesmo cenário de fraude, o setor de *compliance*, embora devidamente habilitado e integrado por pessoas capacitadas para a função (que já haviam feito serviços como aquele por diversas vezes no passado, sem ocorrência de problemas), não detectou a irregularidade, redigindo um relatório ordinário de acordo com o qual as operações dos diversos produtos do Banco, inclusive o problemático, seriam regulares. Tal relatório foi enviado ao diretor que, de pronto, o analisou e, diante de sua aparente higidez formal e material, apenas o arquivou.

A fraude se manteve até a semana seguinte, quando a fiscalização ordinária do Bacen a detectou, após já ter havido mais um recolhimento do depósito compulsório sobre base de cálculo fraudada.

Repete-se, novamente, a pergunta: diante desse cenário, o diretor cometeu gestão fraudulenta dolosa de instituição financeira, em omissão imprópria (art. 4.º, *caput*, da Lei 7.492/1986, c/c o art. 13, § 2.º, do CP)?

X

Tal como nos cenários anteriores, aqui também o agente não tem conhecimento do fato. Contudo, já de início esse caso se afasta dos demais, pois, aqui, o agente não está em ignorância pura quanto ao estado das operações daquele produto, mas em verdadeiro *erro*.

Esse diretor, diferentemente daquele do caso original, *tem interesse* em conhecer a verdade e em exercer suas funções, tanto que, assim que recebeu a documentação, prontamente se inteirou de seu conteúdo. O diretor da *variação 1* do caso, tal como o desta, também tinha interesse em conhecer a verdade, porém não chegou a tanto e permaneceu em ignorância, sem ter qualquer ideia de como estava operando aquele produto. Diversamente, o presente diretor não se encontra mais em ignorância pura, uma vez que incorreu em *erro*: agora, ele possui uma representação quanto ao fato, representação esta, contudo, que não corresponde à realidade.

Está, portanto, *enganado* e, o que é o mais importante, seu comportamento se pauta por essa representação equivocada. Ele está seguro, pois assim foi informado pelo confiável setor de *compliance*, de que tudo está regular, e, portanto, deixa de agir para evitar um resultado que ele pensa não ser passível de ocorrência.

O *descontrole* dessa situação é notório, não tendo essa pessoa qualquer domínio sobre o fato, vítima que é da informação falsa com base na qual formulou sua representação.

Além do erro de tipo verificado, nota-se, igualmente, uma baixíssima, praticamente desprezível, possibilidade objetiva de previsão do fato penalmente relevante, já que, naquela situação específica em que ele se encontrava, não havia, *objetivamente*, nada que o indicasse, nada que pudesse apontar para a possibilidade de sua ocorrência.

Conclui-se, assim, pelo *descabimento do reproche objetivo doloso*, diante da configuração do *erro de tipo* (art. 20 do CP) e de um baixíssimo grau de previsibilidade objetiva do fato penalmente relevante, hipótese em que a afirmação do dolo configuraria, aqui sim, responsabilidade penal objetiva.[386]

9.4 Variação 3: cabimento do juízo de reproche doloso por dúvida

No mesmo cenário de fraude, ao invés de não ter tido qualquer informação quanto às operações do produto desde sua criação, o diretor já vinha sendo exposto a indícios do que realmente se passava. Certa feita, um subordinado seu, ao final de uma reunião, lhe disse que tinha se deparado com algumas movimentações estranhas relacionadas àquele produto, porém ainda não havia entendido bem do que se tratava. Em outra oportunidade, ao conferir o montante atual do depósito obrigatório do Banco junto ao Bacen, o diretor percebeu que ele vinha diminuindo ao longo dos últimos meses, em função de

386. Reserva-se para uma pesquisa posterior a análise da possibilidade de se punirem os subscritores daquele relatório, enquanto agentes causadores do erro de terceiro, com base no art. 20, § 2.º, do CP.

uma redução da base de cálculo, o que contrastava com o crescimento do Banco, que, no mesmo período, aumentou sua carteira de correntistas. Por fim, em outra oportunidade, se deparou com um relatório e achou estranho o fato, ali noticiado, de que as aplicações por meio do referido produto se concentravam, usualmente, no final de cada mês (o relatório não mencionava o fato de os valores retornarem no dia útil subsequente).

Após tudo isso, o mesmo relatório redigido pelo setor de *compliance* lhe foi enviado, noticiando, detalhadamente, tudo que vinha ocorrendo, com a seguinte identificação no exterior do envelope: "Ref.: produto X". Igualmente, o setor lhe enviou um e-mail de alerta, comunicando a remessa do relatório, com a mesma inscrição, no campo "assunto" da mensagem.

Ao se deparar com o documento e o e-mail, o diretor logo ligou os pontos e *desconfiou* que aquele produto poderia estar sendo manipulado de forma indevida, o que explicaria as movimentações estranhas de que falara seu subordinado, a redução da base de cálculo do depósito obrigatório do Banco e o dado suspeito noticiado pelo relatório a que tivera acesso. Diante disso, pensou: "Há algo errado aí... Melhor deixar como está, não vou me envolver". E, assim, não abriu o envelope.

A fraude se manteve até a semana seguinte, quando a fiscalização ordinária do Bacen a detectou, após já ter havido mais um recolhimento do depósito compulsório sobre base de cálculo fraudada.

Repete-se, uma vez mais, a pergunta: diante desse cenário, o diretor cometeu gestão fraudulenta dolosa de instituição financeira, em omissão imprópria (art. 4.º, *caput*, da Lei 7.492/1986, c/c art. 13, § 2.º, do CP)?

X

Esse cenário é, por certo, o de mais fácil resolução. Tal como nos anteriores, o diretor não tem conhecimento perfeito do fato penalmente relevante, do qual ele apenas *suspeita*. Assim como essa suspeita poderia ser procedente, também poderia não ser: aquele relatório poderia atestar, por hipótese, a total regularidade das operações do produto X, e os indícios que já haviam chegado a si poderiam se referir, em verdade, a pequenas irregularidades na contabilidade, sem reflexos penais.

O que se tem nesse caso é, precisamente, uma *dúvida*: o agente formulou subjetivamente uma hipótese específica que pensa poder, com maior probabilidade que outra, estar conforme a realidade – é a *ignorância qualificada*, a que se referia Frosali.[387]

Essa dúvida, aliada aos demais elementos do caso concreto, conforma um caso doloso. Está-se, aqui, diante da *cegueira deliberada parcial*, em que o agente, ante indícios que já formam uma dúvida em determinado sentido, decide não conhecer mais e permanecer sem a formulação de uma representação segura (correta ou não) do fato (*deliberada reticência cognitiva*, nos dizeres de Spangenberg Bolívar[388]). Trata-se, claramente, de hipótese de aplicação da *willful blindness doctrine*, sob a ótica do *common law*.

A possibilidade objetiva de previsão de ocorrência do fato penalmente relevante é, aqui, elevadíssima, estando o agente em uma posição em que o fato estava praticamente delineado para si, tendo ele optado, apenas, por permanecer em dúvida, em um procedimento incompatível com as regras de regência de sua posição jurídica, formando-se, assim, um estado de ausência irracional de conhecimento efetivo, a ser desconsiderado.

Conclui-se, assim, pelo *cabimento do reproche objetivo doloso*, diante da elevada possibilidade objetiva de previsão do afastamento da norma penal.

9.5 Variação 4: não cabimento do juízo de reproche doloso na cegueira deliberada

Por fim, uma última hipótese. Tem-se, aqui, exatamente o mesmo cenário retratado no caso original, com a única diferença de que, nesta variação, o relatório enviado pelo setor de *compliance* era aquele de que trata a *variação 2*, informando, incorretamente, que a operação do produto era regular.

387. Vide nota 292.
388. Vide nota 118.

Não tendo o diretor tido acesso ao conteúdo do relatório, nos exatos moldes do caso original, a fraude se manteve até a semana seguinte, quando a fiscalização ordinária do Bacen a detectou, após já ter havido mais um recolhimento do depósito compulsório sobre base de cálculo fraudada.

Repete-se, pela última vez, a pergunta: diante desse cenário, o diretor cometeu gestão fraudulenta dolosa de instituição financeira, em omissão imprópria? (art. 4.º, *caput*, da Lei 7.492/1986, c/c o art. 13, § 2.º, do CP)

X

Tal como no caso original, também aqui o agente não tem qualquer conhecimento do fato penalmente relevante, nem mesmo qualquer suspeita sobre a matéria (seja em sentido correto, seja em sentido equivocado), uma vez que, deliberadamente, afastou de seu conhecimento tudo que se relacionasse às atividades cotidianas do Banco, durante aquelas semanas. Ele está, portanto, em verdadeira ignorância quanto ao estado da operação daquele produto, do qual ele já não recebe notícias há algum tempo.

Essa ignorância, por *irracional*, deve ser desconsiderada para fins de formação do juízo de reproche objetivo, replicando-se, aqui, todas as considerações acima tecidas, quanto ao caso original.

Feito isso, o juízo há de se formar a partir dos outros elementos empíricos do caso concreto, sendo certo que, ao assim se proceder, nota-se o baixíssimo grau de previsibilidade objetiva de ocorrência do fato penalmente relevante, diante do teor do relatório, replicando-se, aqui, as considerações acima tecidas nesse sentido, na análise da *variação 2*.

Esse caso ilustra o que ressaltado no item 8.2 do trabalho: não se está aqui a defender que *toda e qualquer situação de cegueira deliberada permita o juízo doloso*, mas apenas que o desconhecimento provocado, por si só, não obsta peremptoriamente o dolo. É plenamente possível, e essa *variação* evidencia isso, que descaiba o juízo de reproche doloso em uma hipótese de cegueira deliberada, desde que não se constate uma privilegiada possibilidade *objetiva* de previsão do afastamento da norma penal, diante dos demais elementos do caso concreto, negada qualquer relevância ao estado subjetivo (desconhecimento) *irracional*.

Essa *variação* demonstra, também, outro importante ponto ressaltado ao longo da exposição: não reconhecer o erro de tipo não implica, automaticamente, aceitar o dolo. Um não é, simplesmente, o reverso do outro, sendo possível que, como essa hipótese expõe, não caiba o juízo doloso, assim como também não caiba a afirmação do erro de tipo.

Conclui-se, assim, pelo *descabimento do reproche objetivo doloso*, diante da baixíssima possibilidade objetiva de previsão do fato penalmente relevante.

10.

CONCLUSÃO

1. O estudo dos diferentes *kinds of culpability* no *common law* demonstra haver um hiato entre as categorias *knowledge* e *recklessness*, manifestado nos casos em que, embora ausente o conhecimento efetivo caracterizador do primeiro, o comportamento do agente no sentido de não buscar confirmação para suas suspeitas de alta probabilidade de ocorrência do fato, conservando-se, deliberadamente, em desconhecimento, revela-se portador de uma censurabilidade não inferior àquela própria da conduta praticada com conhecimento, parecendo inadequado classificar tais casos sob o conceito de *recklessness* e reservar-lhes a impunidade, quando o crime em questão exigir *knowledge*. Foi para colmatar esse espaço que a jurisprudência elaborou a *willful blindness doctrine*, estatuindo que o desconhecimento deliberadamente provocado, diante da presença de suspeitas de alta probabilidade de ocorrência do fato, não seria o mesmo que *recklessness* e muito menos que *negligence*, equiparando-se a *knowledge* para fins punitivos.

2. O quadro normativo que explica o surgimento da *willful blindness doctrine* no *common law* não encontra semelhança no contexto do *civil law*, uma vez que, neste, as situações que se mostram problemáticas naquele se encaixam, sem maiores esforços hermenêuticos, no conceito de dolo eventual. Apesar da constatação da desnecessidade da teoria no Direito continental, ao menos nos moldes em que formulada alhures, a jurisprudência brasileira tem sido receptiva à ideia, embora, na maioria das vezes, o emprego da teoria seja supérfluo ou indevido, levando a condenações por delitos dolosos em situações nas quais, ainda que se possa fundamentar, adequadamente, o dolo, para isso não bastaria uma simples menção à teoria da cegueira deliberada.

3. A Lei brasileira não define dolo, havendo amplo espaço para a formulação de proposições teóricas a respeito do conceito. O estudo de casos de ignorância deliberada deve se preocupar mais com a formulação ou a adoção de uma teoria de dolo do que de uma teoria de cegueira deliberada, já que, estabelecido o que se entende por aquele, a resposta penal a esta defluirá logicamente. Os casos de ignorância que realmente desafiam um tratamento penal diferenciado no *civil law* e reclamam a formulação de uma teoria de dolo que lhes traga uma resposta adequada não são aqueles aos quais, no *common law*, se aplica a *willful blindness doctrine*, mas aqueles em que o agente decide pela ignorância antes mesmo de contar com qualquer suspeita, em qualquer sentido.

4. Cegueira deliberada não é um conceito jurídico, mas uma figura do mundo do *ser* que traz consequências normativas, no plano do *dever ser*. Designa o estado mental formado a partir de uma decisão do sujeito pela não obtenção de conhecimento possível em relação a um fato e, assim, pela sua manutenção em ignorância; pode ser *parcial*, se adotada após o contato com indícios e a formação de alguma suspeita inicial sobre o fato de que se trate, ou *absoluta*, se inviabilizadora da obtenção de qualquer grau de suspeita em relação à área sobre a qual se estende; e, ainda, *passiva*, se consistente na mera inércia e ausência de iniciativa de se buscar o conhecimento, ou *ativa*, caso inclua, também, a efetiva oposição de barreiras a que o conhecimento chegue ao sujeito. Quando a cegueira deliberada se referir a uma situação penalmente relevante, o motivo subjetivo que leva o agente a assim se comportar não deve influir no juízo de imputação, por fugir ao seu objeto, podendo vir a interessar, quando muito, à culpabilidade.

5. A conduta humana penalmente relevante pode consistir em uma ação ou uma omissão. Somente as ações são sensorialmente perceptíveis e existem no mundo do *ser*; as omissões, por outro lado, somente passam a ser identificáveis mediante a formulação de um juízo hipotético por meio do qual se veicule uma expectativa de ação diversa concretamente factível, não sendo diretamente extraídas do plano fático. À ação e à omissão correspondem, uma vez presentes os caracteres da tipicidade, da ilicitude e da culpabilidade, grosso modo, o crime comissivo e o omissivo.

6. O crime omissivo *próprio* consiste na violação de uma norma mandamental não referida a outra, de caráter proibitivo, em um contexto em que não se vislumbre uma especial relação de proximidade (seja de proteção, seja de vigilância) entre o sujeito, de um lado, e o titular do bem jurídico que o Direito busca resguardar ou a fonte de perigo que busca conter, de outro lado. O crime omissivo *impróprio* consiste na violação de uma norma mandamental referida a uma proibitiva, em um contexto no qual haja uma especial relação de proximidade entre o sujeito e o bem jurídico a ser protegido ou a fonte de perigo a ser controlada, hipótese em que o Direito reconhece o mesmo desvalor da conduta e do resultado (normativo), seja este advindo de uma ação (violadora da norma proibitiva), seja de uma omissão que não o impeça (violadora da norma mandamental).

7. O sujeito ativo do crime omissivo impróprio é o agente garantidor, devendo sua identificação buscar uma fundamentação material para o dever de garantia. Os garantes dividem-se, assim, entre os responsáveis pela proteção de bens jurídicos específicos contra perigos advindos de qualquer origem, dada sua relação de proximidade com o titular dos bens tutelados (*garantes de proteção*), e os responsáveis pela adequada vigilância de potenciais fontes de perigo a bens jurídicos, assistindo-lhes controlá-las com vistas a impedir que delas advenham danos ou perigos a quaisquer bens jurídicos, dada sua relação de proximidade fática com ou de controle sobre tais fontes (*garantes de vigilância*).

8. É dever do garante fazer o que lhe for possível para impedir o resultado típico, desde que este se dê sobre bens jurídicos que deve ele proteger (na modalidade de garantia de proteção) ou decorra da fonte de perigo que lhe incumbe vigiar (na modalidade de garantia de vigilância), tendo sempre por objeto bens ou perigos relacionados com a sua atuação e, portanto, acobertados pela relação de proximidade que justifica o estabelecimento da posição de garantia.

9. Sendo a empresa uma fonte de perigo, o responsável por ela, que mantém sobre sua atividade uma relação de controle juridicamente assentado e exercido efetivamente no plano fático, é posto na condição de agente garantidor, na modalidade de vigilância, assistindo-lhe o dever de vigiar a empresa para que dela não advenham resultados danosos a terceiros. Tal dever abarca os riscos não permitidos que possam advir da empresa em si, com exclusão daqueles que, embora possam se verificar no seio da atividade empresarial, não configurem expressão desta.

10. Pela complexidade do conjunto de responsabilidades do empresário enquanto garante penal, recorre-se à figura da *delegação* de tarefas e funções, de modo que cada encarregado seja material e fisicamente capaz de bem gerir o que lhe cabe. Trata-se de repartição de funções em nível vertical que não desincumbe totalmente o delegante (originariamente responsável) do seu ônus, remanescendo a seu cargo a seleção do delegado, sua formação, informação, dotação material para o adequado cumprimento das obrigações e o acompanhamento do trabalho desempenhado, sendo-lhe sempre possível a revogação da delegação. Isso implica a existência de uma considerável distância tanto objetiva (física), quanto subjetiva (existência de interpostas pessoas na estrutura empresarial), entre o agente garantidor originário e a atividade desempenhada na base da empresa, o que pode trazer problemas de imputação tanto objetiva, quanto subjetiva, de um eventual crime omissivo impróprio. Essa distância deve ser tal que, diante dos poderes diretivos do sujeito, não lhe torne impossível, do ponto de vista objetivo, a atuação no sentido de evitar o resultado advindo da situação fática de perigo, sob pena de se desnaturar o crime omissivo impróprio.

11. Os elementos típico-objetivos do crime omissivo impróprio são aqueles do correspondente tipo penal comissivo (situação típica e resultado), somados à posição de garantia penal do sujeito ativo e à omissão da conduta necessária para a evitação do resultado (apesar da capacidade real do sujeito de agir nesse sentido). Essa diferente estrutura do tipo objetivo produz reflexos sobre o juízo de imputação dolosa, dado que o dolo nessa espécie delitiva não foge à regra geral de se referir a todos os elementos do tipo objetivo, dentre os quais não se inclui o dever de agir em si, mas apenas seus pressupostos fáticos. O dolo no crime omissivo impróprio, portanto, não deve abarcar o dever de agir, que é problema afeto à culpabilidade, por meio da consciência da ilicitude e da figura do erro de mandamento.

12. Conceituada a ação, pelo Finalismo, como o exercício de uma atividade final, com proeminência para a vontade enquanto elemento integrante do dolo, ao lado do conhecimento, faltaria, por corolário, dolo na omissão, vez que nesta faltaria, igualmente, a vontade, vista como o móvel de uma conduta desencadeadora de um processo causal que se desenvolve em direção ao fim visado pelo agente. O problema se supera facilmente, mediante a adoção de uma teoria cognitiva ou uma normativa do dolo, que não exigem vontade psicológica, no sentido em que conceituada pela teoria finalista.

13. Deve ser refutada a proposição finalista de acordo com a qual o conhecimento da situação típica seria requisito da capacidade de ação, visto que esta, elemento comum entre a ação e a omissão, efetivada na primeira e deixada em potência na segunda, é puramente *objetiva*, despida de qualquer influência de aspectos subjetivos, como o conhecimento. Nos crimes omissivos impróprios, o dever de agir é objetivo e antecede qualquer elemento subjetivo, pelo que não é o fato de conhecer a situação de perigo ou os pressupostos fáticos de sua posição de garante que põe alguém nessa posição, a qual a pessoa já ocupa em virtude da proximidade com o titular do bem jurídico que reclama proteção ou do controle que exerce sobre uma fonte de perigo, independentemente de saber disso, o que pode afetar, quando muito, o dolo, jamais a tipicidade objetiva.

14. Considerando que, frequentemente, a situação típica de perigo, no crime omissivo impróprio no contexto empresarial, ocorre a alguma distância do garante, não se tratando de fato direta e fisicamente relacionado ao seu próprio corpo, que se desenrola na sua presença, o conhecimento a ela relacionado não se lhe impõe de forma natural, como se dá quanto a fatos fisicamente próximos a si, pelo que é possível a adoção, de sua parte, de um estado de cegueira deliberada, configurado nas situações em que o agente garantidor não possui conhecimento da situação típica de perigo apenas porque *decide*, consciente e livremente, não permitir que ele chegue a si, conhecimento este que lhe é acessível e que, não fosse essa *barreira deliberadamente oposta*, chegaria regularmente.

15. O Direito Penal Internacional prevê, expressamente, a possibilidade de punição por cegueira deliberada, nos casos de agentes superiores civis responsáveis pela conduta de seus subordinados. O art. 28 do Estatuto de Roma pode contribuir na busca pela diferenciação entre a negligência e a cegueira deliberada, precisamente em relação à conduta fiscalizadora de superiores hierárquicos, ao prever a primeira como suficiente à punição do superior militar, exigindo, no mínimo, a segunda, para a punição do superior civil.

16. No que tange à relação entre a ignorância e o erro e seus respectivos efeitos legais, há duas correntes teóricas: a *unificadora*, que se caracteriza pela equiparação legal dos dois estados subjetivos, dando importância à ausência da representação subjetiva correta dos fatos e não se importando se, no lugar da representação faltante, há um vazio ou uma representação equivocada; e a *diferenciadora*, que se caracteriza por reconhecer que os dois estados são diferentes tanto a nível de *ser*, quanto perante o Direito, não podendo ser a ignorância incluída no vocábulo "erro", quando este constar do texto da Lei. Adota-se o segundo posicionamento: na ignorância, estado *negativo*, não há representação alguma da realidade, ao passo que, no erro, estado *positivo*, não se verifica esse vazio mental, mas a presença de uma representação equivocada da realidade, pela qual se orienta a conduta do agente. Entre a ignorância e a realidade, há uma diferença *quantitativa*, vez que não há, na mente do sujeito ignorante, nada conflitante com a realidade, apenas faltando-lhe a representação. Já entre o erro e a realidade, há uma diferença *qualitativa*, vez que há, na mente do sujeito em erro, algo que discrepa da realidade. A ignorância, assim, está mais próxima do conhecimento real do que o erro. A ignorância implica a aceitação de qualquer possibilidade de realidade. Já o erro não, pois ele implica a formação de *certeza subjetiva* em um determinado sentido, dissonante, contudo, da realidade. A ignorância pode ser consciente e até mesmo deliberada. O erro, por outro lado, é, por essência, inconsciente e involuntário, desvanecendo-se ante a consciência da mera possibilidade de sua existência.

17. O erro de tipo, no Direito brasileiro, não engloba a ignorância, pois sua *ratio* reside não simplesmente no desconhecimento, mas no fato de o agente ser vítima de um engano, pautando sua conduta por uma representação que o ilude e agindo, portanto, em *descontrole*, não comunicando, com seu proceder, um distanciamento da norma jurídico-penal e um repúdio à sua validade tão intensos quanto aqueles comunicados pela conduta do sujeito que age com domínio. Para a configuração do dolo eventual, basta a dúvida quanto à concorrência das elementares típicas na conduta, sendo que o sujeito que assim agir, acabando por cometer, objetivamente, a conduta típica suspeitada, responderá perante o Direito Penal a título de dolo, não lhe aproveitando a figura do erro de tipo. Portanto, o Direito admite a aplicação de pena referente ao dolo a casos de ausência de conhecimento *pleno* dos fatos, do que se conclui que o conhecimento/desconhecimento fático não pode ser o elemento diferenciador entre o dolo e o erro de tipo. O erro, no Direito brasileiro, não é a *cara negativa do dolo*, ou seja, não é um conceito *derivativo*, mas um conceito *primário*, que existe por si só, e não em função do dolo.

18. Estabelecido como fundamento do afastamento do dolo no erro de tipo o *descontrole* do agente sobre sua própria conduta, vê-se que a figura não pode abarcar a cegueira deliberada, em que o sujeito não labora em engano e não está em descontrole, mas em absoluto *controle*, exatamente, sobre seu conhecimento, sendo possível que o domínio sobre a conduta não seja fruto do conhecimento dos fatos, mas o anteceda logicamente, o que ocorre quando o indivíduo pode decidir se o obtém ou se permanece em ignorância. A conduta daquele que decide se postar em situação proposital de desconhecimento e age ou se omite sem se importar se há, em tal conduta, lesão ou exposição a perigo de bem jurídico-penal, comunica um discurso de invalidade da norma de proteção do bem vulnerado, devendo esta se reafirmar por meio da pena. Igualmente, quanto à prevenção especial, a pena, em casos tais, se justifica, pois tal conduta permite a conclusão pela possibilidade de sua reiteração, caso não haja intervenção estatal.

19. O princípio da culpabilidade, ao estabelecer que a responsabilidade penal é subjetiva, a nada mais alude, que não o domínio pessoal do sujeito sobre um fato (e não meramente o *conhecimento*, a *vontade* ou qualquer outra metonímia daquele). Dizer que a responsabilidade penal é subjetiva é dizer que a pessoa só pode ser responsabilizada, no âmbito do Direito Penal, pelo que ela pode dominar, sem mais. É a noção de *domínio* que subjaz à ideia de responsabilidade subjetiva.

20. Dolo é um conceito *normativo*. Constitui um erro categorial sua identificação com elementos empíricos, simultaneamente à conceituação da culpa como elemento normativo, na medida em que, dado que uma ação só é típica se for dolosa ou culposa, *dolo* e *culpa* devem, portanto, pertencer ao mesmo âmbito. Sendo conceito normativo, não pode ser identificado com elementos empíricos, os quais podem, no máximo, ser eventualmente relevantes para se conformar a conduta concretamente praticada ao conceito normativo de dolo. Assim, dolo é uma propriedade que define casos genéricos, ou seja, uma qualidade do tipo penal, não algo presente no caso concreto, a ser subsumido à moldura abstrata. É um juízo de valor negativo *objetivo* emitido pelo Direito, fundado em padrões gerais racionais (e não em um parecer subjetivo-individual) e referente à ação praticada (não à pessoa). Diferencia-se da culpa em função do grau de possibilidade objetiva de previsão de afastamento da norma, o qual determina o nível de evitabilidade da conduta e do resultado por ela produzido, explicando a diferença quantitativa entre a punição a título de dolo e de culpa. Para que um dado empírico (psíquico ou físico) possa ser relevante para a imputação dolosa, deve ser idôneo para influir em tal grau e, no caso de estados mentais, deve, ainda, ser racional.

21. A posição de garantia penal traz todo um plexo de deveres, incumbindo aos garantes de vigilância efetivamente fiscalizar a fonte de perigo, de modo a manter a atividade desta dentro de padrões mínimos de segurança. A ignorância dominada pelo garante quanto à situação típica é essencialmente incompatível com tais normas, as quais determinam ao agente exatamente o oposto: que ele vigie a fonte de perigo. Trata-se de um estado mental *irracional*, vez que *objetivamente incompatível com as normas elementares da atividade específica*, não devendo ser considerado para fins de formação do juízo de reproche objetivo, o qual deve levar em consideração, então, os demais elementos do caso concreto, de modo a se identificar se, naquele caso, cabe o reproche objetivo, diante de uma possibilidade, também objetiva, de o autor prever, *ex ante*, o afastamento da norma penal, e, em caso afirmativo, se esta possibilidade era objetivamente privilegiada (dolo) ou atenuada (culpa).

22. A admissão da ignorância como alternativa segura à responsabilização penal por dolo gera um sistema penal irracional, havendo de se exercer o juízo objetivo de reproche doloso sobre a conduta omissiva do garante no contexto empresarial que nada faz para impedir um resultado típico que acaba por se verificar, quando se constatar uma possibilidade objetiva privilegiada de previsão *ex ante*, pelo garante, de tal resultado, independentemente de ele ter ou não conhecimento psicológico da situação típica, faltando-lhe competência para decidir se sua conduta objetivamente típica é dolosa ou não. Dolo é um conceito normativo que cabe ao Direito, de forma racional, definir e aplicar.

BIBLIOGRAFIA

AMBOS, Kai. General Principles of Criminal Law in the Rome Statute. *Criminal Law Forum*, vol. 10, p. 1-32, 1999.

AMERICAN LAW INSTITUTE. *Model Penal Code*. Filadélfia: American Law Institute, 1962.

AQUINO, Tomás de. *Suma teológica*, vol. III. São Paulo: Edições Loyola, 2003.

______. *Suma teológica*, vol. IV. São Paulo: Edições Loyola, 2005.

ARIAS EIBE, Manuel José. *El error en Derecho Penal en el Código de 1995*. Madrid: Editorial Dykinson S.L., 2007.

ARISTÓTELES. **Ética a Nicómaco**. Trad. José Luis Calvo Martínez. Madrid: Alianza Editorial, 2001.

BACIGALUPO, Enrique. *Delitos impropios de omisión*. Buenos Aires: Ediciones Pannedille, 1970.

BADAR, Mohamed. The Mental Element In The Rome Statute Of The International Criminal Court: A Commentary From A Comparative Criminal Law Perspective. *Criminal Law Forum*, vol. 19, p. 473-518, 2008.

BADARÓ, Tatiana. *Bem jurídico penal supraindividual*. Belo Horizonte: D'Plácido, 2017.

BALL, Dane C. Improving 'Willful Blindness' Jury Instructions In Criminal Cases After High Court's Decision in Global-Tech. *The Criminal Law Reporter*, BNA, p. 1-4, 2011.

BAUMANN, Jurgen. *Derecho Penal*: conceptos fundamentales y sistema. Buenos Aires: Ediciones Depalma, 1973.

BIERRENBACH, Sheila. *Crimes omissivos impróprios*: uma análise à luz do Código Penal Brasileiro. 2. ed. Belo Horizonte: Del Rey, 2002.

BITENCOURT, Cezar Roberto. *Erro de tipo e erro de proibição*: uma análise comparativa. 3. ed. São Paulo: Saraiva, 2003.

BOTTINI, Pierpaolo Cruz. Lavagem de dinheiro na APN 470/MG. *Revista dos Tribunais*, vol. 933, p. 383-400, 2013.

BRODT, Luís Augusto Sanzo. *Da consciência da ilicitude no direito penal brasileiro*. Belo Horizonte: Del Rey, 1996.

BRUNO, Aníbal. *Direito Penal*: parte geral. Tomo 2 – fato punível. 2. ed. Rio de Janeiro: Forense, 1959.

BUMGARDNER III, Rudolph. Mistake of age as a defense to statutory rape. *Washington and Lee Law Review*, vol. 22, n. 1, p. 119–26, 1965.

BURGEL, Letícia. A teoria da cegueira deliberada na Ação Penal 470. *Revista Brasileira de Ciências Criminais*, vol. 129, p. 479–505, 2017.

BUSATO, Paulo César. Ação e omissão. In: BUSATO, Paulo César (Org.). *Teoria do delito*. Curitiba: Juruá, 2012. p. 11-40.

______. *Direito Penal*: parte geral. vol. 1. 3. ed. São Paulo: Atlas, 2017.

CALLEGARI, André Luís; WEBER, Ariel Barazzetti. A cegueira deliberada da common law à civil law e a apropriação (indébita) da teoria pelo Judiciário: nova oportunidade ao ativismo judicial e o retorno à jurisprudência dos valores. *Revista Brasileira de Ciências Criminais*, vol. 133, p. 17-35, 2017.

CARNELUTTI, Francesco. *Teoria generale del reato*. Pádua: CEDAM, 1933.

CARPENTER, Catherine L. On statutory rape, strict liability, and the public welfare offense model. *American University Law Review*, vol. 53, n. 2, p. 313-391, 2003.

CARRARA, Francesco. *Programa de Derecho Criminal*: parte general, vol. I. Tradução José J. O. Torres e Jorge Guerrero. Bogotá: Editorial Temis, 1972.

CARVALHO, Gisele Mendes de; ROSA, Gerson Faustino. Uma análise crítica da teoria da ignorância deliberada à luz do princípio da imputação subjetiva. *Quaestio Iuris*, vol. 11, n. 3, p. 1592-1612, 2018.

CARVALHO, José Augusto Moreira de. Introdução à teoria dos jogos no direito. *Doutrinas Essenciais de Direito Empresarial*, vol. 6, p. 177-202, 2010.

CEREZO MIR, José. *Derecho penal*: parte general. São Paulo: RT, 2007.

CHARLOW, Robin. Wilful Ignorance and Criminal Culpability. *Texas Law Review*, vol. 70, n. 6, p. 1351-1429, 1992.

CHESNEY, Eugene J. Concept of Mens Rea in the Criminal Law. *Journal of Criminal Law and Criminology*, vol. 29, n. 5, p. 627-44, 1939.

COSTA JR., Paulo José da; COSTA, Fernando José da. *Código Penal comentado*. 10. ed. São Paulo: Saraiva, 2011.

COSTA, Pedro Jorge. *Dolo penal e sua prova*. São Paulo: Atlas, 2015.

COSTA, Victor Cezar Rodrigues da Silva. *Crimes omissivos impróprios*: tipo e imputação objetiva. Belo Horizonte: D'Plácido, 2017.

DE LA RÚA, Jorge. Prólogo. In: PÉREZ BARBERÁ, Gabriel. *El dolo eventual*: hacia el abandono de la idea de dolo como estado mental. Buenos Aires: Hammurabi, 2011. p. 35-7.

DEMETRIO CRESPO, Eduardo. *Prevención general e individualización judicial de la pena*. Salamanca: Ediciones Universidad de Salamanca, 1999.

______. Sobre la posición de garante del empresario por la no evitación de delitos cometidos por sus empleados. *Doutrinas Essenciais de Direito Penal Econômico e da Empresa*, vol. 5, p. 25-56, 2011.

DÍAZ PITA, María del Mar. A presumida inexistência do elemento volitivo no dolo e sua impossibilidade de normativização. Trad. Paulo César Busato. In: BUSATO, Paulo César (Org.). *Dolo e direito penal*: modernas tendências. 2. ed. São Paulo: Atlas, 2014. p. 1-22.

DÍAZ y GARCÍA CONLLEDO, Miguel. *El error sobre elementos normativos del tipo penal*. Madrid: La Ley, 2008.

DOPICO GÓMEZ-ALLER, Jacobo. Posición de garante del compliance officer por infracción del "deber de control": una aproximación tópica. In: ARROYO ZAPATERO, Luis; NIETO MARTÍN, Adán. *El derecho penal económico en la era compliance*. Valencia: Tirant lo Blanch, 2013. p. 165-89.

DUARTE, José A. Caetano. *O erro no Código Penal*. Lisboa: Vega Universidade, 1984.

ESTELLITA, Heloisa. *Responsabilidade penal de dirigentes de empresas por omissão*: estudo sobre a responsabilidade omissiva imprópria de dirigentes de sociedades anônimas, limitadas e encarregados de cumprimento por crimes praticados por membros da empresa. São Paulo: Marcial Pons, 2017.

FELDENS, Luciano; CARRION, Thiago Zucchetti. A estrutura material dos delitos de gestão fraudulenta e temerária de instituição financeira. *Doutrinas Essenciais de Direito Penal Econômico e da Empresa*, vol. 2, p. 465-93, 2011.

FELIP i SABORIT, David. *Error iuris*: el conocimiento de la antijuricidad y el artículo 14 del Código Penal. Barcelona: Atelier, 2000.

FERRAJOLI, Luigi. *Direito e razão*: teoria do garantismo penal. Trad. Ana Paula Zomer Sica *et alii*. 4. ed. São Paulo: RT, 2014.

FERRARI, Eduardo Reale. *Medidas de segurança e Direito Penal no Estado Democrático de Direito*. São Paulo: RT, 2001.

FRAGOSO, Heleno Cláudio. *Lições de direito penal*: parte geral. 16. ed. Rio de Janeiro: Forense, 2003.

FROM, Justin C. Avoiding Not-So-Harmless Errors: The Appropriate Standards for Appellate Review of Willful-Blindness Jury Instructions. *Iowa Law Review*, vol. 97, n. 1, p. 275-301, 2011.

FROSALI, Raul Alberto. *Sistema penale italiano*. Parte prima: diritto penale sostanziale, vol. II. Turim: UTET, 1958.

GALLAS, Wilhelm. *La teoría del delito en su momento actual*. Trad. Juan Cordoba Roda. Barcelona: Bosch Casa Editorial, 1959.

GALVÃO, Fernando. *Direito Penal*: parte geral. 9. ed. Belo Horizonte: D'Plácido, 2017.

GIMBERNAT ORDEIG, Enrique. Omision impropia e incremento del riesgo en el Derecho penal de empresa. *ADPCP*, vol. LIV, p. 5-26, 2001.

GLEIZER, Orlandino. Aproximações ao direito brasileiro – § 8. Teoria do erro. In: HILGENDORF, Eric; VALERIUS, Brian. *Direito penal*: parte geral. Trad. Orlandino Gleizer. São Paulo: Marcial Pons, 2019, p. 223-5.

GOMES, Enéias Xavier. *Dolo sem vontade psicológica*: perspectivas de aplicação no Brasil. Belo Horizonte: D'Plácido, 2017.

GOMES, Luiz Flávio. *Erro de tipo e erro de proibição*. 5. ed. São Paulo: RT, 2001.

GOMES, Mariângela Gama de Magalhães. *Teoria geral da parte especial do direito penal*. São Paulo: Atlas, 2014.

GRACIA MARTÍN, Luis. La comisión por omisión en el derecho penal español. *Nuevo Foro Penal*, n. 61, p. 124-68, 1999.

GRECO, Luís. Algumas observações introdutórias à "Distinção entre dolo e culpa", de Ingeborg Puppe. In: PUPPE, Ingeborg. *A distinção entre dolo e culpa*. Trad. Luís Greco. Barueri: Manole, 2004. p. IX–XIX.

______. Comentario al artículo de Ramón Ragués. Trad. María Valentina Risso. *Discusiones XIII*, Buenos Aires, EdiUNS, vol. 13, n. 2, p. 67-78, 2013.

______. Dolo e gestão temerária (art. 4.º, parágrafo único, Lei 7.492/1986). *Boletim IBCCRIM*, vol. 229, p. 7-8, 2011.

______. Dolo sem vontade. In: SILVA DIAS *et alii* (Org.). *Liber Amicorum de José de Sousa e Brito*. Coimbra: Almedina, 2009. p. 885-903.

GROSS, Barry; STROUP, Stephen G. Has the Legal Threshold for 'Willful Blindness' Really Changed Since Global-Tech?. *White Collar Crime Report*, BNA, p. 1-9, 2015.

HAMDANI, Assaf. Mens Rea and the Cost of Ignorance. *Virginia Law Review*, vol. 93, p. 415-457, 2007.

HEFFERNAN, Margaret. *Willful blindness*: why we ignore the obvious at our peril. Nova York: Bloomsbury, 2012.

HERRERA, Lucio Eduardo. *El error en materia penal*. 2. ed. Buenos Aires: Abeledo-Perrot, 1991.

HILGENDORF, Eric; VALERIUS, Brian. *Direito penal*: parte geral. Trad. Orlandino Gleizer. São Paulo: Marcial Pons, 2019.

HORTA, Frederico. Da limitada teoria estrita da culpabilidade: crítica ao tratamento das descriminantes putativas no projeto de Código Penal (Projeto de Lei 236/2012). *Revista Brasileira de Ciências Criminais*, vol. 113, p. 15-39, 2015.

______. *Elementos normativos das leis penais e conteúdo intelectual do dolo*: da natureza do erro sobre o dever extrapenal em branco. São Paulo: Marcial Pons, 2016.

HUNGRIA, Nélson. *Comentários ao Código Penal*, vol. I. Tomo II. 6. ed. Rio de Janeiro: Forense, 1983.

JACKSON, Atossa Katharine. Willful Blindness: the Threat to Innocent Property Owners of Recent Federal Drug Law Amendments. *Thomas Jefferson Law Review*, vol. 31, p. 191-218, 2008.

JAKOBS, Günther. *Derecho penal*: parte general. Fundamentos y teoría de la imputación. Trad. Joaquin Cuello Contreras *et alii*. 2. ed. Madrid: Marcial Pons, 1997.

JESCHECK, Hans-Heinrich; WEIGEND, Thomas. *Tratado de Derecho Penal*: parte general. Trad. Miguel Olmedo Cardente. 5. ed. Granada: Editorial Comares, 2002.

JIMÉNEZ DE ASÚA, Luis. *Tratado de Derecho Penal*. Tomo VI. Buenos Aires: Editorial Losada, 1962.

KAENEL, Frans J. von. Willful Blindness: A Permissible Substitute for Actual Knowledge Under the Money Laundering Control Act?. *Washington University Law Review*, vol. 71, n. 4, p. 1189-1216, 1993.

KAUFMANN, Armin. *Dogmática de los delitos de omisión*. Trad. Joaquín Cuello Contreras e José Luis Serrano González de Murillo. Madrid: Marcial Pons, 2006.

KEEDY, Edwin Roulett. Ignorance and Mistake in the Criminal Law. *Harvard Law Review*, vol. XXII, n. 2, p. 75-96, 1908.

LACRUZ LÓPEZ, Juan Manuel. *Comportamiento omisivo y Derecho Penal*. Madrid: Editorial Dykinson S.L., 2004.

LAUFER, Christian; SILVA, Robson A. Galvão da. A teoria da cegueira deliberada e o direito penal brasileiro. *Boletim IBCCRIM*, vol. 204, p. 10-11, 2009.

LEITE, Alaor. *Dúvida e erro sobre a proibição no direito penal*. 2. ed. São Paulo: Atlas, 2014.

______; ASSIS, Augusto. O erro. Especial foco no erro de proibição. In: BUSATO, Paulo César (Org.). *Teoria do delito*. Curitiba: Juruá, 2012. p. 297-312.

LONDOÑO BERRÍO, Hernando León. *El error en la moderna teoría del delito*. Bogotá: Editorial Temis, 1982.

LUCCHESI, Guilherme Brenner. *Punindo a culpa como dolo*: o uso da cegueira deliberada no Brasil. São Paulo: Marcial Pons, 2018.

MAGGIORE, Giuseppe. *Derecho Penal*. Trad. José J. O. Torres. Vol. I. Bogotá: Editorial Temis, 1954.

MANRIQUE, María Laura. Ignorancia deliberada y responsabilidad penal. *Isonomía*, n. 40, p. 163-195, 2014.

MATANZAZ, Sara Carvalho. A relevância criminal da gestão fraudulenta de instituição financeira. *Revista Brasileira de Ciências Criminais*, vol. 112, p. 297-328, 2015.

MONTANER FERNÁNDEZ, Raquel. El criminal compliance desde la perspectiva de la delegación de funciones. *Estudios Penales y Criminológicos*, Universidade de Santiago de Compostela, vol. XXXV, p. 733-82, 2015.

MONTENEGRO, Lucas. *Por que se qualifica o homicídio?*: um estudo sobre a relevância da motivação em Direito Penal, por ocasião da Lei do Feminicídio (Lei 13.104, de 2015). São Paulo: Marcial Pons, 2017.

MORO, Sérgio Fernando. *Crime de lavagem de dinheiro*. São Paulo: Saraiva, 2010.

MOTTA, Ivan Martins. *Erro de proibição e bem jurídico-penal*. São Paulo: RT, 2009.

MUNHOZ NETTO, Alcides. *A ignorância da antijuridicidade em matéria penal*. Rio de Janeiro: Forense, 1978.

MUÑOZ CONDE, Francisco. *El error en derecho penal*. Valencia: Tirant lo Blanch, 1989.

NOVOA MONREAL, Eduardo. *Fundamentos de los delitos de omisión*. Buenos Aires: Ediciones Depalma, 1984.

O'TOOLE, Timothy P. Patently Unusual: How a Recent Supreme Court Patent Decision Alters the Landscape for Proving Criminal Knowledge. *Westlaw Journal White-Collar Crime*, vol. 25, n. 12, p. 1-7, 2011.

PACELLI, Eugênio; CALLEGARI, André. *Manual de direito penal*: parte geral. 4. ed. São Paulo: Atlas, 2018.

PÉREZ BARBERÁ, Gabriel. *El dolo eventual*: hacia el abandono de la idea de dolo como estado mental. Buenos Aires: Hammurabi, 2011.

PERKINS, Rollin M. Ignorance And Mistake In Criminal Law. *University Of Pennsylvania Law Review*, vol. 88, p. 35-70, 1939.

PIÑA ROCHEFORT, Juan Ignacio. *La estructura de la teoría del delito en el ámbito jurídico del "common law"*. Granada: Editorial Comares, 2002.

PORCIÚNCULA, José Carlos. *Lo "objetivo" y lo "subjetivo" en el tipo penal*: hacia la "exteriorización de lo interno". Barcelona: Atelier, 2014.

PRADO, Luiz Regis. Argumento analógico em matéria penal. *Doutrinas Essenciais de Direito Penal Econômico e da Empresa*, vol. 1, p. 185–94, 2011.

______. *Tratado de direito penal brasileiro*: parte geral, vol. 1. 2. ed. São Paulo: RT, 2017.

PRADO, Rodrigo Leite. Dos crimes: aspectos subjetivos. In: CARLI, Carla Veríssimo de (Org.). *Lavagem de Dinheiro*: prevenção e controle penal. 2. ed. Porto Alegre: Verbo Jurídico, 2013. p. 275-323.

PUPPE, Ingeborg. *A distinção entre dolo e culpa*. Trad. Luís Greco. Barueri: Manole, 2004.

QUANDT, Gustavo de Oliveira. *A teoria da* actio libera in causa *e a inimputabilidade por embriaguez*: limites e possibilidades no direito penal brasileiro. 2016. 126 f. Dissertação (Mestrado em Direito) – Universidade Federal do Paraná, Curitiba, 2016.

RAGUÉS i VALLÈS, Ramon. De nuevo, el dolo eventual: un enfoque revolucionario para un tema clásico. *InDret*: Revista para el Análisis del Derecho, vol. 3, p. 1-11, 2012.

______. *El dolo y su prueba en el proceso penal*. Barcelona: Jose Maria Bosch Editor, 1999.

______. *La ignorancia deliberada en Derecho penal*. Barcelona: Atelier, 2007.

REAÑO PESCHIERA, José Leandro. El error de tipo como reverso del dolo. *Ius la revista*, n. 37, p. 300-18, 2008.

RIGHI, Esteban. *La imputación subjetiva*. Buenos Aires: AdHoc, 2002.

ROBBINS, Ira P. The Ostrich Instruction: Deliberate Ignorance as a Criminal Mens Rea. *Journal of Criminal Law and Criminology*, vol. 81, n. 2, p. 191-234, 1990.

ROBERT, Marie-Pierre. La responsabilité du supérieur hiérarchique basée sur la négligence en droit pénal international. *Les Cahiers de droit*, vol. 49, n. 3, p. 413-53, 2008.

ROBINSON, Paul H. Mens Rea. *Faculty Scholarship*, University of Pennsylvania Law School, paper 34, p. 995-1006, 2002.

______. Should the Criminal Law Abandon the Actus Reus-Mens Rea Distinction?. In: SHUTE, Stephen; GARDNER, John; HORDER, Jeremy (Orgs.). *Action and Value in Criminal Law*. Oxford: Clarendon Press, 1993. p. 187-211.

______; DUBBER, Markus D. The American Model Penal Code: a brief overview. *New Criminal Law Review*, vol. 10, n. 3, p. 319-41, 2007.

ROBLES PLANAS, Ricardo. *Garantes y cómplices*: La intervención por omisión y en los delitos especiales. Atelier: Barcelona, 2007.

______. O "compliance officer" frente ao Direito penal. Trad. Marília Bassetto. In: ROBLES PLANAS, Ricardo (Org.). *Estudos de dogmática jurídico-penal*: fundamentos, teoria do delito e direito penal econômico. 2. ed. Belo Horizonte: D'Plácido, 2016, p. 245-59.

RODRIGUES, Marta Felino. *A teoria penal da omissão e a revisão crítica de Jakobs*. Coimbra: Almedina, 2000.

RODRÍGUEZ MESA, Maria José. *La Atribución de Responsabilidad en Comisión por Omisión*. Navarra: Editorial Aranzadi, 2005.

ROXIN, Claus. *Derecho Penal*: parte general. Trad. Diego-Manuel Luzón Peña *et alii*. 2. ed. Madrid: Civitas Ediciones, 2008.

______. Prólogo. Trad. José Milton Peralta e Gabriel Pérez Barberá. In: PÉREZ BARBERÁ, Gabriel. *El dolo eventual*: hacia el abandono de la idea de dolo como estado mental. Buenos Aires: Hammurabi, 2011. p. 31-3.

SALES, Sheila Jorge Selim de. Anotações sobre o estudo da recklessness na doutrina penal italiana: por uma terceira forma de imputação subjetiva?. *Revista Brasileira de Ciências Criminais*, vol. 137, p. 125-49, 2017.

SANTOS, Juarez Cirino dos. *A moderna teoria do fato punível*. 3. ed. Curitiba: Editora Fórum, 2004.

______. *Direito Penal*: parte geral. 4. ed. Florianópolis: Conceito Editorial, 2010.

SANTOS, Humberto Souza. Elementos fundamentais de um conceito de dolo político-criminalmente orientado. *Revista Brasileira de Ciências Criminais*, vol. 97, p. 87-118, 2012.

SARCH, Alexander F. Willful Ignorance, Culpability, and the Criminal Law. *St. John's Law Review*, vol. 88, n. 4, p. 1023-1101, 2014.

SCHÜNEMANN, Bernd. El dominio sobre el fundamento del resultado: base lógico-objetiva común para todas las formas de autoría. Trad. Mariana Sacher. *Derecho Penal y Criminología,* vol. 25, n. 75 (1), p. 13-26, 2004.

SERRA, Teresa. *Problemática do erro sobre a ilicitude.* Coimbra: Almedina, 1985.

SILVA SÁNCHEZ, Jesús María. *El delito de omisión*: concepto y sistema. 2. ed. Buenos Aires: B de f, 2003.

______. *Fundamentos del derecho penal de la empresa.* Buenos Aires: B de f, 2013.

SILVEIRA, Renato de Mello Jorge. A aplicação da teoria da cegueira deliberada nos julgamentos da operação lava jato. *Revista Brasileira de Ciências Criminais*, vol. 122, p. 255-80, 2016.

______. Cegueira deliberada e lavagem de dinheiro. *Boletim IBCCRIM*, vol. 246, p. 3-4, 2013.

______. *Direito penal empresarial*: a omissão do empresário como crime. Belo Horizonte: D'Plácido, 2016.

SIMONS, Kenneth W. Should the Model Penal Code's Mens Rea Provisions Be Amended?. *Ohio State Journal of Criminal Law*, vol. 1, p. 179–205, 2003.

SOUSA NETO. *O motivo e o dolo.* 2. ed. Rio de Janeiro: Freitas Bastos, 1956.

SOUZA, Artur de Brito Gueiros; JAPIASSÚ, Carlos Eduardo Adriano. *Direito penal*: volume único. São Paulo: Atlas, 2018.

SPANGENBERG BOLÍVAR, Mario. La ignorancia responsable en Aristóteles. Una solución al atolladero dogmático penal en los casos de ignorancia deliberada. *Revista de Derecho, Empresa y Sociedad*, vol. 11, p. 59-76, 2017.

STRATENWERTH, Gunter. *Derecho Penal.* Parte General I: el hecho punible. Trad.: Manuel Cancio Meliá e Marcelo A. Sancinetti. Navarra: Editorial Aranzadi, 2005.

SYDOW, Spencer Toth. *A teoria da cegueira deliberada.* Belo Horizonte: D'Plácido, 2016.

TAVARES, Juarez. *Teoria dos crimes omissivos.* São Paulo: Marcial Pons, 2018.

TEIXEIRA, Adriano. *Teoria da aplicação da pena*: fundamentos de uma determinação judicial da pena proporcional ao fato. São Paulo: Marcial Pons, 2015.

TOLEDO, Francisco de Assis. *O Erro no Direito Penal*. São Paulo: Saraiva, 1977.

______. *Princípios básicos de direito penal*: de acordo com a Lei n. 7.209, de 11-7-1984 e com a Constituição Federal de 1988. 5. ed. São Paulo: Saraiva, 1994.

VARELA, Lorena. *Norma e imputación en el conocimiento del tipo*. 2015. 803 f. Tese (Doutorado em Direito) – Universitat Pompeu Fabra, Barcelona, 2015.

______. Strict-Liability como forma de imputación jurídico-penal. *InDret*: Revista para el Análisis del Derecho, vol. 3, p. 1-25, 2012.

VARGAS, José Cirilo de. *Instituições de Direito Penal*: parte geral. Tomo I. Belo Horizonte: Del Rey, 1997.

VETTER, Greg R. Command Responsibility of Non-Military Superiors in the International Criminal Court (ICC). *Yale Journal of International Law*, vol. 25, n. 1, p. 89-143, 2000.

VIANA, Antônio Aurélio de Souza; NUNES, Dierle. *Precedentes*: a mutação no ônus argumentativo. Rio de Janeiro: Forense, 2018.

VIANA, Eduardo. *Dolo como compromisso cognitivo*. São Paulo: Marcial Pons, 2017.

VYVER, Johan D. van der. The International Criminal Court And The Concept Of Mens Rea In International Criminal. *U. Miami Int'l & Comp. L. Rev.*, vol. 12, p. 57-149, 2004.

WELZEL, Hans. *Derecho Penal Aleman*: parte general. 11. ed. Santiago: Editorial Juridica de Chile, 1976.

______. *El nuevo sistema del derecho penal*: una introducción a la doctrina de la acción finalista. Trad. José Cerezo Mir. Buenos Aires: B de f, 2004.

WESSELS, Johannes. *Direito Penal*: parte geral (aspectos fundamentais). Trad. Juarez Tavares. Porto Alegre: Sergio Antonio Fabris Editor, 1976.

ZAFFARONI, Eugenio Raúl; SLOKAR, Alejandro; ALAGIA, Alejandro. *Derecho Penal*: parte general. 2. ed. Buenos Aires: Ediar, 2002.

POSFÁCIO

Assistimos nos últimos anos a uma retomada e aprofundamento do debate científico nacional em torno do conceito de dolo. Se a vontade – aqui compreendida em sentido amplo, como propósito, consentimento, indiferença etc. – é um requisito do dolo, ou se lhe basta o conhecimento pelo agente das qualidades típicas da conduta e a previsão do resultado, é uma questão já reaberta entre nós. Nesta obra, trata-se de perquirir sobre o segundo e principal ponto de apoio da conduta dolosa: o conhecimento.

Pode-se punir com a pena do dolo quando o agente atua sem conhecimento porque decidiu e tomou medidas para não saber das qualidades típicas da sua conduta? A lei brasileira impõe uma resposta negativa a esta pergunta, ao dispor que o erro sobre elemento constitutivo do tipo exclui o dolo (art. 20 do CP)? Esses são os problemas enfrentados por Lucas Pardini diante dos chamados casos de cegueira deliberada propriamente dita ou completa, nos quais o agente adota medidas para não tomar conhecimento da possibilidade de realização da conduta típica, ou seja, medidas que impeçam a configuração já do dolo eventual.

Os exemplos clássicos de cegueira deliberada em sentido estrito habitam o terreno das condutas comissivas, o transporte de bens em desconhecimento, especialmente. Mas aqui, Pardini enfrenta o tema no terreno da omissão e, com isso, toca um dos pontos mais importantes na atual discussão sobre os deveres de conhecimento que incumbem aos dirigentes e, especialmente, àqueles incumbidos de vigiar fontes de perigo, como são os *compliance officers*. Isso, por si, já dá ao leitor a dimensão da importância da obra que tem em mãos.

Se as propostas defendidas por Pardini são ou não válidas é tema que não cabe aqui debater; o valor do trabalho não deriva das suas conclusões, mas da profundidade, riqueza de dados e rigor metodológico da análise que ele apresenta. Não estamos convencidos da distinção entre erro e ignorância para fins de aplicação do art. 20 do CP, nem das consequências que o autor extrai a partir dessa diferenciação. Certos são, contudo, a alta qualidade e o interesse científico desta obra, cujas reflexões e desafiadoras posições merecem ser enfrentadas por quem quer que se manifeste sobre o conteúdo essencial do dolo e seus requisitos legais no Brasil.

Itatiba-SP, maio de 2019.

Dra. Heloisa Estellita
Professora de Direito Penal da FGV/SP

Dr. Frederico Horta
Professor de Direito Penal da UFMG